档案管理建设与人力资源管理研究

张金燕 李阳阳 刘军杰 主编

吉林科学技术出版社

图书在版编目（CIP）数据

档案管理建设与人力资源管理研究 / 张金燕，李阳阳，刘军杰主编. -- 长春 : 吉林科学技术出版社，2023.6

ISBN 978-7-5744-0427-4

Ⅰ. ①档… Ⅱ. ①张…②李… ③刘… Ⅲ. ①档案管理一研究②人力资源-研究 Ⅳ. ①G271②F243

中国版本图书馆CIP数据核字(2023)第102263号

档案管理建设与人力资源管理研究

主　　编　张金燕　李阳阳　刘军杰
出 版 人　宛　霞
责任编辑　杨雪梅
封面设计　长春美印图文设计有限公司
制　　版　长春美印图文设计有限公司
幅面尺寸　185mm×260mm
开　　本　16
字　　数　200 千字
印　　张　13.75
印　　数　1-1500 册
版　　次　2023年6月第1版
印　　次　2024年1月第1次印刷

出　　版　吉林科学技术出版社
发　　行　吉林科学技术出版社
地　　址　长春市福祉大路5788号
邮　　编　130118
发行部电话/传真　0431-81629529 81629530 81629531
81629532 81629533 81629534
储运部电话　0431-86059116
编辑部电话　0431-81629518
印　　刷　廊坊市印艺阁数字科技有限公司

书　　号　ISBN 978-7-5744-0427-4
定　　价　96.00元

前 言

档案是社会发展状态的储备器与温度计，它对一个社会各方面的信息进行了较为精准的反映与预测，从中可以观察到一个社会大致的发展脉络及未来发展趋势。随着信息技术的发展，计算机和互联网在生活中运用得越来越多，社会生活的诸多领域都变得越来越数字化、信息化、智慧化，这些变化不仅对宏观经济的发展起到促进作用，而且也给人们的生活、工作带来了天翻地覆的变化。因此，档案管理信息化、智慧化建设工作必然要与社会同步发展，顺应社会各界对档案管理的需求。所以，信息化、智慧化的档案管理势必应运而生，并成为左右我国档案管理建设的关键影响因素。另一方面，在知识经济时代，随着生产力和科学技术的迅速发展，企业之间的竞争更加复杂、更加激烈。人力资源在这种复杂的竞争中起到了举足轻重的作用，人力资源管理是构建企业核心竞争力的关键，继而成为企业获得成功的关键。因此，这就需要我们不断的对于人力资源管理进行一个研究。

本书是档案管理建设和人力资源管理方面研究的著作，书中对医院的档案管理、新形势下的人力资源管理理论以及人力资源理论下的医院人资源管理实践进行了分析。内容上本书从档案管理基础理论出发，论述了档案管理在医院管理中的重要性，然后对重点医院病案的信息化建设做了系统论述，接着本书就新形势下人力资源管理的战略做了介绍，阐述了现代人力资源管理信息化的人才与系统建设，并具体对医院的人力资源管理系统进行了具体探索，期待为医院档案管理、人力资源管理的相关研究提供有益参考。

本书由张金燕(威海市立医院)、李阳阳(河南省洛阳市第一人民医院)、刘军杰（山东省威海市体育服务中心）负责审稿、统稿工作。由于水平有限，书中难免有疏漏之处，恳请广大同仁不吝赐教，加以指正。

编　者

目 录

第一章　档案管理概述 ……1
　第一节　档案的含义 ……1
　第二节　档案工作的基础理论 ……12
　第三节　医院档案对医院管理的作用 ……20
第二章　医院档案管理的内容 ……27
　第一节　医院实验室与教研室档案管理 ……27
　第二节　医院科研信息档案管理 ……34
　第三节　医院人事档案管理 ……43
　第四节　医院装备档案管理 ……49
第三章　医院管理中的病历档案管理 ……59
　第一节　病历档案实体管理 ……59
　第二节　病历档案全程管理 ……64
　第三节　病历档案数据管理 ……70
　第四节　病历档案信息化管理 ……77
第四章　人力资源管理的理论与战略 ……86
　第一节　人力资源与人力资源管理 ……86
　第二节　人力资源管理的原理与原则 ……91
　第三节　现代人力资源管理发展的新趋向 ……98
　第四节　人力资源管理的战略 ……101
第五章　现代人力资源管理信息化的人才与系统建设 ……110
　第一节　现代人力资源管理信息化理论 ……110
　第二节　人力资源管理的信息开发与人才队伍建设 ……116
　第三节　人力资源管理信息化系统的功能解析 ……130

第四节　人力资源管理信息系统的开发与建立 ……………………………135
第五节　人力资源管理信息系统的应用效果与风险控制 ……………………143
第六章　医院人力资源管理的内容 ………………………………………145
第一节　医院岗位的管理 …………………………………………………145
第二节　医院人才的招聘管理 ……………………………………………156
第三节　医院人才的激励管理 ……………………………………………163
第四节　医院的薪酬管理 …………………………………………………172
第七章　医院人力资源的管理实践 ………………………………………180
第一节　医院人力资源的柔性管理模式 …………………………………180
第二节　人力资源信息化管理模式及策略 ………………………………196
第三节　人力资源管理策略分析 …………………………………………200
参考文献 ……………………………………………………………………212

第一章　档案管理概述

第一节　档案的含义

一、档案的概念

（一）档案一般定义的基本内涵

档案产生于各种社会组织和个人的社会实践活动中，这说明档案的产生时间久远，产生领域广泛，内容构成丰富。

档案形成于人类实践活动中，是人类社会历史的“记忆”和“再现”。可以说，自从有了文字和个人及社会组织利用文字进行信息交流与沟通的需要以及留存备查的需要，就有了档案。同时，人类实践活动涉及自然和社会的各个方面，既包括政治活动、军事活动、经济活动，还包括科学、技术、文化等；既涉及人类认识自然和社会以及改造自然和社会等各个方面，也涉及人类认识和改造自己的主观方面。

档案是保存备查的历史文件，档案由办理完毕且有保存价值的文件转化而来。这指明了档案的成因和价值因素。文件是各类社会组织和个人在履行职务、处理事务的实践活动中形成的具有效用的一切材料的总称。

由于社会实践的持续性和继承性，将以后仍具查考利用价值的文件有规律、有规则地保存下来，就转化成了档案。可以说，现在的档案就是过去的文件，现在的文件就是将来的档案，二者具有天然的“血缘关系”。从某种意义上说，“文件”和“档案”是同一事物在不同阶段的两种称呼或者两种表现。

文件转化为档案是有条件的。文件转化为档案一般需要具备三个条件，即办理完毕、具有保存价值、按照一定规律适当集中。所谓“办理完毕”，是指文件在文书处理程序上的办理完毕，而非办事程序和内容上的办理完毕。所谓“具有保存价值”，是指办理完毕的文件的未来使用价值，即未来有用性。具有保存价值的文件，是文件转化为档案的根本原因。所谓“按照一定规律适当集中”，是说必须按照文件之间的内在联系，通过一定的程序和方法将其集中起来规范整理，实现系统化、条理化。科学定义上的档案，不是孤立的或者杂乱无章的文件堆积，而是内在联系着的有价值的文件整体。

档案的形式多种多样，这揭示了档案的物质存在形态和形式范围。人类实践中产生的档案，形式多种多样。档案的形式是指档案文件存在形式和内容记述与显示方式等因素。从档案信息载体来说，有甲骨、金石、缣帛、竹简、泥板、纸草、纸张、胶片、磁介质、光介质等：从信息表达方式来说，文书档案有法律、条例、办法、决定、指示、总结等，科技档案有产品图、竣工图、测绘图、气象图等；从档案材料制作方式而言，有刀刻、手写、印刷、摄影、录音、录像、复印、缩微等。档案形式的多样性要求我们在实施档案管理活动时，要注意从档案形式方面构建结构合理、科学的档案库藏结构，丰富档案资源。

档案是原始的历史记录，这揭示了档案的本质属性，是档案定义的核心和实质。“原始的历史记录”是档案所以成为档案的质的规定性。“档案是原始的历史记录”这一本质属性，是科学界定档案的范围，恰当区分档案和非档案的根本标准。

（二）电子档案、电子文件的定义与特点

电子计算机技术飞速发展，特别是电子计算机技术和现代通信技术相结合形成了信息技术产业，极大地推动了办公自动化、电子商务、电子政务的发展和深化，由此产生了电子公文、电子图书、电子图形图像、电子文献资料等电子文件。具有档案保存价值的电子文件经过归档，即形成电子档案。因此，电子档案就是人类在运用现代信息技术从事社会实践活动的过程中形成的具有保存备查价值的电子文件经过归档转化而来的原始历史记录。电子档案与电子文件具有显著同一性。

电子文件指在数字设备及环境中生成，以数码形式存储于磁带、磁盘、光盘等载体，依赖计算机等数字设备阅读、处理，并可在通信网络上传送的文件。电子文件是以数码形式记录于磁带、磁盘、光盘等载体，依赖计算机系统阅读、处理并可在通信网络上传输的文件。可见，电子文件具有这样一些特点：以数字形式存在，是数字化信息技术的产物：非人工直接识读性：对设备、技术的依赖性：物理结构与逻辑结构的复杂性及对元数据和背景信息的依赖性：文件信息与载体的相分离性和自由移动性：形成与更改易操作性：信息的流动性和资源利用的共享性。电子文件有文本文件、图像文件、图形文件、音频文件、多媒体文件、超媒体文件、程序文件、数据库文件等类型，而且新的种类还会不断产生。电子档案虽然因其生成条件、运行过程、识读方式以及检索、传输、利用等均与传统档案存在较大的差异性，但在主要方面仍然符合档案一般定义所揭示的档案特质。

二、档案的属性

要科学地管理档案，就必须掌握档案的属性。把握了档案的本质属性，才能科学地区分档案和非档案；把握了档案的一般属性，才能正确理解档案与其他事物的关系，恰当处理好档案管理和其他相关工作的分工与协作，有效地服务经济与社会建设事业。

（一）档案的本质属性

档案不仅具有“原始性”“历史性”和“记录性”，而且三者有机融合在档案这一特定事物中。“原始的历史记录”是档案的本质属性。

原始性“原始”的含义包括“最初的”“开始的”“第一手的”“最古老的、未开发的”。说档案具有“原始性”，是“原始的”历史记录，就是说档案在内容和形式上是“直接形成”于它所记载和反映的特定主体的社会实践活动中，而且是最初始的、第一手的、未开发的材料，即“没有参过水分”的一次性文献。档案特别注重“当时性”和“当事性”。另一方面，档案上以文字、图像、声音等各种形式记录下了客观活动过程的具体情况，包括思想、计划、决策、具体内容、实施过程、质量与效果等；在档案上还大量地留存着产生当时的有关当事人的笔迹、图像、语音等若干原始痕迹符号，如领导签发与签署的笔迹、当事人的指纹、当事人的声音、机关印章、个人私章等。

“原始性”直接关系到档案的“证据价值”，是一个根本性的问题。同时，也必须意识到，档案的“原始性”并非绝对的，仅仅是相对于当时、当事和特定主体而言的。还必须指出，电子档案虽存在易更改性，但从相对的角度看，仍然具有原始性；另一方面，随着电子文件及电子档案信息安全保障技术的日益完善，其典型意义上的原始性仍然是非常显著的，我们不能以技术保障措施的缺陷去否认电子档案本身客观存在的“原始性”。客观地讲，只是人们还没有找到有效的解决办法而已。

何谓历史性？其含义可以从三个方面认识：一是指时间上的“过去”；二是指“事物发生、发展的全过程”；三是从我们认识和研究历史的目的上讲，所谓“历史”，就是“以过去之光照耀现在”。从整体上和科学、典型的意义上讲，档案记载和反映的是“过去”的工作活动；档案是对某个或者某类实践活动或现象的发生、发展、结果等“全过程”进行全面、系统、完整的记载和反映；档案的基本价值和使命以及档案管理的基本任务目标之一，就是要“维护历史发展的真实面貌”“再现历史的本来面貌”，充分发挥档案“以过去之光照耀现在”的历史作用，满足各方面利用需要，服务经济和社会建设事业，所以档案具有突出的“历史性”。

记录性档案的“记录性”，指档案是基于某种需要而有意识地通过特定方式与方法形成和积累的。一方面，任何档案的形成都是有意识的而不是无意识的，是人类有意识地制作和使用文件，并有意识地将完结文件中具有保存价值的部分经规范集中和系统梳理后转化而来的。另一方面，文件和档案都以文字、声音、图像、数字、图形、线条等符号记录了当时、当事和特定主体开展工作、处理事务的具体思想和活动过程及其成果情况。文献所蕴含的知识与信息是通过人们用各种方式有意识地将其记录在载体上的，而不是天然荷载在物质实体上的。

总之，“原始的历史记录”是档案的本质规定性，是档案区别于图书、资料、文物等若干种非档案事物的显著标志和本质特点；“原始的历史记录”也是档案的根本价值所在。由此决定，只有维护档案的真实历史面貌才能保证档案的根本价值。任何对档案真实性的破坏，将严重损害档案根本价值。

档案虽然一方面与文物、图书、资料、情报、文件等有质的区别，但另一方面，它们之间也客观地存在着内容不同、程度不同的某些联系，有时甚至呈现出交叉、重合的关系。因此，在实践中一方面要按档案自身的特点管理档案，另一方面要适应信息资源管理的时代要求，积极推进档案与图书、资料、情报、文件等的管理一体化。

（二）档案的一般属性

目前，关于档案的一般属性，形成了“知识性”“信息性”“文化性”“资源性”“物质实体性”“人工记录性”“动态发展性”等成果。在这里我们主要就档案的“知识性”“信息性”“资源性”做介绍。

档案的知识性简单说，就是人们对主观世界和客观世界认知的成果，而这种认知总是和人类实践活动密切相连。每个人的知识虽然由直接知识和间接知识所构成，但从根本上和整体上说，又都是从实践中获得的，离开了实践也就无所谓知识的正确获得、科学运用、有效积累和传承与发展。人们把各项实践活动中所获得的认识和经验加以总结和深化，就成了知识。档案直接形成于人类实践活动中，并真实记载和再现了人类认识世界和改造世界实践的思想、过程和结果，必然是一种重要的知识存在和存贮形式。而且档案不仅是直接知识的存在形式，内容丰富，而且还是各种书本知识（间接知识）的源泉。从现代知识管理的角度讲，文件、档案作为活动的记录，凝结了实践活动者在从事各项活动过程中获得的认识、体会、经验和教训，一般是最主要的显性知识。

总之，档案的形成就是产生、提炼和存贮知识的过程，积累档案就是积累知识，管理档案就是管理知识，利用档案就是传播知识。档案中蕴含的知识是一切文献知识中最基础的知识，档案是其他文献知识的基本起点和源泉，是知识继承和发展的重要基础和前提条件之一。

档案的信息性。信息是客观世界中各种事物变化和特征的最新反映，是客观事物间联系的表征，是客观事物经过传递后的再现。信息是事物的普遍属性，是人们感知事物的中介，能够给人们提供事物性质及运动状态的知识，消除不确定性，向有序化和组织化方向发展。信息来源于物质，但又可以脱离物质而被传递和贮存；信息与载体具有不可分性，必须依附于物质载体而存在和交流。信息按产生先后和加工程度可分为零次信息、一次信息、二次信息和三次信息；按存在的领域可分为自然信息、社会信息和知识信息；从来源与表现形态可分为直接信息和间接信息。信息，特别是间接信息，具有比较显著的价值性、传递性、可存贮性、可加工性、延续性、可继承性和可开发性等特性。因而，信息在一定条件下可以转化为生产力或者呈现出其他方面的价值。

从信息的含义、特征、种类、作用等不难发现，档案是一次信息、社会信息、间接信息，属于信息的范畴，具有强烈的信息属性。

具体地讲，档案是人们在社会实践活动中形成的，真实地记录了各种实践活动的整个过程、具体运动状态和存在方式。它所储备的是人们实践活动中直接产生和形成的原生信息。在各种文献中，唯一直接记录和储备原生信息的只有档案。人们在实践中，既不断地从自然和社会中摄取各种零次信息，又不断地形成新的思想认识，取得成功的经验或失败的教训，获得这样或那样的实践成果。所有这些信息，都首先是借助于纸张、磁带、胶片或者其他载体，并通过手写、摄影、摄像、印刷、刻画、数字等各种记录方式，以档案的形式记载和存贮下来，并被人们在实践中查阅利用。而且档案承载的信息具有原始记录性，记载和描述了最直接、最原始的运动状态、运动过程，它是真实的，具有极其明显和突出的凭证价值。档案信息是社会信息中最基本的一种存在形式，通常是其他形式的信息源。档案信息的原始性、真实性和可靠性，使得它在整个信息家族中具有非常特殊的地位和作用，极具价值。

信息技术迅速发展，信息领域的变革促进了档案领域的历史性变革。一方面档案信息受到了社会广泛关注和重视，社会对档案信息的需求被深度激发，档案信息共享成为历史的必然和潮流。另一方面，各种信息存取技术、新型文献载体、大容量数据库以及局域网、国际互联网的广泛应用，为档案信息的管理和利用提出了新要求，提供了技术支持。新技术、新需求，彰显了档案的信息属性和信息价值，促进了广泛而强烈的社会需求的迸发，极大地推动了档案信息化建设的进程。

档案的资源性。简单讲，资源就是指能够带来经济效益和社会效益的要素。现代意义上的资源观，不仅要看到人、财、物等资源，而且还从更广阔意义上理解资源。例如，知识是资源，信息是资源，关系是资源，渠道的资源，建议是资源，客户是资源，商标、品牌、厂名、地理位置是资源，商誉是资源，诚信度是资源，机制是资源，管理方法是资源，思想观念是资源等。不仅要看到硬性资源，还要看到软性资源：不仅看到有形资源，还要看到无形资源：不仅要看到物质性资源，还要看到精神性资源。正确把握和调动各种资源，才能够使其发挥重大的作用，创造出更加辉煌的业绩。

21世纪是以知识和信息为特征的，知识和信息都是21世纪最基本、最重要甚至起决定性作用的资源。可以肯定地说，档案具有资源性，是一种重要的知识资源、信息资源。例如，从相对传统的角度讲，企业档案信息是具有重要情报价值的经济资源和管理资源，而且已成为企业资源计划和企业业务流程重组实施的基础。在企业资源计划中，各项经营管理活动都被看成供需链上的环节，它们之间的关系也化为一种信息流在内部流通和共享。如果没有档案信息（特别是有关客户和供应商的档案信息）在管理业务流程上的传输和共享，就不可能实现各种管理信息的集成，更无法实现企业业务流程重组。可见，档案的资源属性和资源价值是显著的。

从文化的角度上分析，档案不仅具有知识性、信息性、资源性，还具有显著的文化性。之所以这样讲，一是因为档案的产生和历史演进本身就是人类文化的产物和文化发展的结果，档案就是文化的一种表现形式；二是因为档案还直接具有记载和积累文化的作用：三是档案具有传播文化的功能，是一种重要的文化传播手段。站在这个意义上说，档案又是一种文化资源。

总之，档案是一种知识，是一种信息，是一种文化产物和文化承载与传播形式，是社会资源的重要组成。

三、档案的一般形成规律和历史联系

（一）档案的一般形成规律

档案是社会组织或个人在履行职能任务或实施个人事务过程中形成并办理完毕且有保存价值的文件转化而来，是与其记载和反映的社会实践活动“间接同步”“成套”地形成的，并与其产生的社会文明及技术环境不可分离。在档案管理中，只有充分地研究和尊重档案的形成规律以及由此决定的档案的内在联系等，才能管理好档案，才能有效促进档案资源的开发与利用。

档案是与其记载和反映的社会实践活动“间接同步”地形成的，档案是由文件转化来的，从内容和形式上看，文件和档案是“同一事物”，没有丝毫差异：而文件是作为有关社会活动的内容组成部分与社会活动直接同步地形成的。所以，从内容和形式上看，档案是与有关社会活动“同步”形成的。但是，基于“社会实践活动—文件—档案”的脉络，严格、完整、典型意义上的档案与社会实践活动的关系是一种“间接性”的关系。我们只能说，档案是与其记载和反映的社会实践活动“间接同步”地形成的。

档案是成套地形成的，任何一项社会活动中所形成的文件一般都自然地“成套”，完整地记录和再现该项特定实践活动的发生（或筹备）、演变（或经过）、结果、事后影响（效果）。从积累知识和经验、记录历史的需要而言，保持材料成套性，完整反映每一项活动是一种客观要求。只有成套地形成的档案才利于实现档案的价值和使命。

档案是与特定社会文明及技术环境不可分离的。从实质上看，档案的演进是与人类文明的发展相一致的，与特定历史背景下的技术条件不可分离的，不论是其产生还是识读和利用均是如此。例如，金石档案的产生与当时的青铜冶炼和青铜器制作工艺密不可分；纸质档案的产生是由于造纸术的发明，并随着雕刻技术和印刷技术的产生与发展而日益普及，进而成为人类近2000年来主要的信息记载与传播工具；声像档案离开了特定的阅读设备是无法进行识读和利用的，而现代电子化和信息技术条件下的电子档案，其生成，阅读、利用与计算机技术、网络技术、现代通信技术以及相关的支持软件、网络系统、硬件设备等具有极为显著的不可分离性。

（二）档案的历史联系

档案历史联系概述由档案的形成规律决定，档案之间具有客观、内在的历史联系，我们必须以科学的态度和方法努力地认识它、把握它、揭示它、保持它、利用它。保持联系是档案管理中的基本原则和根本性要求之一。把握档案的历史联系，一般应主要研究三方面因素：档案的基本形成特点、档案材料本身的基本构成要素，档案管理的实际需要。

从档案的基本形成特点看，首先，人类实践活动在时间上是延续、继承和发展的，“今天”的活动总是“昨天”的延续，继承和发展，“明天”的活动也必然是在“今天”活动的基础上合乎规律的客观发展结果。档案在时间上具有突出的延续性和顺序性。在空间上是密切相关的，每一社会组织和个人的实践活动绝不是彼此孤立的，而是不同程度地相互联系着的，具有空间关联性。作为与实践活动“间接同步”形成的档案，都围绕机关，单位的职能任务，具体形成于为实现特定目的而开展的每一项活动的全过程中，客观地有着某种职能、目的，活动，形成过程方面的同一性和相互间的逻辑联系性，即来源上是联系着的。

从档案材料本身的基本构成要素看，任何文件一般都有责任者、事由（问题或内容）时间、空间（地区）、文种等五个内容要素。该五要素既是区分文件的五个方面，又是分析和把握文件之间具体联系的五个方面。抽象地从这个角度看，档案具有责任者联系，事由（问题或内容）联系、文种联系，时间联系、空间联系。档案的历史联系可归纳为来源联系、内容联系，时间联系，形式联系。

（三）档案历史联系的内容及其对档案管理实践的主要要求

来源联系。来源联系是指档案间在来源上具有同一性，或者是“实体来源”上的同一性，或者是“概念来源”上的同一性。所谓实体来源，是指以档案形成者为中心的档案实际来源。实体来源具有较强的可操作性，成为档案收集、整理、保管，检索等实务活动的直接依据和具体方法。概念来源是指电子档案基于计算机虚拟管理实际而具有的某种职能、目的、活动、形成过程等来源。概念来源强调关注、了解、利用和保持文件的形成过程和背景等来源联系，它一般不适用于档案实体管理工作，主要起一种理念作用。

不论是实体来源还是概念来源，对档案管理实践均有指导价值，都要求保持同一来源的档案或档案信息的适度归集，不同来源的应当采取适当方式区分。其中，实体来源联系要求管理档案实体必须区分全宗，在全宗内分类时可采用机构分类法，在档案实体材料排列时可根据具体情况适当采用机构序列排列法。

内容联系。内容联系是指档案材料在内容上的同一性。内容是档案构成要素中最实质、最稳定的核心性要素，是社会利用档案的主要需求对象。因此，档案管理一般都必须优先、充分地考虑和保持内容联系。遵循和保持内容联系，一方面要求将内容相同的档案集中在一起并一般地依内容的重要程度或内容间的逻辑关系进行科学排列；另一方面要求将不同内容的档案区分开来，不可交叉混杂。在档案分类时采用问题分类法，排列时采用内容重要程度或内容间逻辑关系排列法，进行档案检索以及档案信息开发与提供利用服务时充分挖掘档案内容因素的价值。

时间联系。时间联系是档案间存在的客观联系，是指档案材料在时间上的相同性及顺序性。遵循和保持档案间的时间联系，一方面要求将时间相同的档案集中在一起，不能分散、割裂；另一方面又要将时间不同的档案区分开并按照时间顺序进行排列。保持档案之间的时间联系，要求在全宗内档案分类时应采用年度分类法，进行文件排序时应采用时间排列法，进行档案编目及信息开发时应准确标写或反映出时间。

形式联系。档案的形式联系是指在文种、载体等方面的联系。形式联系虽非档案间的主要的和实质的联系，但对档案管理实务也具有重要作用。实践中不同载体、不同存储手段的档案及档案信息应当分开保管。例如，纸质档案与照片档案，磁介质档案、胶片档案等应当分库存放。

四、档案的价值

（一）档案价值的概念及其基本内容

档案的价值是档案和档案管理工作存在与发展的生命力之所在。所谓档案的价值，是指档案的利用价值，亦即档案对社会需要的满足或者说是档案对满足社会需求的有用性。档案的属性特别是本质属性能够满足社会的某种需求时，就形成了档案的价值。档案的价值问题是事关档案“生死”、决定档案事业“存亡”的最根本的问题之一。需要指出的是，档案不是商品，因而“档案的价值”不是政治经济学上定义的“价值”，而是指档案的使用价值或者说是它的“有用性”。

档案能够满足社会需要的有用性，虽然其具体表现呈现出多样性、变动性，但归纳起来，基础性的价值主要有两方面：凭证价值、参考价值。档案的其他具体价值都是以此为基础的，可以说没有凭证价值和参考价值，诸如文化价值、资源价值等均无从谈起。

档案的凭证价值是指档案由其本质属性决定而具有的证据价值，可以起到其他文献无法比拟的证据作用。档案的凭证价值是档案最基本和最基础的价值，没有这一点，档案也就根本不可能具有并发挥任何其他的作用。

档案具有凭证价值是由其形成规律和档案自身的特点所决定的。从档案形成过程及其结果上看，档案是从当时、当事直接使用的文件转化而来，并非在使用之际临时编造的，它客观地记录了以往的历史情况，是历史真迹，是令人信服的历史证据，具有无可置辩的证据作用。从档案本身的物理形态上看，文件上保留着真切的历史标记。如有的文件上有当事人的亲笔签署或批示，有的文件上有机关或个人的印信，而有的文件上则有原来形象的照片、录像和原声的录音等，这些就成了日后查考、研究、争辩和处理问题的依据。这些原始标记进一步证明了档案是确凿的原始材料和历史证据，是真实的历史凭证。

档案的参考价值。参考价值是指档案因其基本属性所决定而具有的对他时、他人、他事的借鉴价值。档案作为人类实践真实的原始记录，客观记录了实践的思想、活动经过、实践方法与技术，成绩与问题、经验与教训以及对有关实践活动规律的认识等。而且档案来源非常广泛，记录的知识信息内容极其丰富。档案中有成功的经验和失败的教训，有思想观点和实践事实，既涉及社会的变革又涉及生产的发展等。这些都可为后人和他人提供借鉴，使我们在工作和学习中少走弯路，尽快达到目的。人类社会发展的连续性、承继性，需要档案发挥参考甚至依据作用。与图书资料等相比较，档案的参考价值具有更强的可靠性、系统性。档案是原始记录，是第一手的资料。同时，档案是人类在活动中形成的，具有来源广泛、内容丰富的特点，是可以满足各类社会组织和个人广泛利用需求的。任何单位或个人遇难题，都可以到档案部门参考档案，寻找答案。

（二）辩证地认识档案价值

从主体与客体关系角度认识，档案的价值实际上是档案的客观属性与利用主体需求间交互作用结果的客观反映。如果档案仅有某种属性却无利用主体或者与利用主体利用需求不相匹配，其所谓的“满足社会需求的有用性”也就无从谈起；如果仅有社会利用主体的某种需求，但无与需求匹配的档案，则社会需求也无从满足。所以，“档案的价值”应是一个具有社会属性的概念，是档案能够同社会利用主体的实践活动及其具体利用需求相联系、相匹配的一种属性，属于关系范畴的概念。档案的属性只有同主体的需求联系起来并得到肯定时才谈得上具有“价值”，也才能构成“档案的价值”。这就要求档案部门一定要科学地全面分析档案的客观属性，准确判断社会实践活动各方主体对档案信息的需求，有效促成二者间的结合。

从静态与动态结合上认识，一方面，档案的价值就是档案的客观属性与档案利用主体需求之间交互作用的结果的客观反映；另一方面，档案客观上具有的可以满足社会需求的潜在有用性是多方面的，从理论上说是完全能够满足不同时期、不同领域、不同主体的不同需求；再一方面，主体对档案的需求客观地呈现出明显的层次性和变动性。因此，对档案价值的认知，利用、评价，应坚持马克思主义唯物辩证法，从静态和动态两方面进行全面分析与把握。这就要求档案部门在研究和开发档案信息资源时，一方面，要坚持“围绕中心，服务重点”的原则分析并发掘档案的价值，从宏观层面上找到服务的结合部；另一方面，对潜在和现实的具体需求内容与规律加强研究，把握微观利用主体的需求脉搏，提高服务的具体针对性；要把握和利用好档案价值的多维性，间接性。

从对国家和社会的价值与对个体的价值上认识，档案的价值是多方面的，而且在满足社会需求上因主体的动机和目的不同而呈现出不同的层次性，对国家和社会需求的满足和对单个社会组织或者个人具体需求的满足即其表现之一。应当说，对国家和社会需求的满足和对单个社会组织或者个人具体需求的满足”是既统一又对立的关系。一方面，对国家和社会需求的满足并不是抽象的和不可触摸的，它一般是通过对单个社会组织或者个人具体需求的满足来实现，二者在整体上和根本上是一致的，具有统一性；另一方面，二者毕竟又是分别处于不同层面上的价值，是档案对不同层次的主体需求予以满足所呈现出的“有用性”。因此，在分析档案价值时必须坚持全面的观点，处理好“具体与一般”“局部与整体”“个体与社会”之间的关系。在档案信息资源开发与利用服务中，既要立足于首先满足每一特定利用主体的利用需求，又要紧紧围绕党和国家以及地区、行业、单位的中心工作、重点项目等，通过有效满足个体利用需求实现对国家和社会整体需求的满足。

从有用性与可用性上认识，档案对满足各种需求是有用的，具有多角度、多层次的有用性。但是具有“有用性”仅是档案价值问题的一个方面而已，更为重要和更有价值的是问题的另一方面，即“可用性”。如前所述，只有“有用”的档案真正与社会利用主体的具体需求相吻合，并通过利用主体的实际有效利用，现实地满足社会需求，才能获得社会的认同，才会真正被认为是“有价值”的。否则档案和档案工作的“立足之地”将受到严峻的挑战。

因此，档案部门不仅要大力宣传档案和档案工作的价值，营造必要的有关档案价值的社会意识环境；更为重要和关键的，应当是在坚实地做好档案资源基础性管理工作的条件下，千方百计抓准需求，全面、深入、动态的系统开掘，综合分析档案价值的形态与内容，运用传统和现代的有效技术手段和方法，编制科学的检索工具，建立体系完整、实用性强的检索体系，不断“生产”适销对路的档案信息产品。

从工具价值与文化价值上认识。客观地讲，档案作为人类社会实践的成果，具有显著而强烈的文化性，具有传承人类文化的重要作用，是一种其他形式的文献无可比拟和无可替代的文化资源，具有文化价值。但同时也必须认识到，档案还呈现出“工具性”的一面，即还具有工具价值。档案为什么会产生？档案为什么需要保存？答案很简单，正如理论认识成果中说得那样：“保存备查。”为“备查”而“保存”，因“保存”而能够“备查”，因保存而可以实现“今世赖之以知古，后世赖之以知今”。这已经充分说明档案产生，积累和保存的直接原因和目的之一，就是作为一种必要的“工具”和手段。实事求是地说，“工具性”应该是档案的一种基础性属性，如果没有档案这种“工具”，何来记载和反映历史真实面貌？何来的传承文化？何来的凭证和参考？因此，“工具价值”也就自然地成为档案的一种基础性价值。

当然，从实质上说，工具价值仅是档案的一种形式价值，文化价值才是其内涵价值认识和开掘档案价值，既要着力于档案的文化价值，发挥其文化资源的作用，但也不能对其工具价值视而不见或任意忽略。要正确处理好内容与形式，目的与手段的关系。

五、档案的一般作用

档案的一般作用是档案基本价值的具体表现。机关、单位工作查考的凭据档案是由机关等社会组织在过去活动中形成的文件转化而来的，记录和反映了社会组织过去各方面活动的情况，并在最初主要是为社会组织工作服务。社会组织要保证其工作的正常开展和延续，一般必须查考利用档案，因而档案工作成为社会组织行政管理工作的重要组成部分。各社会组织在工作中，为了解组织历史，为增强职工主人翁责任感而进行宣教，为塑造良好的组织形象而进行社会宣传，为科学决策和制定切实可行的管理规章，为掌握工作规律或寻求解决问题的办法等，通常需要查考利用档案。无案可查或有案不查，都会给工作带来困难。

生产建设的参考依据。例如，科技工作中复用技术图纸及技术参数以节约劳动耗费，创造经济效益；利用档案帮助确定经济建设项目；利用档案帮助制定经济技术指标等。档案记载了各种生产活动的情况、成果和经验教训，也反映了自然资源、生产条件、生产管理和生产技术等方面的信息，是经济管理和生产建设的重要依据和有益参考。尤其是科技档案，更是现代化生产与管理不可或缺的条件。不论是制定一个地区、一个部门的生产发展规划，还是生产某个产品、进行某项技术改造，都要利用档案。在全面建设节约型社会的今天，更应重视档案特有的作用。

科学研究的必要条件。例如，司马迁撰写《史记》、司马光组织撰写《资治通鉴》等均大量利用了档案；马克思撰写《资本论》时大量研究和利用了工厂视察员报告、皇家铁道委员会记录及证词以及其他各种文件中有关工人劳动、工资、生活乃至居住条件等大批档案材料等。任何研究都必须以广泛占有材料为基础，以材料的真实可靠性为前提。如果不利用档案文献，不但不能完整、准确掌握业界研究状况，不能科学把握相关领域实践成就及规律等基础信息，而且还可能造成损失，影响工作的效率与效益。“科学研究是站在前人肩膀上向上攀登的事业”，这一形象比喻道出了大量掌握、研究、学习借鉴前人的研究成果和经验的无比重要性。档案一方面能提供原始的记录供直接借鉴，另一方面能以其记载的大量的事实，经验和实验，观察结果为现实的研究提供基础材料。

宣传教育的生动素材。档案再现了丰富多彩的历史，记载了各个历史时期进步势力、英雄人物的光辉事迹；记载了社会主义建设事业取得的成就；记载了特定组织取得的生产、建设、服务的每一项成果；记载了涌现出的先进模范人物的榜样事迹。因此，档案在革命历史教育、爱国主义教育、社会主义建设成就教育、社会主义法制教育，组织成员的主人翁教育、勇于改革创新教育等方面起着更为重要的作用。而且和其他宣传素材相比，档案以原始性、直观性、具体性和生动性等特点见长，利用档案开展宣传教育具有强烈的说服力和感染力，有助于收到良好的成效。档案部门应充分认识这一点，努力把档案馆（室）建设成国家、社会、单位宣传教育的重要基地。

档案作用的发挥有其特定的规律性，正确认识和把握它，有助于增强针对性，便于采取措施促进档案价值的充分实现。

档案作用发挥的规律性主要有四个方面：档案作用范围随着时间的推移和作用性质的变化，会逐步从主要服务于其形成者扩大到为包括形成者在内的社会各个方面；随着时间的推移和条件的变化，档案的保密范围会逐渐缩小，保密等级会逐步降低，开放程度日益提高，可供社会共同利用的非密档案将越来越多；基于多维性，间接性特点，随着时间、条件和人们利用目的的变化，档案将逐步从主要发挥现行作用转变为主要发挥科学文化作用，档案作用能否充分发挥，与特定的条件直接相关，受到社会制度、政治路线、政策状况、社会档案意识和社会利用实践、档案管理与服务水平等诸多条件的影响。

第二节　档案工作的基础理论

广义的档案工作同义于档案事业，是指管理档案和档案事业的活动，包括档案行政管理工作、档案馆工作、档案室工作、档案教育工作、档案科学研究工作和档案出版工作等；狭义的档案工作是指档案管理工作，即档案收集，鉴定、整理、保管、检索、信息开发与提供利用、统计等实践活动，通常就是档案室（馆）开展的业务工作。

一、档案工作的内容与性质

（一）档案工作的内容

档案工作的具体内容可谓纷繁复杂、丰富多彩，但归纳起来主要有以下方面的内容。

1.档案收集

档案收集是指档案馆（室）接收或征集档案和其他有关文献的活动。收集的任务是实现档案从相对零散向集中的转化，并为国家和社会积累档案财富。通过收集工作，为档案的系统保存与有效利用奠定基础条件。

2.档案鉴定

传统意义上的档案鉴定，主要是指鉴别档案真伪和判定档案价值的活动。档案鉴定的目的，一是尽量地保管应该保管的档案，二是确保档案的真实可靠，三是区分重要与相对次要的档案，使档案保管机构的人力、物力和财力能够充分发挥作用。随着电子档案数量的不断增加及其管理与利用的日益普遍，对电子档案的鉴定除上述内容外，还包括进行必要的技术鉴定，确保其运行与识读顺畅。

3.档案整理

档案整理主要是指按照一定的原则，系统地对档案进行全宗区分以及全宗内的分类、排列、编目、组合、包装等，使之从相对“凌乱”转变为“系统”的有序化过程。通过档案整理工作，使来源广泛，内容复杂，形式多样、数量庞大的档案条理化，系统化，为科学保管、有效检索、系统开发和全面利用打下坚实基础。

4.档案保管

档案保管是维护档案信息及其载体的完整与安全的活动。档案保管的内容主要是两个方面，首先是与各种损害档案信息及其载体安全的因素进行不懈的斗争，是维护档案及其信息存储的有序性。保管的目的与任务一是实现档案“延年益寿”；二是通过科学管理“方便利用”。

5.档案检索

档案检索是指存贮和查找档案信息的过程。通过档案检索工作，可以多途径、多形式地揭示档案的内容与成分，提供检寻档案的手段与方式。

6.档案信息开发

档案信息开发即科学“开掘”与“发现”档案的价值与作用，并通过适当的渠道、适当的方式、适当的方法适时将其传递给用户，以满足社会利用需求的活动。就我国的档案信息开发实践而言，一般就是“档案编研”。档案编研是指在研究档案和社会需要的基础上，按照一定的题目，体例和方法编辑档案文献的活动。通过档案编研工作，一方面可以发现档案的有用性，而且可以提高档案的可用性，有效满足社会需要，及时实现档案价值；另一方面，通过编研，不仅有利于让档案信息以编研成果形式源远流传，而且还有助于延长档案原件的寿命。

7.档案利用服务

档案利用服务也叫“档案提供利用”，是指档案部门通过阅览、复制、摘录、上网等方式，向利用者及时、准确地提供其所需档案信息进行使用的活动。档案利用服务既是档案管理工作根本属性的体现，也是档案管理工作的最终目的。通过有效利用服务活动，可以使档案和档案管理实践活动的价值得以体现和实现。

8.档案统计

档案统计是指对反映和说明档案及档案工作现象的数量特征进行搜集、整理和分析的活动。通过档案统计工作，可以让人们对档案“心中有数”，并反映出档案工作的成绩或不足，有利于促进档案管理水平与绩效水平的不断提高。

（二）档案工作的性质

档案工作是一种管理和开发档案资源服务的建设事业，是维护历史真实面貌的重要事业。就其基本性质而言，具有显著的服务性、管理性、文化性、政治性。

档案工作是一项服务性的工作，就其实质性的基本内容和作用方式而言，主要是通过管理档案和开展档案信息资源利用服务活动来满足社会各方面需求，为生产、建设、管理、服务等社会活动的顺利推进并取得实效提供必要条件的工作。档案管理劳动的价值和作用的体现，具有“间接性”，必须以社会有关领域的用户的实际有效利用为“媒介”，并通过用户利用后创造的经济效益与社会效益反映出来。因此，档案工作具有显著的服务性，档案工作者必须树立坚定的服务思想，富有“绿叶”精神。

档案工作是一项管理性的工作，主要有两方面的理由：第一，档案工作自身是一项以档案为管理对象的专业性管理工作，自身有一套科学的管理理论、管理方法、管理技术，有其特殊的规律和丰富的科学内容。第二，档案工作是社会管理和其他专业管理工作的重要组成之一。从系统论的观点看，档案工作这一相对独立的管理系统处于不同规模和层次的更大管理系统之中。一方面，档案管理工作融于其他管理工作之中；另一方面，其他管理工作也离不开档案管理工作。例如，人事管理离不开人事档案，财务管理离不开会计档案，教学管理离不开教学档案，人事档案工作、会计档案工作、教学档案工作分别融于人事、会计、教学等管理工作之中，并成为其实施管理的基础性工作。

档案工作是一项具有文化性的工作，档案具有文化性，是一种重要的文化资源。因此，以档案为基本管理对象、以档案为服务社会的基本条件的档案工作，自然也成为具有文化性的工作，甚至可以说是文化工作的重要组成。特别是档案馆工作，因其在人类社会文化传承中的作用决定了它显著的社会文化性，主要表现在：档案是社会文化的组成部分，档案馆具有保存历史文化遗产的作用；档案馆具有传播社会文化知识与信息的作用；档案馆具有社会文化教育的作用；档案馆具有发展科学文化的作用。

档案工作是一项具有政治性的工作，这主要表现在三个方面：第一，服务方向是其政治性的集中表现。如果服务的方向错误，不但不会使档案发挥它为党和国家服务的作用，相反还会起到危害党和国家利益的后果。第二，机要性是其政治性的重要表现。第三，档案工作是“存信史”“留真实”的工作，基本使命是维护历史本来面貌。因此，档案工作者应当增强党性原则，坚持辩证唯物主义和历史唯物主义，坚持实事求是，保护档案不受破坏和歪曲，并积极地用档案去印证历史，校对历史。

二、我国档案工作的基本原则

档案工作实行统一领导、分级管理的原则，维护档案的完整与安全，便于社会各方面的利用。这就是档案工作的基本原则。其基本内涵是：第一，规定了档案工作组织原则和管理体制——统一领导、分级集中地管理国家全部档案；第二，规定了档案管理基本质量要求——维护档案完整与安全；第三，规定了档案工作根本目的和终极质量检验标准——便于社会各方面的利用。

（一）统一领导，分级集中管理国家全部档案

统一领导，统一管理。统一领导是指国家档案工作由国务院统一领导，地方档案工作由地方各级人民政府直接统一领导。统一管理，是指国家档案局对全国档案事业进行统一的宏观管理，全面规划，统筹安排，制定统一的制度、标准、规章等；地方和专业（行业）的档案工作由地方档案行政管理部门或中央专业（行业）主管部门统一实施业务管理。

档案工作，由各级档案行政管理机构统一地、分层次地进行监督和指导。全国各机关、企事业单位档案工作和各级各类档案馆工作，均由相应的各级档案行政管理机构进行统一的指导、监督、检查；同时，各机关、企事业单位的档案机构和各级档案馆，必须按统一的规章制度和办法实施档案管理。

档案由各级档案机构分别集中保存，并实行党、政档案的统一管理。各机关、团体、企事业单位等组织形成的全部档案，必须统一由本单位档案机构集中管理，不得由承办单位或个人分散保存，更不得据为己有；需要长久保存的，应按规定集中到有关档案馆保管。《档案法》把不按规定或不按期移交档案视为违法行为。

一个社会组织的党、政、工、团、妇联等工作中形成的档案，由统一的档案机构进行管理；需要长久保存的档案，统一集中于有关档案馆保存；各单位的档案管理工作则按管理体制和管理权限，实行在国家档案局统一掌管下，以专业主管机关为主，以各级档案行政管理机关为辅的管理体制，在纵向上实行“按专业统一管理”，在横向上由地方各级档案行政管理部门对本行政区域内的档案工作实行监督，检查和指导。

（二）维护档案的完整与安全

维护档案的完整。一是维护档案在数量上的完整，二是维护档案在质量上的完整。在数量上，要求将所有有保存价值的档案收集齐全，完整再现一个单位或一个地区等的历史面貌。在质量上，按档案的内在联系系统地整理，组成有机整体，不零散、不凌乱，系统反映完整的历史面貌。为此应注重在量中求质，质中求量，真正达到完整的要求。

维护档案的安全，一是维护档案实体的安全，二是维护档案信息的安全。因此，在档案管理过程中，一方面要采用一切手段，尽量延长档案寿命，避免物质形态上遭受破坏；另一方面，既要对档案蕴含的机密内容采取保护措施，防止泄密失密，又要通过有效的技术与手段确保档案信息不被篡改，识读不会困难。维护档案完整和维护档案安全，是对档案工作基本质量要求的两个方面，二者相辅相成，有机地联系着。

（三）便于社会各方面的利用

档案管理工作所有的劳动，最终都是为了提供档案有效满足社会各方面的利用。因此“便于社会各方面的利用”是档案工作的出发点和归宿点，是档案工作的根本目的和终极质量检验标准，支配着档案工作的全过程。

统一领导、分级管理和维护档案的完整与安全是手段性，便于社会各方面使用才是目的性，前者为后者提供组织、制度和物质基础保障，而后者则是前者的目的和方向。只有牢记“便于社会各方面的利用”，才能妥善地处理内外关系中的各种矛盾，把档案工作做得更有成效。

档案工作基本原则的三个组成部分是辩证统一的关系。统一领导、分级管理是核心，没有它做保证，就不会有完整与安全，便于利用的目的也难实现；维护完整与安全是手段，否则就不会有方便利用和有效利用；便于社会各方面的利用是目的，离开了它，维护完整与安全也就失去了方向和意义。所以，应该全面地理解和贯彻执行档案工作的基本原则。

三、档案管理机构

我国档案事业组织体系由档案室、档案馆、档案行政管理部以及其他辅助性机构构成，这些机构在全国范围内构成了一个结构合理、管理科学、颇具规模的档案工作组织体系。其中，直接从事档案具体管理的机构是档案室和档案馆。

（一）档案室的性质与功能

从微观上讲，档案室是机关、企事业单位及其他社会组织的内部组织机构，是集中管理本单位档案的专业机构，是机关，团体、企事业单位内具有参谋和咨询作用的部门；从宏观上看，档案室是国家档案工作组织体系中最普遍、最大量，最基层的业务机构，肩负为国家，为社会积累档案财富的使命。整个国家档案的完整程度和连续积累，首先决定于档案室；档案室是档案形成后首先提供利用，发挥档案作用的前哨；档案室中具有长远利用价值的档案最终要过渡到档案馆，因此档案室工作的好坏直接关系到档案馆档案质量的高低。

档案室按职能任务可以分为两种：一种是纯粹的档案保管机构；另一种是具有档案保管和档案业务指导双重职能的档案室。具体又分为普通档案室，科技档案室、音像档案室、人事档案室、综合档案室联合档案室六种。

档案室的职责是：第一，贯彻执行有关法律、法规和国家有关方针政策，建立，健全本单位的档案工作规章制度；第二，指导本单位文件、资料的形成，积累和归档工作；第三，统一管理本单位的档案，并按照规定向有关档案馆移交档案；第四，监督、指导所属机构的档案工作。

（二）档案馆的性质与功能

档案馆是集中管理特定范围内形成的具有“永久”或“永久和长期”保存价值的档案的基地，是科学研究和利用档案史料的中心，是国家文化事业单位。

档案馆是档案工作组织体系中的主要业务系统，居于主体地位。第一，档案馆集中保存了大量的具有长远保存价值的档案；第二，档案馆在干部配备和物质条件等方面优于其他档案部门；第三，档案馆工作最能体现一个国家或地区的档案工作成果，反映档案工作水平。

档案馆的职责是：第一，收集和接收本馆保管范围内对国家和社会有保存价值的档案；第二，对所保存的档案严格按照规定整理和保管；第三，采取各种形式开发档案资源，为社会利用档案资源提供服务。

我国的档案馆主要有五种：综合档案馆是指按照行政区划或历史时期设置的，管理规定范围内多种门类档案的，具有文化事业机构性质的档案馆，如中国第一历史档案馆、中国第二历史档案馆、四川省档案馆、成都市档案馆等均属此类。

专业档案馆是管理特定范围专业档案的档案馆，既可按其所保存档案的载体形态设置，也可按其所保存的档案涉及的专门领域设置，如中国电影资料馆、中国照片档案馆、中国地名档案资料馆、上海市城建档案馆等均属此类。

部门档案馆是专业主管部门设置的管理本部门及其直属机构档案的档案馆，如中华人民共和国外交部档案馆等。

企业档案馆是某一企业设置的管理本企业档案的档案馆。事业单位档案馆是事业单位设置的管理本单位档案的档案馆。

四、两个一体化

（一）文档管理一体化

随着社会主义市场经济的深入发展和科学技术的突飞猛进，特别是计算机技术、网络技术等的发展，理论和实践领域根据新的形势提出了“文档一体化”的管理理念。随着信息化建设的积极推行和日益深化，“文档一体化”的实践已初见成效。所谓“文档一体化”，就是从文件管理工作和档案管理工作的全局出发，在文件生成、处理、归档到档案管理的全过程中，使用“文档一体化”计算机管理系统，一次输入，多次输出，反复利用。一方面，从文件产生到运转的每一个环节上，特别是在文件向档案转化的关键环节上，都体现并努力符合档案的要求；另一方面，档案管理必须关注文件管理阶段的若干技术细节，注重文件的形成、使用、管理对档案管理的影响，并据此需要通过特定的技术条件和技术手段，在制度与标准的支撑下，从文件管理阶段就提前介入。实现文档生成一体化、管理一体化、利用一体化、规范一体化，做到文件工作与档案工作信息共享和规范衔接。

文件管理与档案管理一体化，是将原来的文书处理和档案管理工作整合为一个既统一又分工，既有联系又有区别的综合性管理过程。这有利于克服文件管理工作与档案管理工作分离而带来的问题和消极影响。由于在日常机关工作中，人们大多只注重文件的现行目的和现行效用，使得文件在质量上出现了物质形态不统一、制成材料不合乎质量要求、信息记录要素不完整、归档范围内的材料不齐全等一系列问题；由于归档是文件管理工作和档案管理工作的结合部，归档工作质量的好坏从根本上决定着档案工作的质量，如果文件管理部门和档案管理部门不能很好配合，将直接影响档案的管理；由于我国文件管理工作和档案管理工作各自作为独立的系统，理应由两组管理机构体系来分别承担，档案部门无法从“源头”来控制档案的质量和数量。实现“文档一体化”，不仅可以解决诸如上述的问题，而且也是一种资源整合，既有助于节约资源、提高效益，也有利于减少环节、减少不协调，重组文档管理流程，提升工作质量和效率。

实际上，“文档一体化”是一种由来已久的、客观的需要，并非什么新东西。只不过在过去没有显得那么必需，未真正有效地进行研究和实践，而在现代社会里，由于信息技术的发展，随着电子文件和电子档案的产生并成几何级数迅猛增长，这个问题成了非正视不可的了。当然，在今天的条件下，“文档一体化”不仅比过去显得迫切，而且确实也比过去任何时期更有条件实现。我们之所以说“文档一体化”是一种客观需要，主要是基于两点缘由：第一，如前所讲，文件与档案之间本身就存在“血缘联系”。文件管理工作人员头脑中要有“档案”二字，不仅要让文件为当前工作服务，还要站在对历史负责的高度，按“文档一体化”的要求，规范地办理每一份文件；档案部门应当从档案质量和管理的需要出发，加强对文件生成、处理、积累、归档等的全程关注，与文件部门密切合作。

“文档一体化”使得档案工作发生了很多新的变化，如档案事业的关注焦点从文件实体转向文件形成过程；从注重分散的个别文件的性质和特征转向关注导致文件产生的业务职能、活动、任务、事务处理和工作流程；从根据文件内在价值或研究价值进行鉴定转向宏观鉴定形成者的主要职能、计划和活动，挑选出反映其主要工作活动的文件加以保存；从对文件的实体整理、编目和保管转向根据信息系统和形成者在相关文件之间的有机联系进行整理。

（二）档案、图书、情报一体化

档案、图书、情报信息一体化管理，是基于社会实践的需要和科学理论的发展而提出来的，是一个世界性的趋势和实践要求。一方面，信息成为一种重要的资源，甚至是一种战略性的资源，受到了世界各国政府，各个企业甚至每一个人的特别重视，因而一体化成了必要；另一方面，因信息技术等现代科学技术的飞速发展，既使档案，图书、情报在内容，形式、数量形成方式上发生了很大变化，又使整合档案、图书、情报进行综合管理、整合资源具备了现实可能。

“一体化”是三者间的共性决定的客观要求。虽然三者之间存在着区别，但三者同时也存在着实质性的共同点，而且一般来说，三者的共性方面还是基本的、主要的。第一，它们都具有信息属性，其承载的内容都符合信息的属性和特征，都是重要的信息资源；它们都是以纸、胶片磁带等物质载体存储有关信息。第二，作为人类积累、传播和储存知识的方式与手段，所发挥的作用和需要实现的目的具有一致性，而且相互间密切联系又互为补充。第三，从三者管理工作方法来讲，从输入、存储、输出三个基本环节来看，三者的技术管理方法和流程大体相同。它们的输入环节主要是靠收集、验收、登记；存储手段主要是分类，编目、统计、保管、控制、选择、转化；输出方法主要是靠提供利用、阅览、咨询等。因此，从内容属性、形式特征、管理方法等看，三者一体化具有客观基础。

科学技术和信息利用的综合性要求实施三者的一体化管理。不争的事实是，现代科学技术各部门、各学科之间既分化分工，又日益综合，相互渗透，边缘化、综合化是科学技术发展中的一个突出特点。任何一个科学部门、每一个学科，其理论研究也好，实践探索也罢，只有在整个科学体系的相互联系中、在实践方法体系中才能得到发展，不可能脱离其他部门或学科而完全独自进行研究和实践探索。因此，档案、图书、情报领域不仅要注重自身积极向纵深发展，同时也应当加强相互间的横向联系。

实际上，即使是自身的纵向发展也通常是建立在相互联系、相互借鉴基础上的。要发展就必须使现代科学与技术各门学科之间既分化又综合，使科学形成统一完整的体系，使各门学科的研究都不可能脱离其他学科的研究而单独进行。档案学要想在自身的发展中有所突破，就必须在注意向纵深发展的同时，加强与相关学科之间的横向联系。从信息利用者的需求特点来看，在信息时代，一方面人们对信息的需求量急剧增大，对信息的完整性和精准性要求越来越高，对获取有效信息的速度要求也空前严格；另一方面，如果档案、图书、情报分别由不同系统、不同部门进行管理，利用者势必在数量众多、形式多样、内容复杂，管理各异的现实面前遇到许多困难，很难达到全、准、新、快的利用目的。这也客观地要求实现档案、图书、情报等信息管理的一体化。

现代信息管理理念和先进的管理技术手段为档案，图书、情报一体化管理提供了条件。档案、图书、情报管理一体化的信息资源整合，实现档案、图书、情报一体化管理，已经在不少企事业单位取得了成效。

就档案、图书、情报一体化管理的具体组织形式而言，可以采取以原有的档案，图书、情报工作中的某一部门为基础，设立信息中心，成为一个专门机构。实践中，企业一般以档案部门为主体建立档案信息中心（也称信息中心），作为统一的信息管理实体机构。这种组织形式便于建立计算机管理系统，实行现代化管理，同时也有利于实现对信息资源的联合开发利用。实践中不仅统一的企业信息管理机构日益增多，而且若干大型企业对信息资源统一管理，进一步从组织上为真正卓有成效地实现一体化管理提供了保障。

建立信息中心，有利于冲破分别管理时不可避免的信息分散、分割的制约，在更大范围内发挥档案、图书、情报信息资源的长短互补，共同发展，资源重组、综合集成优势，充分发挥信息的作用；有利于集中资金、技术，统筹规划、系统设计，积极采用计算机技术，网络技术，光学技术，声像技术等，加速档案、图书、情报管理的现代化进程，既与企业管理现代化同步推进，又可促进企业管理水平和效益的不断提高。

从未来的发展考虑，最终的“一体化”可能不仅仅是“两个”“一体化”，而应当是“文档一体化”与“档案、图书、情报一体化”逐步实现分化基础上的新的整合，走向文件、档案、图书、情报等各类信息资源管理的“大一体化”，实现四者在相互渗透、有机融合基础上的综合管理，使信息资源管理系统的功能进一步放大。当然，在“大一体化”背景下，基于文件本身的一些特殊性，在管理上必然会有一些特殊之处。

第三节　医院档案对医院管理的作用

一、档案管理对医院工作的重要性

（一）医院档案管理的重要性

医院档案是医院在日常工作中形成的公文、电报、传真、影像等各种载体档案，它是医院发展留下的珍贵财富，医院科学化决策和医院现代化建设离不开信息资源的科学有效管理，同时也是为国家积累门类齐全、结构合理的档案史料。为管理层和各项事业提供及时准确的信息是医院档案管理工作的目的，同时围绕临床、科研、教学、管理等方面的信息开展服务，建立系统的档案管理体系，强化档案管理的效率观、动态观和现代观，将档案管理工作密切结合医院整体发展，为职工、患者以及社会公众服务。

医院管理实现制度化、规范化、科学化发展的重要标志是实施了科学有效现代的档案管理。档案管理是提高医院基础管理水平的需要。档案管理工作的好坏，直接体现了医院基础管理水平的高低，与文明医院建设、医疗卫生事业发展息息相关。

（二）医院档案管理的分类

医院档案是指医院在党务、行政、医疗、统计等日常管理工作中形成的文字、图表、数字、病历、声像、光盘、磁盘、微机存储等真实历史记录。

档案根据途径和利用方式的不同大致可分成以下四种。

（1）人事档案。主要指职工档案，包括职工的奖罚、考勤管理、职称管理、绩效管理等方面。由于干部人事档案真实记录了一个人的履历、水平和品德等，是医院组织人事工作不可缺少的重要参考。

（2）业务档案。业务档案是医院档案管理的重点，主要指病例档案、药械耗材档案、科研档案、财务统计档案、设备档案、医疗废弃物档案等。病历档案是医院档案管理不可或缺的重要部分，专业性和技术性强，是展现医院管理、医疗技术水平的关键依据。病历档案是广大人民群众疾病防治和身体健康的原始记录，其信息利用率高、实用性强，它需要档案管理者和医务人员在规定时间内完成收集、整理、组卷、登记、分类、编目、编码、排号、贮存以及档案的检索、利用等工作，全面系统分析医疗信息资料，及时准确提供给医院领导、医护人员和患者。科研档案主要指一线医护人员在医学的实践中通过不断总结，不断探索治疗手段的新思路和新办法，进而科研立项、实施以及科研成果推广的应用。

(3) 行政管理档案。行政管理档案主要指上级主管部门或相关单位的行文及公函，以及本院在日常工作中形成的文件、规章制度、事项决策、通知、通告、医保政策、纠纷案卷、法律文书以及消防检查和社会化服务形成的材料等。

(4) 党群档案。主要指上级和本院党组织、共青团工会等群众组织在日常党务工作、共青团工作、工会工作中形成的文件和影像材料。

（三）医院档案管理的作用

档案管理在医院运行过程中主要发挥以下五个方面作用。

1.是医院管理的重要工具

医院任何决策及管理制度的出台，必须是建立在之前管理系统理论基础之上的，只有充分发挥档案的辅助作用，才能更有效地提高决策的科学化和管理水平。

2.是医院运行的强力助推器

档案是医院日常运行的真实记录，具有凭证和参考作用。医院标准化建设和管理都是建立在项目档案整理和分析的基础上的，科学有序的档案整理为医院发展和决策提供有效依据，进而促进医院管理，不断提升医疗服务和管理水平。

3.是医院文化传承的主要载体

档案真实记录和见证了医院的发展，是医院文化的重要组成部分。通过医院的档案能够了解到医院的成长历程、医院的院风、文化氛围等。医院院史中的照片、文字和实物真实反映了医院发展历程，同时深深凝聚和激发了医务人员的归属感和荣誉感。

4.是法律保护的原始凭据

档案是当事人的业务活动的真实记录，能够保护医院、医务工作者、患者的合法权益不受非法侵害，对明确各方面的责任，减少不必要的纠纷提供法律依据。

5.是岗前培训的生动素材

档案是医院不可或缺的教育资源，其真实性具有很强的说服力和感染力，真实的医学案例能够深入职工身心，防止错误再发生；翔实的事实资料为员工展现真实的医院，大大提高培训的效果。

二、档案管理对医院文化建设的重要作用

（一）利用医院档案有助于增强医院文化软实力

医院档案在长期积累的过程中，积淀并传承着医院发展的理念与价值观，蕴藏着医院发展的灵魂和文化软实力。医院档案的内容十分丰富，是医院发展实践中最可靠

的原始记录和权威凭证，从载体和内容两个方面最大限度地完成了记录历史、传承文化、传播文明和提升医院文化内涵与文化软实力的任务。从医院档案中挖掘出的医院文化软实力，是助推医院文化建设的核心，可对医院持续健康发展提供持久动力，从而形成饱含正能量的医院精神，不断提升医院的核心竞争力，最终使医院文化建设为医院发展创造出效益。从医院发展的档案积淀中挖掘出医院文化的精髓，又是提炼仁爱、包容、创新的医院精神的有效途径。通过医院文化建设形成的医院精神，可以用于谱写院歌、设计院徽、提炼院训，可以形成医院全体职工普遍认同的价值观和适应时代要求的服务理念，这正是医院档案体现医院文化建设的核心内容，是医院赖以生存和发展的精神支柱。

（二）利用医院档案有助于引领医院落实人文精神

人文精神是对人的个性、价值、地位、尊严的关注、爱护和尊重，其核心是对人的精神价值的重视与人性关怀，即以人为本的价值理念。医院文化建设的基础是坚持以人为本，即对职工施以人本管理、对患者施以人文关怀，而在医院档案中始终贯穿着以人为本的人文精神。一方面医院档案中保存着大量的准确信息、数据和人文资料，还有成功的管理经验、优秀人物的先进事迹。医院管理者既要把职工当成医院最大资本、最好资源，又要紧密结合医院档案中的文化资源，用自己的知识、智慧和才艺，通过职工的知觉、动机、信念和期望等文化需求，影响职工的思想与行动，才能使职工愿景与医院目标相一致，从而产生医院文化的向心力、凝聚力和发展动力。另一方面，在医院档案中还贯穿着医学伦理与人文关怀思想，即医疗活动采取的合理与合乎道德的行为和决策，确保医疗目的和患者的权利，强调以患者为主体、满足患者需求、强化与患者合作，从而建立和完善渗透着医学人文精神的医疗文化与医疗制度，使仁爱、尊重、责任与公平的人文精神得到落实。

（三）利用医院档案有助于强化医德医风建设

医德医风建设是要坚持患者利益至上、社会效益优先、落实医疗公平的原则，使医务人员在医疗服务工作中最大限度地满足患者康复的需要。医德医风建设反映出医院文化的价值观、道德观、文化环境和医院精神，是立足于以患者为中心、更新服务观念、提高服务质量、助推医院持续发展的精神动力。通过医德医风建设，使医学人道主义精神、以患者为中心的人文关怀理念深入医务人员心中，内化为医疗服务的理念落实在为患者服务的实践中，这也是医院文化建设生命力所在。医院档案保存着医疗法规制度、医疗标准、技术常规、操作规程等资料，医学病案（历）保管着众多患者最原始、最完整和最权威的病程记录、治疗过程与医疗结果，是重要的医学科技文献与科研档案，具有真实性、可靠性和系统性的特点，不仅是保护患者合法权益的凭证，也是进行医务人员医德医风教育的最佳内容。通过对病案（历）分析，查找医疗和管理过程中的缺陷，教育医院各类人员吸取经验教训，从而为提高医疗服务水平和医院管理水平打下良好基础。医院档案中蕴含着丰富的文化资源，充分利用医院档案强化医德医风建设，是医院文化建设的体现。

（四）利用医院档案有助于提升医院思想政治工作品位

思想政治工作的根本目的是教育人们树立正确的世界观、人生观和价值观。在生活实践中，世界观、人生观和价值观问题对每个人来说都是最根本的问题，决定了人们的理想和信念。医院思想政治工作要做到以科学的理论武装医务人员，以正确的舆论引导医务人员，以高尚的精神塑造医务人员，以优秀人物鼓舞医务人员。培养医务人员把全心全意为患者服务奉为自己的人生观，把患者利益置于个人利益之上的价值观，用正确的价值观分析利益取舍、辨别是非真伪，从而树立医务人员“白衣天使”的美好形象。医院档案中蕴含着丰富的人文、历史、科技等内容，是医院思想政治工作不可多得的文化资源和文化财富。在医院文化建设过程中，可以通过创建院史馆、荣誉展示室、编纂院史院志等方式，在做好院史资政工作的同时，详尽展示医院发展历程、优秀人才、丰硕成果，对医务人员进行医德史、行业史、院史教育，用身边的事和身边的人开展既生动活泼又丰富多彩的宣传教育、文化活动和思想政治工作。还可以利用档案开展科技成果展、名医专家风采展、优秀病历展、医德医风展，广泛开展核心价值观教育，提升医院思想政治与宣传工作的品位，以增强医院职工的自豪感、激发责任感、树立自信心，形成团结向上的良好工作氛围。

医院档案是医院的宝贵财富，是医院文化建设的精神财富。重视医院档案对医院文化建设的重要作用，就是要善于从档案中挖掘出精神财富促进医院文化建设，善于利用医院档案中的文化资源使医院文化建设别具特色，善于利用档案中蕴含着的文化软实力促进医院不断向前发展。

三、医院档案在医院管理中的价值与地位

（一）医院档案在医院档案管理中的价值

在明确了医院档案在医院档案管理中的应用现状后，开展医院档案在医院档案管理中的价值探究，根据医院档案在医院档案管理中的特点，主要可以将其所存在的价值总结归纳为如下四点。

1.实现医院财务档案和财务资料的有效整理

医院档案的有效建立，可以进一步实现相关档案的有效整理。医院的档案管理人员，通过完成医院档案的整理工作，可使医院的各类资料的日期和类别得到明确的标注，并且按照其内容的重要性进行进一步的分类存储。

2.进一步明确医院档案管理的内容和范围

以医院档案中财务档案为例，其主要包括医院的总账、单项账、日记账以及医院的总体资产和其他不固定的财产。因此，医院档案的建立可以有效实现医院财务管理内容和范围的明确性提升。同时，医院的档案中还包括医院签署的各项合同，这些合同内容的明确，也可以为医院管理工作的良好开展提供巨大的推动力，并增强医院管

理工作的开展的流程性和秩序性。

3.方便医院内部人员的资料查看

医院档案的有效建立，可使医院的高层人员在进行医院整体的管理工作中，能够有效地查看医院的医疗用品的采购合同、工程合同、技术合同，以及各项医疗票据，进而有效地掌控医院的各种状况。医院的管理人员以及相关的档案管理人员对于医院信息及档案情况的认识更加明确，可以有效地保障医院管理水平与成效，与此同时，也提升了医院内部人员对资料查看查找的便捷性，从而凸显了档案在医院档案管理中的关键性价值。

4.明确医院财务档案的管理期限

医院档案可以对于医院的年度财务情况进行整体的统计，进而使得医院的财务报告可以被按照其管理期限进行排列，有些财务报告重要性较高，其管理期限为永久性期限，而有些财务报告则可以按照其重要性划分为：五年管理期限、十年管理期限、十五年管理期限等等。医院会计档案在医院档案管理中的价值若得以充分发挥，则医院财务管理档案期限则可以体现出更加理想的明确性。

（二）提升医院档案在医院档案管理中地位

开展提升医院档案在医院档案管理中的地位探究，根据当下会计档案管理工作在医院档案管理工作中的影响力，具体可分为以下四点。

1.实现会计档案管理人员的技术的专业性的有效提升

医院在开展管理工作的过程中，应当加强对于档案管理人员的考核和培训，为其提供学习与交流的机会，并且根据考核结果建立相应的奖罚制度，以此激发其自主学习的积极性。档案管理人员的技术的专业性的有效保障和进一步提升，可使会计档案更加体现出其价值性，进而保障了医院档案在医院档案管理中的地位。

2.建立专门的部门开展档案建设工作

为了实现医院档案内容完整性以及档案分类的系统性的有效保障，医院在开展管理工作的过程中，应当建立专门的部门开展档案的管理工作，并配备相应的人员，此外，有关人员要加强对于档案的管理工作的重视程度，以此有效地确保医院的各项收入的明确性。

3.着重开展医院的经济管理工作

医院经济管理工作的开展状况，无疑是决定医院的发展前景的重要因素之一。在实践中着重开展医院的经济管理工作，将会计档案应用于工作的开展进程中，可以体现医院档案在医院档案管理中的地位的不可撼动性。

4.将先进的信息技术应用于医院管理工作

随着科学技术的不断发展，信息技术在各行各业的开展进程中的应用也逐步地呈现出了普及性特点。将先进的信息技术应用于医院管理工作的开展进程中，可以有效地提升了医院档案管理工作的开展的精确性和时效性，进而使得档案管理工作的开展为医院的整体发展提供更大的推动力。档案管理人员的技术的专业性的进一步增强，可以有效地提升档案的真正效用的发挥，同时专门的档案管理部门的建立以及先进的科学技术的应用，都可以使档案在医院的档案管理工作开展进程中发挥出更大的功效，实现自身的地位的有效保障，引导医院获得更加广阔的发展空间和更加理想的发展前景。

四、医院档案在医院建设中的作用

（一）人事档案在医院人力资源管理中的作用

1.人事档案是医院人事部办理各种人事手续的可靠凭证

人事档案是贮存人才资源的信息库，是个人历史忠实完整的记录，可以为当事人落实政策、确定个人三龄一历、工资调整、解决生活待遇、劳动保险、入党团以及离退休手续的办理、出国（境）政审和婚姻生育状况等提供可靠的凭证。

2.人事档案是医院知人善任、选贤举能的一个重要依据

查阅人事档案是医院在选拔、使用、考察、培养干部，竞聘上岗等方面的一个重要程序和工作制度。如医院在接收新进人员，都要查阅本人的人事档案，以档案中的学业成绩及思想表现情况来综合评判进行政审，完成人员新进的聘用手续。

3.医德档案的建立有利于构建和谐医患关系

医德档案是医院医德医风建设的主要内容，为应聘、晋职评选等提供客观可靠的重要依据。存医德档案的主要材料为年度医德（职德）考评表，动态地反映了每一个医务人员的职业道德、工作水平和精神面貌，是医务工作者医德医风实践的真实记录，客观真实记载着医务人员的道德轨迹。

（二）会计档案在医院管理发展中的作用

会计档案可以为医院制订经济计划、进行可行性研究、做出经济决策提供可靠的数据和可比性资料；会计档案以大量的原始数据，为医院的财务工作和生产经营提供决策依据；会计档案对保护医院国家财产、监督执行国家财务制度、查处经济案件等有着重要的作用；会计档案还可以为医院研究经济发展提供研究史料。

如医院有一收费员擅自挪用公款，非法侵占医院现金，医院发现便立即移交地方检察机关，通过医院档案人员翻阅各种会计档案，寻找其作案的蛛丝马迹，找出起诉的重要证据，最终将其绳之以法，有效遏制了恶性事件的继续发生，有力挽回了医院的重大损失。由此可见会计档案对医院管理的重要性。

（三）科技档案在医院科技发展中的作用

医院科技档案，是指医院在医药卫生科技活动及防病治疗过程中形成的具有保存价值的文字、数据、声像、图表、软盘等各种载体，并且按照一定的归档制度作为真实历史记录集中起来保管的科学技术文件材料。

医院科技档案能为医院在进行科研管理、科技决策、科学研究、技术交流、著书立说、职称评聘、经验总结等方面提供信息和依据，起到凭证和参考作用。

（四）设备档案在医院运营中的作用

医疗设备档案包括设备购进档案和设备维修档案。其详细记载了医疗设备从申请购买、考察论证、招标谈判、签合同、付款、安装验收、使用维修到报废的一个动态过程。医疗设备的购置或更新必须经过周密的考察和分析，设备档案也就成为十分重要的第一手资料，充分利用这些信息资源，做好前瞻性、预测性服务，为医院的决策提供及时、准确的参考信息。另外，良好的档案管理还使设备管理部门为设备妥善维修、减少故障发生、确保医疗工作的正常进行提供了重要的保障。

第二章　医院档案管理的内容

第一节　医院实验室与教研室档案管理

一、教研室档案

教学、科研档案是教研室必须存档的重要资料。随着信息时代的到来，信息在人们的生活、工作中发挥着越来越重要的作用，如何做好教研室档案管理工作，使其更好地促进和指导教学、科研等活动就显得非常迫切和必要了。

（一）档案内容

1.教学档案

是指在教学活动中直接形成的，具有考查利用价值，按照一定规律集中保存起来的各种文字、图表、声像等不同载体形式的文件材料，是教学内容、方法、途径和效果的真实记录，是进行教学活动和教学研究不可缺少的依据和参考，是改进教学工作、提高教学质量、促进学术交流的信息资源，包括载有下列信息的文本、声像资料、磁盘及必要实物。

（1）上级文件，教学相关的规章制度；

（2）教学大纲，年度工作计划，教研室教学实验计划；

（3）典型教案、讲稿；

（4）教材，重要补充教材，参考资料；

（5）学员课程考试，考查成绩，试卷，试题，标准答案和质量分析，教学日志等；

（6）教研室学年教学工作总结，教学经验总结；

（7）教研室重要教学活动材料；

（8）教学成果及教学论文材料；

（9）教学改革与研究有关材料；

（10）教研室教师获奖、受表彰及在学术团体任职情况。

2.科研档案

是指在科学研究、技术革新、科研成果的推广使用中所形成的，具有保存和利用价值的，按一定的归档制度集中保管起来的科学研究文件材料。包括：

（1）科技文件资料；

（2）科研课题开题立项，研究，总结题资料；

（3）科研成果资料；

（4）专利项目材料，如发明专利、实用新型专利和外观设计专利的请求书、说明书、设计图、照片、权利要求书、代理人委托书、专利证书以及国家发明奖的申报书及审批文件等。

（5）科研经费使用情况，消耗材料；

（6）科技学术交流，外事活动资料。

3.其他档案

（1）教研室发展史，大事记；

（2）教学效果调查和质量分析；

（3）师资培养规划、计划及实施、检查结果等；

（4）学术论文（复本）资料，学员在学期间撰写的本专业文章及与教学相关的其他材料；

（5）经费开支材料；

（6）仪器设备基本情况。

（二）档案管理

1.分工负责，及时沟通

档案管理是全体教师的共同教学活动，要在档案管理上采取分工负责、定期汇总的管理模式。大家都参加档案的收集整理工作，集中群体的智慧，以使教研室档案的种类更加丰富，质量更高。同时，大家都了解档案的形成、管理过程及内容，也就为在教学科研中更好地利用档案提供了可能。

2.及时装订，定期交流

档案管理要逐渐形成制度，档案及时装订，定期在业务会上交流各自收集的档案及资料，年终或学期末，评出档案收集先进个人或小组，给予奖励。这样做一方面确保完整地保存教研室的档案资料，另一方面确保各种资源在教研室范围内得到最大限度的共享。

归档的材料应手续完备，质地优良，格式统一，书写工整，声像清晰，装订规范。

科研档案的组卷：一个研究课题档案一般由1～2卷组成。第一卷为主卷，包括开题报告、研究计划、原始记录、总结论文等；第二卷包括查新报告、鉴定证书、评议意见、使用情况等。

3.利用计算机，逐步标准化

随若计算机的普及，档案的自动化管理势在必行，一方面可简化管理程序；另一方面可使档案材料更好地服务于教学科研工作。如将考试试题输入计算机，试卷全部由计算机排版打印，既防止了手抄存在的易出错且修改困难的弊病，又使试卷卷面整洁美观，易于标准化。由于各期试题全部存于计算机，经过多年的积累，将逐步形成小题库，可在每年出题时，通过计算机编排功能实现互相填补和完善；同时，也可将各种教学总结材料输入计算机，逐步实现计算机对教学档案的全面管理，方便资料的提取、检索和使用。今后，希望能够将所有教学科研资料输入计算机，如教师授课情况、考试试题分析、科研项目及成果等，以充分发挥计算机在档案管理中的作用，更好地发挥档案在教学科研中的指导作用，使档案管理提高到一个新的水平。

（三）档案使用

档案管理不应仅仅是一种保存手段，更应该服务于教学科研活动。因此，在教学过程中要注意利用和发挥档案的指导服务作用，如将各期试题单独装订成册，使之成为课程结束后考试命题的重要参考资料。某些资料从收集到保存都从教学的实用性出发，如实验课实行授课登记制度，将授课内容及仪器使用情况按时登记，积累档案资料，完善实验室仪器管理，更便于教师之间的互相沟通和监督。教学档案可定点保存，像实验室器材管理册即由实验室人员保管，人员更换，则档案易主，便于接管人员之间的互相监督，成为教学科研管理的一部分，既发挥了档案效能，又促进了教学。

档案管理作为教学科研活动的重要组成部分，应从实际出发，充分利用其直接来源于教学科研、贴近具体教学科研活动的特点，使其渗透到教学科研过程的各个环节，这样才能充分发挥它的实用性。为此，档案管理部门应充分发挥档案在教学科研管理和院校建设中的作用，努力提高档案开放效益和利用率，直接为教学科研工作服务，档案管理人员应当熟悉所保管的档案，编制目录、卡片、索引等检索工具和参考资料，逐步实行计算机管理，为档案利用部门提供高效率的服务。同时，建立严格的档案使用制度。档案一般在教研室阅读，复印、外借或借阅不便公开的档案，必须按照管理制度，严格手续，对借出的档案应当适时催还；对退还的档案应当严格清点、入库。使用教学档案的单位和个人，应当遵守有关档案管理规定，不得涂改、勾画、批注、剪裁、转借和私自复印；对借出的档案，应妥善保管，按时归还；对遗失、损坏教学档案的视情节轻重，按照有关规定，追究其责任。

二、临床实验室档案管理

为了了解人体结构和疾病产生的原因，古代的埃及人、罗马人和希腊人建立了解剖实验室，并在尸体解剖的基础上逐渐形成了病理学。尸体解剖的目的在于了解患者的死因，但除此之外，人类还需要了解疾病的起因和发展，需要了解组织细胞变化与疾病发展之间的关系，以便采取相应的预防和治疗措施，这些未知数是形成现代检验医学的基础。

检验医学是在基础科学的理论上发展形成的，早期的检验医学是由医师或医师指导下的技术人员利用手工方法开展一些简单的实验，这种方式耗时、变异大、易受技术和人为因素的影响。随着科学的进步，当实验过程变得越来越复杂，一些熟知检验技术的医师，开始培训一些专门的人员帮助他们执行复杂而众多的实验。到21世纪初，一个现代化的实验室可以拥有近百台不同类型和型号的仪器，每年可以完成数百万甚至上千万个检测，为临床医师和患者提供了大量的信息。近年来，我国许多医疗卫生机构的实验室改善了工作环境，更新了仪器设备，增加了检验项目，检验医学在疾病的预防、诊断、治疗、健康检查方面发挥着越来越重要的作用。仪器设备的引进和更新大大促进了我国检验医学的发展，但是我们也必须清醒地认识到，仅仅拥有好的自动化仪器并不是解决检验质量问题的根本所在。实验室要想取得成功，其管理人员就必须具备领导和管理才能，领导才能表现对实验室准确的定位和掌握实验室的发展方向，管理才能则侧重于为了达到工作目标采取的具体步骤上：一个好的实验室管理者必须拥有良好的洞察力，建立适当的工作目标，最大限度满足患者、医生、实验室工作人员和医院管理层的需求。为了满足实验室用户的期待和要求，实验室的管理者应对面临的环境变化、检验医学的技术进步、临床实验室管理理论的发展有充分的认识，加强实验室硬件和软件两方面的建设以应对挑战。

（一）变化影响

1.环境变化对临床实验室产生的影响

随着经济的发展、社会的进步、医疗卫生体制和医疗保险制度改革的不断深入，实验室不可避免要受到一些影响。

（1）人口素质变化的影响

我国教育事业的不断普及和深入使公众自身素质得到了极大提高，良好的健康教育和广泛通畅的信息来源使其对医学科学能力和医疗机构应提供的医疗服务有了比较深入地了解，床旁实验和家用试剂盒的开发与普及又使得公众对检验医学有了更多的认识，因此公众对自身健康水平会给予越来越多的关注，对临床实验室的检验质量和服务水平会提出新的、更高的要求。

（2）“防御意识”的影响

《医疗事故处理条例》和检验医学的进步将会促使临床医生更多应用实验室的检验结果，临床医生和患者对检验结果的有效性、准确性和时效性将会提出更高的要求，更多的医疗卫生资源将应用到实验室，实验室的工作量将会增加。

（3）先进技术的影响

生物技术的迅猛发展，计算机和检验医学的紧密结合大大促进了检验医学的发展，极大提高了实验室处理大量复杂分析实验的能力。随着对人类基因图谱认识的不断深入，新的基因诊断技术逐步形成。数据或图像如细胞和组织的三维图像可以通过数字化形式高速度网上传递，实验室和医生可以得到远程快速咨询服务，小型化的床旁实验和大型的实验室全自动化都将对临床实验室未来的工作模式和学科划分产生根本性的影响。

（4）医学伦理学的影响

先进的实验室检验技术特别是基因检测技术能发现受试者健康状况表现异常，基因检测可预测某种疾病的产生概率，这就给受试者参军、上学、受雇佣、结婚以及购置健康保险产生影响，临床实验室的检验报告会涉及受试者及其后代就业、结婚、生育、健康保险等诸多问题，如何适当应用实验室检验技术服务于社会也成为我们面临的课题。

2.检验医学的变化

我们习惯于根据方法学的不同将实验室分为临床生化、临床免疫、临床血液体液、临床微生物和分子生物学等不同的专业实验室。目前新的技术已使主要检验分析仪器的组合成为现实，一份血样在自动化的分析系统可以完成对生化、免疫和血液等多项检查，同时也实现了标本分析、标本处理和标本储存的一体化。当模块式的全自动化分析仪引进以后，实验室可以在较短的时间内以组合的方式完成大量的多专业的实验，这必将引发实验室内部组织结构的变化，专业实验室的合并能促进实验室人力、设备和空间等资源的有效利用，减少费用支出。

床旁实验（POCT）将会成为检验医学的另一发展趋势。在医疗工作中及时对患者实行诊治，可防治其病情恶化，减少住院天数，降低医疗成本，因此缩短检验周转时间（TAT）就显得尤为重要。床旁实验简便、易行，可在标本采集后几分钟内得出结果，成为缩短检验周转时间的有效方法之一。简便快速的检验方法和便携式的小型仪器是实施床旁实验的必要条件。目前临床化学、免疫学、血液学和微生物学均有适用于床旁实验的仪器和试剂。虽然有客观的数据表明床旁实验有增长的趋势，但是也有部分专家对于床旁实验的未来发展持谨慎态度，床旁实验的质量保证措施目前尚不完善，操作一般由非检验专业人员执行，检验结果的稳定性和可靠性受到一定影响。

检验技术的不断创新和进步对实验室工作人员的技术能力要求产生了重大影响，过去实验室一些技术要求不高的、重复性的工作如标本采取、标本处理可以由非检验人员负责，检验技师负责维护设备的正常运行，控制实验过程的质量，分析和解决可能出现的问题。未来随着高新技术的逐步应用、实验室的自动化程度不断增强，实验室对非技术人员的需求将明显降低，对高级检验技师的需求将有所增加，同时对熟知实验诊断学，并具备一定临床经验的检验医师的需求将大大增加。

（二）管理及管理特性

1.管理的定义

管理的第一要素是集体活动，只有集体活动才需要协调，集体活动的参与者可以是几个人，也可以成千上万。管理的基本对象是人，尽管管理还涉及财、物、信息等内容，但仅仅针对后者的管理不能称之为真正的管理。管理作为一门学科受到重视出现在工业革命时期，要想使实验室工作获得医院管理者、医护人员和病人的认可，实验室的管理人员是否接受过专门的管理技能培训就显得尤为重要。

管理是一种特殊类型的社会实践活动。在现实生活和工作中，存在着两种类型的社会实践活动。一类是人们亲自动手，作用于客体，产生直接效果，比如实验室的技术人员利用手工或自动化仪器按照一定的操作程序进行临床检验活动，获得检验结果，此类活动通常被称为“作业”。另一类是通过施作用于作业者，对改造客观世界产生间接效果，通过计划、组织、控制、指导等手段，整合资源达到预期目的这就是管理。实验室的工作目标是尽最大可能为临床医师和患者提供优质的检验技术服务，实验室的工作人员、设备、设施、资金等均为实验室的资源，如何有效整合利用这些资源对能否实现自己的工作目标满足临床需求至关重要，因此实验室的工作完全符合管理工作的一些基本特性。只有医院领导和实验室管理者认识到管理工作对于实验室的重要性，才会促使实验室服务水平得到质的提高。

2.成功的实验室管理必须具备的条件

管理渗透到现代社会生活的各个方面，凡是存在组织的地方就存在管理工作。成功的实验室管理至少具备以下几个条件。

（1）实验室希望达到的目的或目标。实验室的工作目标是以经济的和对患者伤害最小的方式，提供有效、及时、准确的检验信息，满足临床医师对患者在疾病预防、诊断、治疗方面的需求。当然，不同实验室的工作目标也可有所不同。如有的实验室可将目标瞄准国际一流、参加国际上统一标准的实验室认可，争取与国际接轨，有的可定位为地区内检测项目和水平领先的实验室，也可以将目标定位于主要满足本院临床医师和患者的需求。

（2）管理者必须具备领导团队达到目标的权利。要：达到实验室的设定的目标，实验室管理者必须具有相应的权利，如实验室内部组织结构的设定权、人事安排权、财务分配权等。医院领导只有授予实验室管理者这样的权利，才能保证实验室管理者在实验室中的领导地位和权威，有利于实验室工作目标的实现，有利于医院工作总目标的实现。

（3）必需的人力、设备、资金等资源。资源是实现实验室工作目标的基础，没有资源作为保证，任何形式的组织目标都会成为空中楼阁。如实验室的检验周转时间工作目标非常明确，但如果没有足够的技术人员、没有自动化的仪器，就不可能满足临床尽快返回报告的要求；如果没有既了解实验技术，又熟知临床医学的检验医师，就不可能达到对临床提供咨询服务的工作目标。

3.实验室管理者

管理者是指在一定组织中担负者对整个组织及其成员的工作进行决策筹划、组织和控制等职责的人。管理者在管理活动中起着决定性的作用。管理者的素质如何，管理机构的设置是否科学，管理职能的确定和运用是否合理等，直接影响管理的效果。

实验室管理者要在管理活动中有效地发挥作用，必须要有一定的权利和能力，实验室管理者的权利通常是通过医院领导任命和授权取得的，但我们不应忽略实验室管理者本人的威信和声望所获得的影响力也是权利的一个重要组成部分。实验室管理者的能力主要是指组织、指挥能力-技术、业务能力，影响、号召能力，作为一个实验室管理者，要尽量满足这三种能力要求，但是在不能求全的情况下，对于管理者而言，最主要的能力应该是组织和指挥能力。因为实验室管理大量的是组织、指挥、协调工作，而不是单纯的技术、业务工作。目前我国的现状是实验室管理者多是生化、血液、免疫、微生物中某个专业的技术专家，技术和业务能力较强，影响、号召力也有，但唯独缺乏组织和管理能力，缺乏在此方面的系统培训。医院领导和实验室负责人一定要认识到组织管理工作对实验室的重要性，中华医院管理学会临床检验管理专业委员会也应组织相应的培训，帮助实验室管理者尽快提高自己的管理水平。

实验室要想取得成功，就必须要有具有领导和管理才能的人员承担起实验室的管理工作。实验室管理者要有清晰的管理思路和工作方式，必须拥有敏锐的洞察力，善于发现检验技术的发展方向，接受过良好的教育并具备相应的管理能力；有应好的身体条件，精力充沛，反应敏捷，思路开阔，勇于开拓，愿意承担责任；有从事检验工作的知识、经验和教训，对经营、财务管理等专业知识有一定的了解。

4.实验室管理人员工作方式

现今的医疗环境要求实验室的工作应具有有效性、准确性、时效性、经济性和安全性，而实验室的检验项目、检验技术、分析仪器、实验人员等工作环境总是处在不断地变化之中，这就对实验室管理提出了很高的要求。尽管实验室的工作环境在不断变化，实验室管理的工作模式可以相对稳定，现就实验室管理人员的工作方式建议如下：

（1）在与医院领导、临床科室及医院有关部门商议后，明确实验室能够提供的检验服务和水平；

（2）配备足够的设备和人员等资源满足医师、患者等实验室用户的需求；

（3）实验室工作人员必须接受过专业和管理的双重教育和培训教育，并达到国家规定的相应资格要求；

(4）建立实验室质量保证体系，制定实验室管理文件，定期审核和修订以保证质量体系的正常运转和不断改善；

(5）对实验室的收入和支出应实行有效的管理和控制；

（6）积极参加临床实验室认可活动，从管理和技术两方面对实验过程实施从分析前、分析中到分析后的全面质量控制；

（7）建立实验室内部和外部的沟通制度，沟通必须是双向的和开放的；

（8）实验室应有发展规划，要对实验室有明确的定位，未来希望达到的目标以及在现有的环境下通过采取什么样的措施才能达到这个目标，制定短期应达到的分目标应是整个战略发展规划的一部分；

（9）检验结果必须以准确、完整、易于理解的方式迅速送达医生等用户手中；

（10）实验室有责任就检验报告为临床医生提供科学的解释和参考意见。

第二节　医院科研信息档案管理

一、科技档案

科技档案工作的基本任务是保管和开发科技档案信息资源，保管是科技档案工作为人类积累科技文化财富的具体措施，开发利用科技档案信息资源是为了发挥保管工作的效益，进一步促进科技档案工作的开展。虽然二者相伴而生，但是由于科技档案信息资源的开发利用，要以科技档案资源的积累为基础，这项工作的开展则滞后于科技档案的资源积累。

科技档案信息资源的开发利用工作的开展可分为三个层次。第一个层次，是以方便利用者查找为目的的信息开发工作，即科技档案部门编制检索工具，为利用者及时、准确地找到所需要的科技档案原件创造条件，并且通过不断完善检索工具的功能，形成科技档案检索体系，使库藏的全部科技档案都能够被利用者认识，进而使科技档案信息资源得到广泛地利用。第二个层次，是以协助利用者利用科技档案为目的的信息开发工作，即科技档案部门对科技档案信息进行加工，为档案利用群体提供系统、优质的科技档案信息，以节省利用者查找、鉴别相关科技档案的时间，提高科技档案的利用效益。第三个层次，是以参与利用者的信息研究为目的的信息开发工作，即科技档案部门从单纯地为档案利用者提供适宜的科技档案信息，发展为有针对性地向利用者提供，作为决策信息支持的相关科技档案信息的综合研究成果。这时的科技档案编研人员已经从单纯的科技档案信息的提供者，变成了科技档案信息的提供与利用者。这三个层次体现了科技档案信息开发利用工作渐进发展的过程，也是科技档案工作不断完善其功能的过程，对现代科技档案工作具有重要的意义。

（一）科技档案编研工作

科学技术档案编研工作简称科技档案编研，是中国档案界根据其工作内容概括的一个专业概念。即在科技档案信息研究的基础上，按照一定的主题将相关科技档案信息集中，把它们加工成各种形式的科技档案信息产品，有效地向社会提供优化、系统的科技档案信息的一项科技档案信息资源的开发利用工作。因此，科技档案编研工作具有以下特征。

1.科技档案编研工作以科技档案信息为主要工作对象

信息是人类社会活动的重要条件，伴随着社会信息能力和信息数量的增K，我国在信息管理方面分别形成了图书管理、档案管理和情报管理的社会分工。在各自长期的管理活动中，逐渐积累了一定规模的管理对象，并且针对它们的特点展开了各自的信息研究与加工。在图书和情报部门这项工作被称为情报或信息研究工作，档案部门则被称为编研工作。在图书、情报和档案工作“三足鼎立”的情况下，深入开发各自的信息资源，是全面、合理开发国家信息资源的客观要求。

坚持以科技档案作为科技档案编研主要的研究、加工对象和信息源，是科技档案编研能够持续发展的前提。首先，长期、持续地积累使科技档案部门拥有大量、丰富的科技档案信息资源，以科技档案信息作为开发研究的主体，发挥了科技档案部门的优势。其次，科技档案具有较强的专业性，开发科技档案信息资源需要编研人员具备相关专业的基础，科技档案工作者长期从事科技档案管理工作，熟悉科技档案信息的特点，开发科技档案信息资源更为得心应手。特别是科技档案部门开发自有的档案信息资源，还能为档案所有者创造一定的经济效益，不会引起知识产权纠纷，必然受到各方面的支持。

以科技档案信息为开发主体，并不是一概排斥其他信息，而是必然要求适当吸收相关科技信息。科技档案编研是以集中相关科技档案信息的形式为利用者服务的，为此，一方面，科技档案编研为了保证提供信息的实用性，必须适应科技活动的延续性和动态性特点，及时补充相关的科技信息；另一方面，还要考虑利用者的客观要求，将他们关心的相关信息补充进去。这就要求在编研过程中，要特别注意将相关科技对象或活动的最新信息，如继续形成的相关科技活动的信息、相关技术或产品的市场反馈信息以及同行业相关科技信息等，及时收入编研成品之中。

2.科技档案编研以主动满足一定规模的利用需求为目的

科技档案编研是开发科技档案信息资源的一种方式，是针对大量和系统的利用需求，积极提供高质量的科技档案信息服务的具体措施，强调编研的目的性，在当前要求编研工作满足一定规模的实际需要，这是协调科技档案编研与其他各种科技档案利用方式的重要依据。而且，随着信息化的发展，必然将更加注重编研工作的效益。

3.科技档案编研以档案信息研究为基本手段

科技档案编研是一项科技信息的再生产活动，与其他科技档案工作相比，突出特点是对科技档案信息的智能控制。其他科技档案工作多以档案实体为对象，如科技档案的整理、立卷、保管、调卷等工作，虽然都是专业性档案技术操作，但是它们毕竟很少涉及对科技档案信息的研究，而编研工作要实现其预期的目的，必须以科技档案信息研究为手段，离开了对科技档案信息的研究，任何一项编研工作都将寸步难行。

4.科技档案编研以提供高质量的档案信息服务为标志

科技档案编研的根本目的是进一步发挥科技档案信息的作用。为此，科技档案编研提供了易用的科技档案信息及其新的载体形式，以其创造的信息产品缓解了科技档案利用的矛盾，较好地满足了利用者对科技档案信息系统利用的要求。为此，编研工作不仅要求每个编研成品信息的高质量，而且还要求编研成品交流的高效率，在此意义上，提供科技档案编研成品具有其他档案利用形式无法比拟的优越性。

（二）科技档案编研工作的内容

为了适应经济建设、科学技术事业和信息经济的发展的需要，实现科技档案编研工作的目的，科技档案编研工作应该由编研技术工作和编研管理工作两部分组成。因此，科技档案编研工作具体包括以下内容。

1.科技档案编研技术工作的内容

（1）科技档案编研成品的选题和选型

科技、生产活动是人类社会基本的实践活动，由于它的目的、内容、方法和要求各异，对科技档案信息的需求也是多角度、多层面的。为实现科技档案编研应有的效益，首先要根据科技、生产及其管理活动与社会其他工作对科技档案的利用需求，有针对性地确定编研项目的主题。为了提高科技档案编研成品的利用效果，还要求进一步确定最适宜表现编研信息主题的编研成品类型。这样才能实现编研工作的目标，进而为编研任务的顺利完成奠定基础。

（2）科技档案编研材料的选择与核实

充分占有相关科技档案材料是科技档案编研工作的基础与优势。受科技档案的形成规律的制约，科技档案信息虽然丰富，但是同类科技档案信息却散存于各套档案之中，科技活动的相关性和渗透性，使相关科技档案信息在科技档案实体中的分布更加离散。而符合编研成品主题和类型要求的编研素材，必须经过对科技档案材料的查找、鉴别加以确定，以便使科技档案编研工作具备信息加工的对象。

（3）科技档案信息的加工

档案信息加工指按照既定的要求，通过对入选科技档案材料的综合、归纳、提炼与改编，形成科技档案信息单元的编研作业过程。信息加工一方面是为了使科技档案信息的表达更加准确、扼要，来提高其易用性；另一方面，是为了明确或揭示科技档案信息之间的关系，进一步提高入选信息的整体价值，充分方便利用者，为实现科技档案信息的价值创造条件。

（4）科技档案编研成品的后期制作。

科技档案编研成品是系统揭示相关科技档案信息的载体。必须根据一定的结构和体例形式，将加工的信息单元有机地组织起来，按照信息交流的要求，还要编写有关的辅助部分，经过排版将选择、核实、加工形成的单独的科技档案信息，组成便于流通和使用的科技档案编研成品。如果将编研工作内容形象地比喻为工业产品的生产过程，那么，信息加工就是“零、部件的生产过程”，编排与后期制作就是“整机装配过程”。

（5）科技档案编研产品的校核与审定。

科技档案编研成品的校核，是对编研成品进行整体的检查与修改。科技档案编研产品的审批，指在对编研成品初稿进行审查批准的基础上，做出有关该编研成品制作、交流的一系列决定。虽然校核和审批都是对编研成品进行最后的把关，但是它们的任务与责任是不同的，校核是保证编研成品质量的重要措施；审定则体现了科技档案编研成品法人对其法人或职务作品知识产权的认定。

2.科技档案编研组织管理工作的内容

科技档案编研工作是一项长期发展的科技档案业务工作，必须实行科学管理才能使它真正成为科技档案工作新的生长点。加强编研工作的组织管理，不仅是科学、高效地开展科技档案编研工作的客观要求，也是科技档案编研工作顺利发展成为信息服务机构的必要条件。

（1）编研的计划管理，即运用现代管理与市场经济的理论与方法，组织、协调与指导本单位及所属单位科技档案编研项目的选题与编研作业；

（2）编研的人员管理，即根据科技档案编研工作的要求，对编研人员进行合理的组织与培养，提高他们的积极性与编研技术水平，从根本上保证科技档案编研工作顺利进行；

（3）编研的作业管理，即从控制编研成品质量为目标，对编研作业实行全过程的科学管理，不断提高科技档案编研工作的效率。

（4）编研成果的管理，即进行编研成果的申报、评价及编研档案的管理。

（三）科技档案编研工作的必要性

1.现代化建设的客观需要

现代化是一个相对的观念，各发展时期都赋予其不同的内涵，建立和完善社会主义市场经济体制与加速国民经济信息化，是现阶段我国社会主义现代化建设的主要标志，也是我国赶超世界科技潮流的重要步骤，现代化使国人体会到了全球竞争的意义，市场机制的核心是竞争，而赢得竞争的前提是获取充分的信息，这足以说明信息在市场经济中的重要地位。微观市场活动是这样，宏观调控更是如此。获得信息、分析信息、发布信息，既是政府制定宏观技术经济政策的基础，又是政府进行政策引导的手段。

当前世界经济的发展状况是，传统工业生产方式的重要地位逐渐为以信息技术革命为代表的知识经济所取代。知识经济是建立在知识和信息的生产、分配与使用基础上的经济。它是以高新技术发展为主导因素的新的经济形态和以高新技术与知识密集型服务业为主体的新的经济结构。

知识经济的崛起导致现代竞争的优势从企业的制造技术转向企业的科技创新，致使无形资产在企业资产总值中的比重显著上升。现代企业主要关注的对象是信息、知识、人才，而不是原料、设备和劳动力，并且将物质生产过程视为一种信息的获取、存储、处理、传输、控制的信息流动过程，从而在人一机、机一机以及机器与劳动对象之间，以数字化作为共同的桥梁，建立起自动化系统。

知识经济的崛起强化了社会的信息需求，也向人类昭示了信息加工产生知识的重要作用，这不仅对企业档案、情报等传统信息工作的开展产生了重大影响，而且刺激了新兴信息产业的诞生。使代替别人管理信息或对数据进行处理，即以信息产品为基础的新兴信息服务业迅速发展。

在现代企业内部，信息在资源配置中的基础作用及其在科技创新中的能动作用日益显露出来，科技档案信息作为一种战略资源、经济资源、企业资源的意识逐渐深入人心。知识经济的增长方式使现代企业重新认识了档案信息资源，科技档案工作者已经深切感到现代企业的档案信息需求在规模、质量和角度等方面的变化，大力开发信息资源和活化科技档案信息已经成为科技、生产及其管理活动的直接要求，这些要求已经难以通过提供科技原件来满足。

2.高效保护科技档案信息的历史要求

持久地保存有价值的科技档案是科技档案工作重要的历史责任。随着科技档案的迅速增长，其保管任务日益艰巨。我国历史证明，通过对原始科学技术信息的编纂，为后人保存珍贵、典型、系统的科技史料，是有效保存历史档案信息的成功之举。

值得注意的是，这些流传至今的珍贵古代科技文献，并不是前人保存下来的原始文献。由于在漫长的历史过程中，档案难以避免自然灾害与战乱的破坏，永久保存下来十分困难。但是，将其中最珍贵的文献编纂成册，不仅便于当时科技知识的传播，而且能够使它们长久地流传下去，这条宝贵的历史经验值得记取。在科学技术飞速发展的今天，档案载体和记录方式迅速更新，档案数量增长速度惊人，永久保存科技档案信息的难度更大，将科技档案原件全部、持久地保存下来几乎不大可能。

3.现代科技档案工作发展的必然结果

科技档案是人类科技活动的衍生物，伴随社会主义现代化建设的蓬勃发展，形成、积累的科技档案与日俱增，持续地积累不断扩充着科技档案的数量，丰富着科技档案的信息资源。

首先，由于数量和种类的迅速膨胀，科技档案的管理变得日益复杂，必然要求加强科技档案实体分类、立卷的科学性，增加了科技档案管理的难度。另一方面要求提高科技档案鉴定的准确性，在保证馆藏质量的前提下，尽可能减少保管的数量。其次，逐渐提高的利用频率，加重了科技档案使用中的磨损，对科技档案实体的安全造成了一定的威胁，也加大了其他实体管理活动的工作量。再次，由于科技档案数量的迅速扩展，传统的提供原件利用方式产生了准确调卷的困难；而且科技档案数量和种类越丰富，相关信息的分布就越分散，系统查找就更加耗时费力，进一步激化了科技档案保存与利用的矛盾。

科技档案数量的发展及其对科技档案管理提出的挑战，促进了科技档案工作专业化的发展，科技档案工作者的业务能力随之得到锻炼和提高，科技档案机构因此更加规范、系统。此间，各单位逐渐为科技档案管理部门创造了一定的设备与工作条件，国家科技档案事业有了长足的发展，处于这种状况下的科技档案工作，一方面要研究如何适应形势需要，充分发挥自己的专业职能；另一方面要谋求自身的新发展，以便在信息行业的激烈竞争中保持一定的生存空间。

我国科技档案工作者的这一选择，完全符合国际信息工作发展的趋势。知识经济的发展将信息的利用能力提升为决定现代企业生死存亡、成败兴衰的关键因素，掌握信息流、运用数据分析技术成为企业决策的基本手段，在国内外竞争的巨大压力下，现代企业越来越重视对现有信息资源的收集和利用，通过挖掘自己的档案信息资源，对其进行分析、沟通，将发现许多过去认识不够或未被认识的数据关系和现象，帮助企业管理者做出更加科学的决策，不仅大大提高了现代企业的信息利用能力，同时也提高了科技档案工作的地位。

二、医院档案信息管理

（一）信息与医院信息

1.信息定义与管理信息特征

（1）信息的定义

信息是关于客观事实的可通信的知识。

首先，信息是客观世界各种事物变化和特征的反映。客观世界中任何事物都在不停地运动和变化，呈现出不同的状态和特征。信息的范围极广，有自然信息、生物信息、管理信息等等。

①信息是可以通信的

由于人们通过感官直接获得周围的信息极为有限，因此，大量的信息需要通过传输工具获得。

②信息是知识

所谓知识，就是反映各种事物的信息进入人们大脑，对神经细胞产生作用后留下的痕迹，人们通过获得信息来认识事物、区别事物和改造世界。

（2）管理信息

管理信息是反映控制与管理情况的可传送的经过加工的数据，是管理工作的一项极为重要的资源。一方面信息流是物资流的表现和描述；另一方面又是掌握、指挥和控制生产等过程的软资源。信息流的巨大数量和极其复杂的高度组织，是生产社会化程度的重要标志和重要组成部分。

管理信息具有以下特征：

①事实性

事实是信息的价值所在，不符合事实的信息不仅不能使人增加知识，而且有害。

②时效性

信息的时效性是指从信息源发出，经过接收、加工、传递、利用所需的时间及其效率。时间间隔愈短，使用信息愈及时，时效性愈强。

③不完全性

客观事实的知识是不可能全部得到的，数据收集或信息转换要有主观思路，否则只能是主次不分。只有正确地舍弃无用和次要的信息，才能正确地利用信息。

④等级性

通常把信息分为三级，战略级、战术级和作业级。

⑤价值性

信息是通过加工并对生产活动产生影响的数据，是劳动创造的，是一种资源，因而是有价值的。

2.医院信息与作用

（1）医院信息总体和分类

①医院信息总体

一是医院内部各部门、各环节所产生的信息，如文件、计划、数据、统计、报表、症状、体征、疗效、经验和教训等；二是外界环境所产生的信息，如上级指示、方针政策、科技动态和社会反映等。所有这些构成医院信息总体。

②医院信息分类

一是医疗信息，主要是病人的临床诊疗信息，包括临床诊疗信息、医学影像检查信息，有关治疗信息、护理信息、营养配餐信息、药物监测信息、重症监护信息等；二是管理信息，包括医院的组织机构、编制、医疗业务、人事、行政、后勤、财务、教学、科研等信息及管理决策有关信息；三是医学咨询信息，包括医学情报、科技情报、各种文字、视听检索资料、病案、图书、期刊和文献资料等。

（2）医院信息的作用

医院信息是医院管理的基础医院资源，包含三个方面：一是人，各类人员组织的活动及人才建设、技术力量提高等，最终转换为医疗成果；二是物，各种药品、设备；三是信息，各种数据资料。要想合理组织人力物力，充分发挥作用，达到良好的医疗效果，就要借助信息的流通，才能使决策者耳聪目明，使其决策、计划、指令正确有效，医院管理井然有序。

医院信息是制定计划和决策的，依据计划和决策本身就是信息。要使计划和决策切合医院实际，行之有效，在实施中少走弯路，就必须掌握各方面的信息，如上级指示、方针政策、社会反映以及医院的各种资料、数据。

医院信息是提高医疗技术水平的，资源技术要发展，水平要提高，就必须要掌握大量的医学信息，包括国内外科技动态、先进技术、先进经验、失误教训、资料积累和工作检查回顾等。只有掌握各种医疗信息，加以归纳整理，才能提高每一个医务人员的理论知识和技术水平，才能提高医院的总体技术水平。

（二）医院信息系统与信息利用

1.医院信息系统

医院信息系统（HIS）是计算机技术、通信技术和管理科学在医院信息管理中的应用，是计算机对医院管理、临床医学、医院信息管理长期影响、渗透以及相互结合的产物。

医院信息系统基本实现了对医院各个部门的信息进行收集、传输、加工、保存和维护。可以对大量的医院业务层的工作信息进行有效的处理，完成日常基本的医疗信息、经济信息和物资信息的统计和分析，并能够提供迅速变化的信息，为医院管理层提供及时的医院信息。

（1）医院信息分类

按照层次分，可以分为原始信息和派生信息。原始信息是业务活动中直接产生的信息，包括病人信息、费用信息、过程信息和物资信息等。原始信息内容丰富、容量大，是医院信息系统数据库的基础，也是其他一切统计信息的数据源。但考虑到系统性能及容量，不可能做到所有的原始信息都能100%联机保存。因此，医院信息系统中还生成和保留了大量的派生信息。这些派生信息是面向管理应用，综合原始数据形成的。

按照信息的主题分类，可分为病人信息、费用信息和物资信息。病人信息围绕着电子病历而展开，费用信息和物资信息围绕着成本核算而展开。

（2）医院信息系统信息基本内容

病人信息覆盖了病案首页、医嘱、检查、检验、手术、护理、病程等内容，其中病案首页又包括病人主索引、入出转记录、诊断、手术、费用等，是医疗效率质量指标的主要信息源。

费用信息包含了门诊病人费用明细和住院病人费用明细。其中，住院病人费用明细记录了病人在院的每一天的每一项费用，费用项目包含了开单科室、执行科室，可用于收入统计分析和成本核算。

物资信息包括药品、消耗性材料和设备信息。其中，药品包含了药库、各药局的库存、入出库数据；设备信息包含了全院所有在用设备的位置、状况和折旧等信息；物资信息主要用于医院内部科室级的成本核算。

2.医院信息系统的利用方法

对医院信息系统中信息的获得主要有三个途径：

（1）直接通过系统提供的软件功能模场块；

（2）从数据库中随机检索；

(3) 将数据导出到其他工具中。

通过软件提取，医院信息系统对常规使用的统计指标提供了统计和查询程序。这些中间结果长期保存在数据库中。除了各个业务子系统提供本业务有关的统计外，医院信息系统开发了集中的综合查询统计程序和收入统计程序，从中可以获得大部分的常用指标。

直接从数据库中检索，一些随机的或者专题性的统计分析，依靠现成的程序是不能达到的，也不可能为每一个统计都开发相应的程序，这时需要从数据库中直接检索，检索的工具是SQL语句和SQL*PLUS软件。SQL是功能极其强大的数据库操作语言。

将数据导出到其他工具中，医院信息系统提供了数据导出接口，可以将数据库的数据按照指定的项目按dbf或txt标准格式导出。导出的数据可以通过Foxpro、Excel等软件工具进行进一步的处理，或者直接为第三方统计软件所使用。对于熟悉这些工具的用户，可以使用本方法提取加工信息，即使用“军卫一号”工程的字典管理程序，指定数据库中的表名或通过SQL语句指定表组合和字段项目，将数据导出到指定的文件中。

3.医院信息利用与再利用

我们不论是获取信息、加工信息，还是存储信息、传递信息，最终目的都是为了应用信息。信息来源于实践，经过加工整理后，最终还是要用于指导实践。信息指导实践的过程就是对信息的利用。

信息与应用的关系，实质就是拥有信息和应用信息的关系。拥有信息是开发信息，应用也是开发信息，而且是更重要的开发信息。

拥有信息的目的是利用信息。不论是医院信息、病人信息，还是医院管理信息，主要是为了应用信息来创造新的效益，对于信息的加工处理都是以信息利用为前提的，是先有管理需求，需要利用信息，再去提取信息、处理信息的。

应用信息的过程又产生新的信息。应用信息的过程，本身就是新的信息产生的来源。信息反馈也是新信息的产生。医院管理中信息大部分是在信息应用过程中产生的。从医疗数量信息中，给医院管理者提供大量的日变化信息，通过对这些信息的利用，结合医院管理的目标控制或预测等，会产生更具有指导意义的管理信息。

信息是由拥有一应用一再拥有一再应用不断循环的。信息是动态的，信息的作用也会随着信息利用由新的信息所代替。因此，信息利用就是新信息代替旧信息的过程。因此，只要有管理需求，就一定要有新的信息，信息应用的价值就在于此。

信息利用意义：

第一，信息只有通过利用才能体现价值；

第二，信息只有利用才能不断发展；

第三，信息只有通过利用才能发挥信息效能；

第四，信息只有通过利用才能做到资源共享。

医院信息系统为医院管理提供广阔的应用空间和平台，对于医院信息系统采集的大量信息进行信息再利用也是医院管理的一个重要的问题。从某种意义上讲，信息的再利用意义更大、难度也更高，它在医院管理中更能切合医院管理的需要，更具有针对性和实用性。

第一，信息再利用是医院管理和决策中的专题调查和分析，它具有很强的目的性和目标性，可以是宏观政策，也可以是微观具体的任务；

第二，信息再利用对信息的处理超出医院信息系统范畴，一方面可能提取更多组数据，另一方面运用更多的管理技术与方法，有时需要多种计算机软件共同完成；

第三，信息再利用根据医院特定的管理思想和模式进行决策、预测以及统计分析，一旦成熟，它将形成与医院管理信息配套的管理子系统。

基于医院信息系统上的信息利用和再利用，比实现医院信息系统运行难度更大，主要取决于医院管理者管理思路、医院管理人员的信息处理技术以及医院各业务部门的数据质量。因此，医院信息再利用的技术方法和手段，应该作为医院管理者进一步学习提高的重要内容，只有把医院信息处理技术作为得心应手的工具，才能真正利用信息为医院服务。

第三节　医院人事档案管理

一、人事档案和人事档案工作

（一）人事档案

1.人事档案的定义及其基本含义

人事档案是国家机构、社会组织在人事管理活动中形成的，记述和反映个人经历、德才能绩、工作表现的，以个人为单位集中保存起来以备查考的文字、表格及其他各种形式的历史记录。

人事档案是历史地、全面地考察了解和正确选拔使用职工的重要依据，是国家档案的重要组成部分。我国的干部（公务员）、职员、工人、学生（从中学开始）、军人都建立了人事档案，其主体是干部和工人档案，人事档案主要来源于一定单位的人事管理活动。所谓人事，并不是指人和事，而是指用人以治事，主要是指人的方面，以及同人有关的事的方面。人事档案就是国家在用人治事，以及处理与人有关的事情所形成的文件材料。如为了解员工的基本情况，布置填写履历表、登记表、自传；对员工进行鉴定、考核和民主评议，形成鉴定书和考核材料；在用人过程中，形成录用、定级、调资、任免、升迁、奖惩等方面的各种文字、表格材料。

人事档案是反映个人经历、思想品德、业务实绩、个性特点、专长爱好等情况的原始记录，真实反映一个人的客观面貌。人事档案中的自传、履历表、登记表，是个人经历、思想演变、家庭与社会关系的反映；历年的鉴定，记载着个人不同时期表现和组织的评价；入党、入团、提职、晋级等材料，是个人在党和组织的教育培养下成长的佐证；政治与工作情况的考核、考察、奖惩与科研成果的登记等方面的材料，是个人政治表现、工作能力、成绩贡献、技术专长的展现。

人事档案是处理完毕的具有使用价值和保存价值的文件材料。人事管理活动中形成的文件材料，凡是决定归入人事档案的，必须是完成了审批程序、内容真实、完整齐全、手续完备，有查考价值的材料，以保持人事档案的优化状态。

人事档案是以个人姓名为特征组成的专卷或专册。它的内容和成分只能是同一个人的有关材料，才方便查找利用。假如一个人的材料被分散，就无法正确反映该人的全貌，影响对其全面评价。

2.人事档案的特点

（1）现实性

人事档案是由组织、人事、劳动部门以现职人员和离退休人员为单位建立的，由专门反映员工个人情况的文件材料所组成。它涉及的当事人，绝大多数还在不同岗位上工作、生产或学习。组织、人事、劳动部门为了考察和正确使用员工，要经常查阅人事档案，了解其经历、德才和工作业绩，以便安置在最适合的岗位上，充分发挥其聪明才智。现实生活中，用人就要先看档案，已成为必要的工作程序。作为依据性的人事档案，有时会对一个人是否使用，如何使用起着决定性的作用。但是，人事档案是“昨天”的历史记录，而它反映的对象——人，又是每天都在发生变化，谱写自己的历史篇章。

（2）真实性

人事档案的真实性，与一般意义上所说的档案的真实性还有一定区别。

档案的真实性有两方面的含义：一方面，档案从总体上说，是由社会实践活动中形成的文件材料转化来的，是历史的沉淀物，客观地记录了以往的历史情况，无论从内容和形式都表现出原始性，是令人信服的证据；另一方面，从具体的每份档案材料来说，由于人们认识水平的局限性和政治斗争的复杂性等原因，有一部分档案所记载的内容并不真实，甚至是恶意歪曲与诬陷。但档案毕竟是历史上形成的，即使是内容不真实，但仍表达了形成者的意图，留下了当事人的行为痕迹，反映了当时的情况，仍不失其为历史记录而被保存下来。所以，档案的真实性是相对的。人事档案的真实性，有着特定的含义。从个体来说，每一份档案材料从来源、内容、形式等方面都必须完全可靠和真实。凡是来源不明、内容不实、是非不清的文件材料不能转化为人事档案，即便已经归档也要剔除。

（3）动态性

历史在发展，社会向前进，每个员工的情况也在不断发生变化）人事档案从建立之日起就是动态的而不是静止的。一方面，由于人事档案涉及的当事人，每时每刻都在谱写自己的历史，各方面都在发生变化，因而决定了人事档案必须根据当事人情况的变化而不断增加新的内容，补充新材料，以适应人事管理的需要。比如，学历的变化，能力的提高，职务和职称的晋升，工作的新成就，工作岗位的变化，以及奖励、处分都应及时记载并收集有关材料归档，直至逝世。这才意味者收集补充材料工作的终止。另一方面，人事档案随着人员的流动而不断转递。人到那里，档案就转到那里。“档随人走”“人档统一”，是管理人事档案的一条原则，也是人事档案发挥作用的必要条件之一。转递不及时，会出现人、档分家，发生“有档无人”或“有人无档”的现象，影响单位对工作人员的了解、培养和使用。人事档案也因对象的下落不明而成为“无头档案”的死材料。

(4) 机密性。

人事档案在相当长的时间内是保密的，不宜对外公开。人事档案是组织上在考察和使用员工活动中形成的，记载了员工的自然情况，学习、工作、科研成就、考核与奖惩等。它既涉及有关工作的重大事项，又有公民的隐私。由于人事档案涉及国家机密和个人私生活的秘密，在较长时间内必须保密，应建立严格的管理、利用制度，确保国家机密的安全，切实维护个人隐私权不受侵犯。

3.人事档案的一般作用

人事档案是考察、了解员工的重要手段。一个员工的工作与生产实践活动、思想言行、政治、业务水平，以及个人素质都被记载下来，跃然纸上。人事档案有助于组织上根据每个人的特点，提出培训、录用、升迁等建议，达到“因材施教”“量才录用”，调动人才群体的积极性。

人事档案是做好组织、人事工作不可缺少的依据。组织、人事工作的根本任务，是知人用人，应做到知人善任，选贤举能，知人是善任的基础，要想知人，就要全方位地了解人。既要了解其德，又要了解其才；既要了解其长，也要了解其短；既要了解其过去，更要了解其现在。

人事档案是澄清个人问题的凭证。人事档案是个人历史与现实的原始记录，它可以为落实人事政策，平反冤假错案，调整工资级别，改善生活待遇，确定或更改参加工作、入党、入团时间及解决个人历史上的遗留问题等，提供可靠的线索或凭证，是查考、了解和处理问题的依据。

人事档案为人才开发提供信息和数据。组织、人事部门通过使用人事档案，从中探索人才成长规律，提高人事管理科学化水平，开发人才资源，适应社会对人才的广泛需求。

人事档案是编写人物传记和专业史的宝贵史料〉人事档案内容丰富、数量巨大，有较高的史料价值。它是研究党和国家人事工作，研究党史、军史、地方史、思想史、专业史、撰写名人传记的珍贵资料。人事档案是组织、人事部门形成的，其中许多材料是当事人的自述，情节具体，事情真实，时间准确，内容翔实，是印证历史的可靠材料。

（二）人事档案工作

1.人事档案工作的基本任务和人事档案管理部门的职责

人事档案工作是用科学的原则和方法管理人事档案，提供档案信息为组织、人事工作服务的一项工作。人事档案工作是组织、人事工作的重要组成部分，也是国家档案工作的组成部分。它是为贯彻执行人事工作路线、方针和政策，选贤举能，知人善任，为社会主义现代化建设服务的。

人事档案工作的基本任务是：根据改革开放形势下组织、人事工作的需要，加强人事档案材料的收集归档工作，完善管理体制，搞好队伍建设，做好基础工作，进一步改善保管条件，努力提高科学管理水平，保障提供利用，有效地为组织、人事工作服务，为社会主义现代化建设服务。

2.人事档案工作的管理体制

人事档案工作实行集中统一和分级负责的管理体制。人事档案是人事管理活动的历史记录，是开展人事工作的必要条件，管理人事档案是人事工作自身的需要，是组织、人事、劳动部门的职责，人事档案应由各级组织、人事、劳动部门集中统一管理。我国现行的人事档案的管理体制是：工人档案由所在单位的劳动（劳资）部门管理；学生档案由所在学校的教务或学生工作部门管理；军人档案由各级政治（干部）部门管理；干部档案则按干部管理权限集中统一管理。各级组织、人事部门有明确的管理权限，分管哪一级干部，就管哪一级干部的人事档案，做到“人档统一”。这一原则，在地（市）以上是完全适用的，但在县以下的单位（包括县委、县府直属单位），管的干部少，大多只有几十人，有的甚至只有几个人。单位小，档案少，无专人管理，不具备保管条件，严重影响了干部档案的安全保密和业务建设。

我国人事档案工作，仍实行分块管理，干部档案工作的领导与指导，由各级党委的组织部负责；企业职工档案工作由所在企业的劳动职能机构负责，接受劳动主管部门的领导与指导；学生档案工作由所在学校的有关部门负责，由教育主管部门领导与指导；军人档案工作由各级政治（干部）部门负责领导与管理。除军人档案工作外，上述三项档案工作均已纳入全国档案工作管理体系，由各级档案行政部门，按《中华人民共和国档案法》等有关规定，进行宏观管理和协调工作。

二、医院人力资源管理的沿革

（一）传统的医院人事管理

中华人民共和国成立后到改革开放的几十年里，我国卫生事业的性质一直是福利性质，即由国家按经济计划安排居民卫生保健和卫生事业经费，按指令性计划分派卫生资源，医疗机构绝大多数的国家和集体兴办，实行社会主义公有制。

在传统的计划经济体制下，医院管理体制行政化，在人事制度上医院具有行政单位相应的行政级别，而行政级别又决定事业单位人员的地位和待遇；实行以身份管理为主要特征的单一化的干部人事制度；事业单位无权确定编制和选择人员类型，不能按“公开、平等、竞争、择优”的原则自主录用和辞退人员。

我国的医院组织机构是以政府主办的医院为主，与集体主办的医院相结合；以公有制医院为主体，个体和民营医院为补充。以下论述主要围绕占主导地位的政府主办的医院进行。

医院的人事制度是与我国经济、政治体制和卫生体制、干部体制相联系、相适应的。在高度集中的计划经济体制和干部管理体制下，医院逐步建立起一套用管理党政机关干部的模式来管理医院工作人员的人事管理制度。这种人事管理制度对促进我国卫生事业的发展曾起到过积极作用。但随着改革的不断深入，其弊端也日益显现出来，主要表现在以下几个方面。第一，缺乏科学的分类。所有医院的管理人员和专业技术人员，都使用“国家干部”的称谓，不便于对工作性质、能力要求、个人素质各不相同的人员进行分类管理。第二，缺乏用人、择业自主权。医院没有用人自主权和激励员工的分配权，员工没有选择职业和岗位的自主权，常常是一次分配定终身，不利于人员积极性的发挥和优秀人才的成长。第三，管理办法单一。基本上采用管理党政干部的单一模式来管理全体人员。医院统一按行政级别划分，抹杀了事业单位和行政单位的区别，造成事业单位行政化、机关化，形成官本位体制，阻碍了医院按照社会需求和经济规律进行自我发展，引起医院在机构、规模、人员、编制等方面的攀比现象，致使医院机构臃肿，人浮于事，效率低下，给国家财政带来沉重的负担。第四，管理制度不健全，人员能进难出，能上难下，职务、身份和待遇终身制的现象普遍存在。这些问题使医院失去应有的生机和活力，影响了员工积极性、主动性和创造性的发挥。

在医院人事管理职能上，体现为协调职能和上传下达的直线职能，主要是采用严格的制度、命令式和简单式的监督。人事管理也主要是人事档案管理，如记录员工的进出、岗位的变动、职务的升降、工资的增长等，或者是一种“反映性管理”，如某人有困难，通过反映得到解决等。总的来说，传统的医院人事管理忽视员工的主观能动性和自我实现的需求，是一种被动的、缺乏创造性的管理模式，基本上是一种操作性很强的具体事务管理。

（二）医院人事管理的改革过程

随着我国整体性人事制度改革的逐步开展，事业单位在领导体制改革、管理体制改革、任用制度改革、专业技术聘任制度改革、工资分配制度改革等方面都取得了一定的进展，积累了一定的经验。

（1）改革事业单位的领导体制，逐步推行行政首长负责制。凡实行院（所、站）长负责制的单位，院（所、站）长都处于中心地位，有生产经营权、机构设置权、用人自主权、分配决定权，这样有利于调动院（所、站）长的积极性，有利于统一管理、统一指挥，也有利于提高决策速度和工作效率。

（2）改革经营管理制度，实行以承包为主的多种经营管理制度。

（3）按照竞争择优原则，实行多种形式的用人制度。在行政领导人员的任用方式上，采取委任、聘任、公开招聘、竞争上岗等多种任用方式。引入竞争机制，增强了民主程度和群众参与程度，并由主管部门与被聘任者签订目标责任期合同，实行目标管理责任制。在院长以下人员的任用方式上也采取了多种形式的聘任制度；对副院长的聘任和对中层干部的聘任，大部分由医院自主决定，由院长依据一定程序，择优进行聘任；对于专业技术人员，医院普遍实行了专业技术职务聘任制；工勤人员则实行了工人技术等级考核制度。有的医院在内部用人制度上实行了聘用合同制，院长与中层管理人员、中层管理人员与一般人员层层签订聘任合同。

（三）现阶段医院人力资源管理的实践

人力资源管理改革的核心是引入竞争机制，改革的目的是建立与市场经济体制相适应的、符合卫生工作特点的人力资源管理体制和运行机制。

目前我国卫生人事制度改革已经取得了一些新进展，主要体现在以下三个方面。

1.实行医院人员聘用制度

人员聘用制度是目前事业单位人事制度改革的基本内容，按照科学合理、精简效能的原则设置岗位，按岗择人，以公开招聘、考试或者考核的方法进行聘任，并根据国家有关规定确定岗位的工资待遇；卫生管理人员实行职员聘用制，可以采取直接聘任、招标聘任、推选聘任、选任、考任、委任等多种任用形式，实行任期制和任前公示制；卫生专业技术人员实行专业技术职务聘用制，深化职称改革，实行从业准入制度，评聘分开，淡化评审，强化聘任，医院自主决定高、中、初级专业技术职务岗位的设置；工勤人员实行聘用合同制，根据职业工种、技能等级、实际能力等条件，竞争上岗、择优聘用。

2.分配制度改革

分配制度改革主要有如下要点：技术作为重要的生产要素参与分配；按照岗位聘任职务发放工资；实行绩效工资制度；拉开奖金档次，奖金按系数分配，根据职工的技术职称、风险责任、完成工作的数量和质量、医德医风等因素确定系数。

3.实施人事代理制度

人事代理制度是一种新型的人力资源管理方式，医院与人才中介机构签订人员代理协议书，将医院在职职工的人事档案全部转入人才中介机构管理，实现了医院职工从“单位人”向“社会人”的转变，为实行全员聘用合同制奠定了基础。

第四节　医院装备档案管理

一、医学装备质量档案管理

（一）质量管理的目的和意义

1.装备质量管理的目的

医学装备是医院开展医疗技术工作的重要物质基础，是医院现代化的重要标志。医学装备的量值准确与否，直接关系到诊断结果和治疗效果，因此，开展医学装备质量管理的根本目的是使医院诊断、治疗工作的质量得到保证。

2.医学装备质量管理的意义

医学装备质量管理是医院质量管理的一项重要内容。医院质量管理主要是指医院在医疗服务质量保证方面的指挥、控制、协调等活动。通常包括制定医院质量方针和质量目标以及质量策划、质量控制、质量保证和质量改进。随着现代科学技术的发展，医学装备已成为临床医学、预防医学和基础医学领域所必需的十分重要的工具。

3.医学装备质量管理的必要性

（1）医学模式转变的需要

随着市场经济的发展和人们物质生活的改善和老龄化及健康观念的变化，医学模式已由单一的卫生服务体系向生物—心理—社会医学模式转换，人们对以促进身体健康水平为主要目的的医疗保健装备的需求会更加强烈。因此，医学装备质量管理已经成为医院质量管理的重要内容之一。

（2）医疗服务市场的需要

加入世贸组织后，我国将进一步开放医疗服务市场和健康相关产品的市场准入，以公立医院为主体、私营与个体医疗机构、中外合资合作医疗机构等多种所有制与经营方式并存局面的出现，加剧了医院间服务的竞争。国家鼓励不同类型医疗机构的发展，鼓励社会投资发展医疗卫生事业，医学装备的质量和层次必将成为医院提高竞争力的重要手段。

（3）医疗保险社会化的需要

国家基本医疗保险制度，将符合一定条件的医疗技术劳务项目和采用医疗仪器、设备、医用材料进行的诊断治疗项目，列入基本医疗保险诊疗项目。人们对医学装备的质量和层次将更加关注。

（4）医学装备技术发展的需要

医学装备技术为临床经验诊断治疗向定量规范诊断治疗提供了科学的手段，医学装备已广泛采用现代科学技术。由于数字化、智能化、影像化、多功能以及综合参数检测技术的发展，传统的质量管理模式已经不适应现代医学装备技术发展的需要，从而增加了对医学装备质量管理的难度。

（5）医学科学技术进步的需要

医学装备是医学科学技术发展的重要支持条件，是开展医学工作的物质基础。医学装备不仅带动了新的医学学科的形成，而且从整体上推动了医学的进步，随着现代医学的发展，医学装备的位置将愈加突出，对医院医疗技术的发展同样起着极为重要的作用。

（6）计量技术监督的需要

随着国家对计量法的深入宣传和贯彻执行，各级计量监督部门加大了对医学装备强制检定的力度，人们的计量法制意识普遍增强。由于医学装备质量引起的医疗纠纷也引起了人们对法制计量工作的重视，计量信得过单位已成为人们关注的目标。

（二）质量管理的方法与手段

随着医学工程及技术的发展，医学装备已经成为临床诊断和治疗疾病的必要工具。现代医学技术不仅依赖于医务人员的医学知识和实践经验，而且在很大程度上取决于先进的医学仪器设备和技术，因此，现代化的医学装备是医院现代化的重要标志。医学装备的质量管理贯穿于从设备计划申请到购置、使用、淘汰、报废等寿命周期的全过程。医学装备质量管理的主要手段包括以下内容。

1，实施技术评估，合理配置医学装备

卫生技术评估是对卫生系统特定的知识体系，对药物、装备、诊疗程序、行政管理和后勤支持系统的功效、安全性、成本、效益和社会影响（伦理、道德）等进行系统的研究，并做出适宜选择的方法。很多国家都相继制定了卫生技术评估规划并成立了相应机构。

2.招标采购

为保证医学装备质量，医院在采购前，必须按有关规定，特别是对列入特定产品冃录的医学仪器设备进行招标。招标是国际上通用的一种采购手段，是保证采购设备质量并节省购置费用的有效途径。

3.商检

医院对到货后的进口仪器设备、药品等，必须按规定及时报请国家商检部门进行商检，发现质量问题，应凭商一检证书及时向国外索赔。

4.计量保证

计量是医学装备的技术基础。医院要认真贯彻执行国家计量法，提高全员法制计量意识。全面采用国际单位制，保证计量单位的统一和仪器设备量值的准确可靠。建立医学装备技术经济效益评价和设备配置、档案和人员管理制度。医院要把强制检定、设备测试作为一项经常性工作落到实处。计量是医学装备的技术基础和手段，设备商检、安装、调试、验收都需要通过计量检测验收才能保证设备质量；设备在使用期间要依据国家计量有关规定，定期进行计量检定；修理后只有经计量再测试、校准合格后方能投入使用。计量是医学装备技术保证的核心。

5.建立有效的测量控制体系

测量控制体系是LSO 10012的最新版本。医院建立测量控制体系可以通过控制测量设备和测量过程，把影响医疗质量的不准确测量所造成医疗事故的风险降到最低程度。测量控制体系是医学装备质量管理的重要保证。

（三）质量管理的主要法律依据

医学装备质量管理主要是根据国家和部门的有关法律、法规和技术规定，其主要法律依据有以下几个方面。

1.国务院关于在我国统一实行法定计量单位的命令

国务院关于在我国统一实行法定计量单位的命令于19X4年公布，命令明确规定了我国的法定计量单位为国际单位制。

2.中华人民共和国计量法

中华人民共和国计量法是一部加强计量监督管理的法律文件。计量法的宗旨是为了保证计量单位制的统一和量值的准确可靠，有利于生产、贸易和科学技术的发展，适应社会主义现代化建设的需要，维护国家和人民的利益。

医学计量是国家计量领域的一个重要组成部分，由于关系到人民的身体健康和生命安全，医学装备必须实施定期计量检定。

3.中华人民共和国标准化法

中华人民共和国标准化法是一部加强标准化管理的文件。目的是为了发展社会主义商品经济，促进技术进步，改进产品质量，提高社会经济效益，维护国家和人民的利益，使标准化工作适应社会主义建设和发展对外经济关系的需要，它规定了产品统一的技术标准。

4.中华人民共和国进出口商品检验法

中华人民共和国进出口商品检验法是国家关于进出口商品实施商品检验的有关法律。医院对医学设备的进口必须依法进行商品检验。

5.中华人民共和国产品质量法

中华人民共和国产品质量法是一部加强对产品质量监督管理的国家法规，医学装备的质量必须符合质量法的质量要求。

6.大型医用设备配置与应用管理暂行办法

大型医用设备配置与应用管理暂行办法的主要目的是为促进医疗卫生事业发展，保证人民健康，合理配置和有效利用大型医用设备，发挥卫生资源综合效益。其核心内容是对列入国家管理品目的大型医用设备，通过配置许可证宏观调控大型医用设备的布局，通过应用许可证保证医用设备的质量，通过上岗合格证是在保证人员质量的前提下充分发挥设备的最大效用。

（四）医学计量是医学装备质量管理的技术基础

医学装备的质量管理贯穿于设备运行寿命周期的全过程，渗透于医学装备管理的各个方面。

在医疗卫生领域，计量测试的作用越来越突出。人体各种生命体征参数的获得是通过医学计量技术而实现的，现代医学对疾病的预防、诊断和治疗都离不开计量测试。对体温、血压、心电、脑电、CT、MRI的检查，对放射剂量以及各种化验，均属计量测试范围。计量技术是保证医学装备量值准确可靠的技术基础。如果医学量值失准就会导致试验结果出现错误，从而直接影响到诊断、治疗结果的准确性与有效性，计量参数超过阈值还可能会危及人的健康和生命。随着现代科学技术的发展，医学装备采用高新技术，测试水平不断提高，计量保证能力已成为医学科学技术发展的先决条件。

1.医学计量是科学诊断的保证

现代医学的特点是应用各类医学装备，即医学计量测试仪器对人体组织进行检测。通过对病理、药理的定量测试分析，以数据为依据，进行诊断与治疗。医生从简单地运用米尺、体重秤测量人体高度、体重，使用血压计、体温计测量人体血压、体温，到复杂的心电图、脑电图机对人体心、脑疾病的诊断，都是通过医学设备的检测而完成的。超声、CT、MRI、PET等检测设备将检测通过数据转换为图像。

2.医学计量是药物治疗的科学依据

无论是中药还是西药，现代医学都是通过医学计量器具，对药物进行组分测定，药理检验，确定治疗范围、服药方法、药量及注意事项等，显然，只有计量器具准确一致，才能对药物进行正确测定。如果药剂容器和计量器具不准确一致，用药量就会偏离药典及处方规定的分量，轻者影响治疗效果，重者还会导致其他病变，甚至危及生命。

3.医学计量是理化治疗的有效保证

在理化治疗方面，计量器具是应用现代技术进行治疗和控制的重要手段，超声波治疗机、激光治疗技术输出功率的测量及控制对治疗效果起着直接作用。

4.医学计量是生化检验分析的基础

生化检验分析方面，无论是血尿便痰常规检验，还是生化分析，都离不开计量测试仪器。计量是医学检验分析仪器的基础。检验数据的准确与否，直接关系到诊断治疗的效果。

5.医学计量是抢救重危病人的重要参数

心脏起搏装置、心肺复苏设备、多参数生理监护仪对挽救生命垂危病人起着非常重要的作用；但是如果设备失准或损坏，如起搏能量超值或不足，呼吸压力值不准，监护参数有误，也会造成病人生命危机甚至加速其死亡。

二、医学装备技术档案管理

20世纪60年代以来，数学、物理、化学、机械、电子、微电子、计算机技术和工程学迅速向生物医学渗透，这些科学与生物医学相互交叉，严密结合，形成了一门综合性的应用科学技术——生物医学工程。生物医学工程是将生物学的普遍原理和自然科学、工程科学高度有机地结合起来，它解决了医学中的一个又一个问题。生物医学工程的出现和分子生物学一起对当代生物医学的发展起了非常巨大的推动作用。它的内涵十分广泛，生物力学与生物医学物理、生物医学材料与人工器官医学装备的研制和应用等，都是它的研究对象。

（一）技术管理的意义和任务

1.技术管理的意义

医学装备而言，各种生物医学传感器，医学检验分析仪器，医用电子仪器，医用超声仪器，X射线成像和磁共振成像等信息处理和诊断，由不知到可知，大大地提高了人们疾病检查诊断的准确率。信息处理技术在医学领域广泛应用，人体信息的提取、传输、分析、储存、控制、反馈等监护和急救装备的不断涌现，使抢救的成功率提高到空前水平。电视技术也在医学中发挥了越来越大的作用。随着微电子技术大规模集成电路的发展，电子计算机技术在医学装备中的应用，医学装备小型化、自动化、智能化和多功能的程度大为提高。

现代医学装备的迅猛发展，促进了医学的进步和医学技术、临床医学新老学科的建设。新的医学装备的出现，顺应了社会进步和人类需求。而新的一些装备在医院中开展应用，又冲击着医学科学的每一个领域。围绕着新型医学装备的应用和现代医院中的学科重新整合，一些新的包括交叉边缘性的学科相继组建。同时为了适应新型医学装备功能效用的发挥，促进了与之技术条件、技术要求相适应的技术人才建设，以及配套管理制度、管理形式等方方面面的建设。现代医学装备是现代高新科技与现代医学科学紧密结合的产物。现代医学装备在医院中的应用是现代医院功能和层次水平的集中体现。解决了医学科学领域中一个又一个难以解决的问题，争取了时间，提高了疾病诊治的效率，是现代医院发展前进的动力之一。

2.全寿命费用分析

装备的全寿命过程是指装备自论证、研制、设计、制造、使用维修直到报废退役的全过程。全寿命费用就是装备寿命周期过程中各阶段的费用总和，主要包括两大部分。其一是以装备的研制和生产成本并加上利润的医院采购开支的费用，叫获取费用。一般是一次投资，所以又叫作非再现费用。其二是装备在使用过程中与使用、保障（包括维修、保养、修理）有关的人员、动力、物资、器材等费用，叫使用保障费用或使用维修费用。通常可以年度计算，所以又叫作再现费用。还有就是装备的报废退役费用，因为用得很少，可以不专门列入。

衡量是否既买得起又用得起的尺度就是全寿命费用。有的医院只重视装备的性能和购置费，而轻视使用维修费用，这是因为以往的装备比较简单，使用维修费少，这种观念在现代高新技术装备大大发展的今天一定要加以纠正。

装备的使用维修费用，主要取决于装备的可靠性和维修性。装备的使用方提出最低的全寿命费用要求，能促使设计生产部门在全面研制时主要考虑改进可靠性和维修性设计。

医院应用全寿命费用分析管理装备的优点在于：

第一，能明确提出装备在其全寿命各阶段的费用，从而知道需要多少总费用为进行费用一效果之间的权衡，为采购更合理的装备提供依据。

第二，能有效促进研制生产厂家改进装备的可靠性和维修性，明确如果厂家不改进可靠性和维修性，不降低使用保障费用，最低全寿命费用就无法实现，能为成功研制未来装备打下良好基础。

第三，医院加强装备的技术管理，减少装备的差错杜绝事故，提高装备的使用率，千方百计延长装备的寿命，保证装备系统本身和维修保障分系统的整体最优化，从而降低装备的全寿命费用。

（二）验收

医学装备验收是装备购置合同执行中最后一个关键环节，是购置管理与使用管理的结合部分第一个环节。验收过程一般由卖方、合同签订部门、使用科室以及其他相关部门等诸多部门和人员共同进行交接的过程。医院医学工程技术管理部门将起主导把关协调作用，责任重大。验收是安装调试的前提，也是基础。作为医学装备技术和管理部门，在验收环节必须极为重视为医院把好关。保证严格按合同办事，把合格的装备引入医院尽快发挥其效能为医院服务。

1.验收的前期准备

验收设备是一个多方合作的工作。作为医院，特别是使用科室一定安排好前期准备工作，不管装备贵重精密与否和价格高低都必须认真对待，把好关口。国内或国外产品，均须严格按“订货合同”及具同等效力和相互制约的“协议附则”等认真对待逐项落实。

（1）验收工作首要是选配合适验收人员，一般常规的验收应由装备部门管理人员、采购人员和使用科室人员组成。若为大型或特大型精密仪器一般由医院领导或主管部门统一组织。包括管理、技术、使用，以及相关工作部门人员组成精干组织协作分工，全力以赴集中搞好验收。

（2）参加验收工作的人员，必须详细阅读订货合同，相关文件及技术资料，熟悉了解装备的各项技术性能，特别是安装条件及配套要求，参考厂家验收规程制定验收程序与技术验收方案，提出要对检验的技术指标检测方法认真研究。对国家规定需由有关的执法机关认定的放射装备，压力容器等，应提前与有关部门联系。

（3）机房要按厂方提供的安装图纸作好布局改造，如室内装修、水、电、气、防护的准备，上下水要了解流量、压力，装备用电要求是三相电或单相电，电压、功率是否需配备稳压电源或不间断电源，电源电阻有无特殊要求（一般要求小于4Ω）等。防护要求分两个方面：一是机器本身的防护，如很多精密仪器要求距离变电站50m，有的要求隔音、防震、防磁等；另一方面是机器对周围外界干扰的防护，如放射防护，磁屏蔽等。

（4）验收工作根据实际情况建立相关规章制度。医院应建立通用的验收记录与报表等。可参考国家行政管理部门的有关规定格式和一般程序。

2.常规验收

常规验收是指对装备的自然情况按订货的要求进行检验。主要目的是检验装备是否按计划要求购入，并对装备的包装及装备外观完好程度进行检查，核对订货数量及零件、配件、消耗品、资料数量，相关手续是否完整齐全。

国内定货一般由厂方或销售部门送至医院。医院运输一般不宜采用，如医院自行运输，则运输过程的风险将完全由医院承担。国外订货情况比较复杂，通常采用的有FOB、CIF等价格条件。

点验时应根据订货合同核对其标志、合同号、箱总件数及分号、收货单位名称、品名、货号、外包装及收货单位的批次是否相符。目前多采用储运或运输公司直接送货，他们只负责运输核对数量，因此，如有可能与厂方共同点验。

3.技术验收

技术验收是以技术性能指标为基准，将其贯穿在验收工作之中，习惯称之为质量验收。由于装备尚未正式安装使用，检验尚不能完全作为验收合格的标准。一般厂家和卖方均希望开箱后即签收，在安装签收单上注明“机器安装到位性能正常”等字样。此时作为买方无论对方如何强调，如公司有规定要回去微机录入、货物已齐全又试机等为理由，决不能认为公司已进行了调试问题不大，要坚持原则。所谓性能正常有两个不同的概念：

（1）厂方代表往往单方提出以符合厂方出厂检测标准或检测常规可视为正常。对此，不可轻易认同。因为，技术验收规定，如生产国有标准可按生产国标准，生产国没有或不提供标准的可按国际通用标准，我国有国标标准的按国标标准。要认真地查阅技术资料，抽样检查并要注意抽样的代表性。有些必须预先备留必要的商检机构复检样品。凡国家规定必须经过有关的防疫部门检测的如X线机等及商检部门规定必须商检的品种必须按国家规定执行。

（2）医院必须坚持的临床验证。当然所有的功能不可能一一检查，但主要功能必须检测，必要时请兄弟医院专家协助技术验收。

（三）安装与调试

验收是装备从购置管理转向使用管理结合部的第一个环节，而安装与调试则是第二个环节。在验收过程中起主导作用的是医学装备技术管理部门，而安装与调试起主导作用的是使用科室，在安装调试过程中使用科室将逐渐发挥关键作用。

公司厂家和医学工程部门根据装备的具体要求，并与使用科室密切合作，在院领导的支持下应提前准备好安装地点及相关条件，抓紧进行安装调试工作，以便使装备尽快发挥效益。特别是大型精密设备和仪器是多参数、多功能指标的技术装备，不仅硬件而且软件也必须安装调试。随着医学装备的进步及其软件的功能设计进步，在同样硬件或硬件配置基本相似的情况下，由于软件配置不同，甚至由于软件版本不同在使用效果上会有很大差异。在调试中要认真查对。特别一般医院对同类大型装备引进两台可能性少，不可能对大型装备软硬件很熟悉。

1.最大限度满足装备对工作环境的技术要求

由于进行了验收的前期准备，使安装具备了基本条件，但正式安装必须按装备技术对环境要求尽力满足。

（1）一般条件

场地面积，房屋高度，大型装备吊装进入通道，人员安全通道，防尘防潮，防毒防震，温度湿度、消防、通风等。

（2）配套条件

水（流量、压力）、电源（电压、功率、相数、稳压及净化要求、UPS等）、地线（接地电阻）、防护（磁场屏蔽、放射射线、屏蔽辐射），特殊用气、地面承重（悬吊式、壁挂式拉力）、实验台桌的水平、防震功能、防护处理（污水、污物、废气）等。

（3）特殊条件

有些设备除一般条件外，如双路供电，特殊要求的接地电阻（必要时进行重复接地），直线加速器的放射防护的特殊要求，高精密和标准计量仪器宜放在楼房底层等，均须仔细阅读说明书与厂家安装工程师协商尽力保证条件落实。

2.安装

在安装阶段以厂家操作为主，作为医院方面仅负责提供条件，监督检查安装程序、质量，尽量不进行操作，因此时机器未作正式验收签字，发现问题均由卖方（厂家公司）负责。如果确需医院协助，应听从卖方人员指导，以免发生损坏时事故责任不清。

（1）硬件安装

在硬件安装过程中，医学装备技术部门人员要随时监督检查安装质量，进行主机登记、配件编号，检查是否是新品，各种配件电路板、插头安装是否安全，防止厂家草率从事，对于不明白、不明确或感到不对的地方要实事求是随时提出询问，严格按机器技术文件安装。

（2）软件安装

软件安装主要注意两个方面：其一，单片机或一些单板机为固定程序，软件固化在ROM或EPROM中，该芯片如焊接或插接在板上，一般不会出现故障；另一方面有些程序则拷贝在硬盘上，特别注意了解，最好掌握其软件安装方法，保存好安装盘和程序软件备份，以备将来不时之需。如厂家不给安装盘和程序软件应查对原合同条款，一般厂家应将安装盘、源程序及简单维修测试软件密码开放，交给用户。

3.调试与校验

在安装过程中包括有调试内容，但调试是使机器达到正常技术指标操作功能的过程，而调试过程也包括校验。调试与校验很难界定，一般说来可从三个角度来理解调试与校验。

第一步，可以跟着厂家工程师走一圈，在这个过程中用户主要是“看、学、问、想”。“看”是否达到厂家提出的指标；“学”调试方法；“问”为什么这样调试；“想”这种调试与日常使用的关系，是否可涵盖所有主要技术指标。

独立自主在厂家指导下按厂家方法走一圈，同时增加自己操作与临床使用实践操作相关技术。

对于放射或标准计量等需由国家有关权威部门检测的设备，应按相关规定通知相关部门检测校验，如自己不掌握检测技术，可请同行专家协助检测试用。

（四）医学装备的档案管理

医学装备价格几千元至几百万元，大型医学装备价值达数千万元，其使用年限至少数年，数十年或更长。无论从国有固定资产角度或以装备本身从新到旧，到故障出现，直至无法修复，同时因时代进步科技发展使老装备由于技术落后渐入社会淘汰品，这样一个长过程必须有完整详细的技术档案。医学装备的技术档案是对医学装备购入时的原始资料以及在使用过程中的有关情况进行记载备案的资料。医学装备档案应当规范“真实，完整，动态”。从而达到无论人员交接，装备更迭，所在单位均能从档案了解其历史以及电路及其他零部件维修情况，尤其是结构修改，零件更新，逐年使用率及其他情况。

1.档案管理的基本要求

医学装备档案应建设总账和使用科室分户账，在进入计算机时代的今天，其总账、分账均应使用计算机管理。但计算机总账不能完全取代医学装备档案，其很多原始数据、文件、资料仍必须存档备查。医学装备档案有以下三点要求。

（1）真实

医学装备档案必须真实，在设备从购进直至淘汰报废的全过程中，应将各种购置、验收、安装、调试、培训、使用、维修、管理等原始资料存入备查。医学装备档案使用，借用应严格手续，原始资料除确因资料篇幅过大难以复印外，一般原始资料不应外借而以复印件形式借出。原始资料必须借阅时应严格借阅手续，限期归还。

（2）完整

医学装备档案必须保持其寿命周期全过程的完整资料。

(3) 动态

动态管理是比较难以操作的环节。尤其在医学装备使用的中后期故障较多，软件升级，零件更换较多，配件增加，尤其修改电路或结构，必须真实入档。

医学装备档案中的资料必须是经过审阅加工、整理并编号建册；新的资料，尤其是修改电路结构必须及时入档以备后来维修者、使用者查用。

2.医学装备档案的形成

(1) 医学装备账目

应当以《全国卫生行业医疗器械仪器设备（商品、物资）分类与代码》为依据，同时建立总账和分户账，并使用相应的计算机辅助管理软件，实行计算机管理。

(2) 医学装备档案内容

①筹购资料：申请报告，论证报告，订货单据，订货合同，验收记录等。

②管理资料：操作规程、维护保管制度，应用质量检测，计量、使用记录及调剂报废处置情况记载等（大型医用设备还应有三证：配置许可证、应用质量合格证、上岗人员技术合格证)。

③装备随机资料：产品样本、使用和维修手册，线路图及其他相关资料。

3.医学装备档案管理的实施

医学装备档案的管理是根据卫生行政主管部门的规定，结合本单位的具体情况按照“统一建立，分级管理”的原则加强管理。档案的各种表册，各医院可参照《医疗卫生机构仪器设备管理办法》有关附表格式制定，同时制作便于保管、检索方便的档案盒，统一本单位编号，在盒封面、脊背上标明分类编号、设备名称、规格型号等。

(1) 医学装备档案由医学工程科（处）或相应管理部门负责建立和保管。

(2) 医学装备档案必须由专人负责管理，人员调动办理医学装备档案移交手续，交接双方在清单上签字。

(3) 医学装备分户账，使用管理登记本和装备卡，随装备发给使用科室，专人管理，定期检查。

第三章　医院管理中的病历档案管理

第一节　病历档案实体管理

病案室的工作主要包括挂号、供应、统计及病历档案管理等四组。这四项工作是紧密配合、互相关联的。病历档案管理组的主要任务是收集、整理和保管，在整个管理过程中虽然没有出现鉴定环节，但是在整理病历档案过程以及保管过程中都需要对病历内容、价值进行鉴定，以保证进入保管的病历档案都是具有保存价值的。

一、收集

（一）收集工作的发展

病历档案管理的任务是通过对于收集归档到病案室的病历档案进行科学管理，使之处于随时可及、可供和可用状态。

病历收集是病历档案实体管理模式的源头工作，而病人基本情况的采集则是病历收集的源头工作。对于一份待收集的病历，其起始于病人入院的途径。病人住院的途径分为门诊、急诊和转院等方式。无论是哪种方式，采集病人信息是关键。病人住院的第一步是给病人分配一个院内标识——病历档案号。分配病人病历档案号是收集病历的第一步，可以收集到包括病人身份证明资料、工作单位、社会单位和家庭等基本社会信息。通过病历档案号可以识别该病人，同时便于积累病人在院内接受诊断治疗、检验查检和其他服务过程形成的病历，这种积累使每个病人的病历档案具有连贯性和连续性。

凡病人第一次来院就诊，称为初诊。根据病人就诊的科别按序提出小票两张，一张别在新病案上，一张交给病人作为就诊时间的依据，并收挂号费，给予收据。病案的身份部分由病人自行按项填写，或由服务员代填，填齐后，再交回挂号处。检阅完毕将新病案保留，待供应人员分送。挂号人员还需要将病人就诊结束后，利用预约券为病人完成下次预约就诊的时间，并且在病人下次就诊时，为供应人员提供预约券调取病案。挂号工作是收集病人信息的源头，并且为供应环节提供检索的病人的基本信息。确保病历的完整可靠是收集工作的主要内容之一。病人是医院服务的主要对象，其在接受医师、技师和护理人员诊断治疗、检验检查和护理服务的过程中，医师、技师和护理人员会产生大量原始医疗记录，这些记录经过病历档案管理人员的整理便会形成病历档案。一份完整可靠的病历档案最终应该是能够完整地收集与病人有关的所有能够反映其在院内接受的各项诊断治疗、检验检查和其他医疗服务过程。

（二）收集的方式

在收集病历档案过程中，其收集方式受病历档案形成方式影响。医疗机构中病历档案形成方式主要包括一体化病历档案、材料来源定向病历档案和问题定向病历档案三种。

1.一体化病历档案收集方式

一体化病历档案是指当病人出院或死亡后，病区负责病历收集的护士将每一份病历的所有材料严格按照A期排序。一体化病历档案的优点是向使用者提供了一个能够全面反映诊断治疗、检验检查和护理等服务的历史过程。这个医疗历史发展过程按照时间顺序排列，可以全面反映该病人在院期间的医疗事件全貌。一体化病历档案的缺点是造成各类医疗记录分布在病历档案的不同位置，导致不同类型的病历材料混合排放在一起，造成归档之后查找利用费时费力，统计分析与利用服务受限等状况。如同一天产生的病程记录、术前小结、护理记录、检查申请单、报告单等会交叉混合排放在一起。针对一体化病历档案，病案管理部门在收集时，由于病案管理人员并不懂得医疗业务，故对于大型医疗机构一般不采取一体化病历档案方式形成病历档案。一体化病历档案形成方式主要以小型医疗机构为主，小型医疗机构开展的医疗业务不复杂，病程较短，病历材料类型较少，如社区卫生服务机构、基层卫生院等。

2.材料来源定向病历档案收集方式

材料来源定向病历档案，是指首先集中病人在院诊断治疗期间形成的病程记录、检验检查申请及报告、护理记录和其他记录等各类病历材料，然后将不同来源病历材料分别集中在一起按照时间先后顺序进行排序。如将病程记录中按照首次病程记录、上级医师查访记录、交（接）班记录、转出（入）记录、病例讨论记录、出院记录（或死亡记录）等按照时间从先到后的顺序排列。

材料来源定向病历档案有效地解决一体化病历档案查找利用的困难。病历档案保存的目的是为各种类型的病历档案利用服务，在利用时能够提供有效的病历档案是病历档案管理的根本目的。在病历档案实体管理过程中，病历档案要能够充分发挥其辅助医疗、教学科研和社会利用等功能需求，关键是在查找病历档案时能够全面系统地利用病历档案内容。在一体化病历档案中很难将各类型的病历内容进行全面系统展现，而材料来源定向病历档案可以集中、系统地提供病历档案首页、入院记录、病程记录、检验检查和护理记录等提供给病历档案利用者。材料来源定向病历档案形成方式可以适用于大中型医疗机构。大中型医疗机构由于收治的病人一般病情较为严重，病程较长，少则数日，多则几月，病历材料在整个诊断治疗过程中会不断产生病程记录、检验检查申请及报告和护理记录等。如果没有按照材料来源定向病历档案形成方式的标准收集病历档案，那么病历档案会越来越厚，杂乱无章，进而使后期病历档案在利用时检索困难，影响各种类型的病历档案利用服务工作。

3.问题定向病历档案收集方式

问题定向病历档案，是指按照疾病的诊断治疗计划，将每个病人的病历档案分为不同的问题目录，在收集病历时，按照问题目录进行收集。问题目录包括病人基本情况、病人疾病问题目录、治疗计划、病程记录、出院摘要五个部分。问题定向病历档案形成方式要求医师在诊断治疗病人时，要从疾病问题的总数和疾病问题之间的关系研究和提出病人的所有问题，并对这些问题进行分析，按照轻重缓急拟定诊疗计划和路径，分别处理该病人的各类疾病问题。

病人基本情况是指建立问题定向病历档案的病人的基本信息，其内容主要有：病人主诉、现病史、既往史、个人史、家族史、体格检查和其他记录等内容。

病人疾病问题口录是指病人此次在院期间发生的各类疾病需要管理或有诊断意义的检查，任何可能影响病人本人健康的生存及生活质量的情况，这些问题可能是医学的、社会的问题。病人疾病问题目录按照日期、编号、标题，将现存问题、既往问题和已经解决的问题等分别排列。治疗计划是根据病人疾病问题目录中所确定的问题，制定病人问题管理的治疗计划，包括诊断性计划、治疗性计划、营养计划、功能恢复计划和病人教育计划等。

病程记录是严格按照病人疾病问题目录进行编制，对每一个病人疾病问题分别处理。对不同编号的病人疾病问题目录，医师对病人病情诊疗过程进行连续性记录。通过医师处理每个问题的病程记录可以使每个参与医疗和质量评价的人对病人疾病问题深入了解，便于对病人的治疗及对医疗质量的评价。

出院摘要是指医师简要总结为病人解决了的特殊问题的治疗结果，并可着重介绍病人在出院时仍然没有解决的问题，或者需要进一步诊治的疾病以及健康教育计划、随访计划等。

（三）点收是收集的重要环节

点收环节是病历档案管理特有的一项内容。由于病历档案本身内容复杂多样，为了确保病历档案能够收集齐全、正确，病历档案管理采取点收的方式接收病历档案，因此，点收的实质是医疗卫生领域的收集，是为了确保接收的病历档案完整、正确而开展的收集活动。为了给医务人员诊断治疗时提供参考，病历档案管理部门需要及时收集病历档案。另外，前方在论述病历档案特点时已经说明病历档案的记录具有鲜明的医学特色，病历档案记录内容复杂多样，因此，病历档案管理部门在接收病历档案时，需要认真核对每一份病历档案内容。病历档案内容涉及科室多、流程复杂，病人从入院到出院经历的接受的诊断治疗、检验检查和护理服务等过程复杂，造成该病人的病历档案数量多且繁杂，加上有时还会出现转出（入）科室的情况，势必造成每份病历之间可能存在差异。每经一个临床业务科室都需要通过登记簿册交代清楚以明责任。在病历档案收集的过程中，点收是一个十分重要的环节。病历档案管理部门通过点收将病历的保管责任从医疗业务科室转移到病历档案管理部门。因此，点收是接收工作中的重要环节，是病历档案管理部门承担管理病历档案责任的起始，病历档案管理部门对待这个流程都十分慎重。病历档案收集人员如果点收错误，造成病历档案装订错误，使得病历档案材料不齐、无法可及，那么病历档案收集人员责无旁贷。病历档案收集人员为了清楚点收，不产生错误，需要清楚掌握病历的具体内容。

为了确保病历档案点收工作顺利进行，周倬然指出，病案管理员如果能够具备一定程度的生理、解剖、病理和细菌等方面的基本医学知识，那么，对病历档案管理工作就会胜任愉快。除了掌握病历的运作流程之外，还要求他们在此基础之上，仔细认真核对每一份回收的病历档案所包含的具体医疗文件，才能够减少错误的产生。点收是病历在临床业务科室运行的最后阶段的工作，也是病历档案管理的起始工作。

点收作为病历档案管理部门责任的开始，在慎重的同时，兼顾工作效率。病历档案点收工作，表面上看工作轻松、无关轻重，但是稍加分析，病历档案实体管理模式下点收工作举足轻重。生成病历工作过程涉及多个部门、多种业务和多项内容，与整个病历运行关系甚大。点收在整个病历运行上可以看作是医疗业务活动的最后一个阶段，但是对于病历档案管理工作而言，则是开始。点收手续如欠妥当，则会影响到病历档案管理部门后续的各项工作。如果某住院号的病历尚未归档，或者缺失相关的检验检查报告、病理报告等，病历档案收集人员在点收时并未加以注意，且在病历收集簿册上也加盖了病历档案管理部门的点收之章或者签署了自己的名字。此时，该份病案如果有利用者，而病历档案管理部门又无法提供该份病案中的所缺部分，同时又没有办法证明该住院号的病历未归档，势必会造成病历档案管理部门的工作存在差错的假象。

为了确保病历档案实体安全，医疗机构都会在病历档案点收方面制定相应的病历档案管理制度，规范病历档案管理回收的流程，同时起到约束医师的病历移交行为。病案收集是病案管理工作的关键一步，只有收得齐全，整理得好，才能发挥病案的应有作用。一般医院对病案的回收时间都有明确规定，有的规定病人出院后24小时收回病案，也有的是48小时或72小时内，由病案室派人全部收回，病案回收不及时，不仅影响病案的整理、编目、登记工作，也影响统计资料的及时性、医院统计报表的迟报、漏报，在很大程度上是由于病案回收不及时和回收不全。通过规范病历档案的回收流程，明确点收是病历档案收集的一项重要内容。

二、整理

病历档案整理工作可概括为系统化和编目两个过程。病历档案系统化整理工作主要包括病历材料分类、立卷和案卷排列三大类。病历档案整理是指将病人住院期间由诊断治疗、检验检查和护理服务等医疗活动过程中产生的所有材料收集之后，由病历档案管理部门的档案人员按照预先确定的组织系统及标准对收集材料进行分类、组卷、上架等，并检查病历档案内容的完整、准确，确保病历档案形成组织统一、内容系统的卷宗，并使之处于随时可用的状态。病历档案整理过程中需要遵循病历档案所特有的形成规律，最大限度地保持病历档案材料之间的有机联系，便于保管和发挥作用。

（一）病历档案整理的意义

1.提示病历各种记录之间的有机联系，为发挥病历档案作用创造条件

管理病历档案的一个重要原因是能够及时地、系统地提供病历档案为医疗、临床研究、教学科研、医院管理、付款凭证、医疗纠纷和法律依据等提供各种途径的利用服务。早期的病历档案管理基本上都是围绕此目的开展的整理工作。为了达到这一目的，病历档案必须在收集之后经过科学整理。没有经过整理和系统化的病历档案，就不能充分体现病历档案的医疗业务活动的历史记录的特点，也不能完整地反映诊断治疗、检验检查和护理服务等各项医疗活动的历史联系和本来面貌。病历档案整理工作的一项基本任务便是将病历档案组成一个体系，通过编目使其固定下来，为利用病历档案提供方便条件。由于病历档案是唯一的，只可能按照一种预先确定的组织系统及标准进行组卷，因此病历档案的组卷不可根据不同的利用病历档案的要求而分别组成不同类型的案卷。

2.病历档案的整理是病历档案管理所有业务活动的关键环节

病历档案的整理，即将收集到病历档案管理部门的病案组卷成有机整体，不仅为病历档案利用提供了保障，而且也为整个病历档案管理工作奠定了基础。病历档案的收集工作是起点，将病历档案提供给不同类型的利用则是病历档案工作的目的，而病历档案的整理工作则是起点与目的的纽带。病历档案整理工作承上启下将病历档案收集工作质量进行评定，是对病历档案收集工作的一种再检查。病历档案整理过程与病历档案价值鉴定一般同步进行。鉴定病历档案的价值必须对病历档案进行全面考察与系统分析，只有经过系统整理的病历档案才能为病历档案价值鉴定提供科学依据。经过整理以后的病历档案案卷，是病历档案保管、统计、检查、评级等具体工作对象和基本单位，也是病历档案检索工作、著录标引和提供利用的主要依据。因此，病历档案整理工作可以有效地发挥病历档案功能，实现病历档案工作的目标，奠定病历档案工作的基础。

（二）整理体现医疗过程

病历档案整理的任务包括：一是病历档案管理部门每日派收集人员到各病区收集前一天出院的病历。二是按照病历档案整理要求及病历档案管理规范要求对病历内容进行排序组卷，并做好编码装订。三是病历档案管理部门督促有关医师及时完成病历记录。四是负责对病历的书写质量进行检查，及时向主管领导和有关临床业务科室反馈病历档案质量情况，保证病历档案完整。

第二节　病历档案全程管理

病历档案实体管理模式，注重的是终末实体管理，管理手段以手工操作为主，加之早期较多的病历档案管理员没有接受过专业教育，缺少病历档案管理专业知识，医学基础理论水平低，在职继续教育困难，专业技能有限，无法实现病历档案内涵的有效质控。病历档案实体管理模式，虽然一定程度上能够保证病历档案的实体安全，促进我国病历档案管理的发展，但是对于病历运行过程中产生的各类病历书写的内涵质量问题并没有有效控制。病历档案管理工作无法满足医学科学发展的要求，面对病历档案实体管理模式的困境，需要对病历档案实体管理模式进行进一步创新。

一、病历档案全程管理阶段的主要内容

写好病历档案，主是指病历档案管理部门不仅要关注终末病历档案的收集、整理、保管和供应等实体环节，还需要依据全程管理理论，将病历档案产生的源头纳入病历档案管理范畴，即主要是对病历形成过程与积累过程进行监督管理。写好病历档案是全程管理理论在病历档案管理中运用的结果。病历档案管理部门通过规划、监督、指导和协助等具体手段，全程管理病历档案，提高病历档案质量的过程。

（一）规划

规者，法度也。规划，一般是指比较全面长远的发展计划，通过对组织系统、整体的分析，设计未来3～5年的运营方案。病历档案作为专门档案的一个重要类别，病历档案管理工作自然也会受到档案法规、制度和办法等调整、约束。

病历档案管理事业在不断取得进展的过程中，积极向其他领域，尤其是将全程管理理论从档案管理领域借鉴、渗透至病历档案管理工作之中，且首先在中医病历档案管理工作得到体现。《中医病案书写格式和要求》作为中医学的病历档案管理规范，对我国的中医病案表格进行统一要求，规范了病历档案的形式与内涵。

规划是病历档案全程管理的一项重要内容，具体包括：建立健全病历档案管理的组织架构与管理规章制度，对病历档案管理工作发展进行科学预测，制定病历档案管理工作的发展战略，编制和调整各种病历档案管理工作计划的过程。通过病历档案管理部门对本医疗机构的病历档案管理工作的统筹规划，具体体现为三个方面。

第一，宏观上有利于全国贯彻党和国家关于病历档案管理工作的各项路线、方针和政策，使我国病历档案事业沿着社会主义的方向发展；有利于把党和国家提出的关于建设和发展档案事业的蓝图具体化，调动医疗机构中病历档案管理、医务人员和管理人员的积极性，保证党和国家关于病历档案工作的方针、政策和各时期中心任务的贯彻落实。

第二，宏观上还有利于各级政府对病历档案工作的计划领导和宏观控制。各级科技档案行政管理部门、卫生行政管理部门可以通过计划了解国家或本地区病历档案事业发展的规模、速度、数量、质量，据此更好地对科技档案行政管理部门和卫生行政管理部门贯彻执行国家关于病历档案管理工作相关的法律、法规以及国家方针、政策、任务的情况进行督促和检查，及时发现问题，依据病历档案事业的发展规律，合理配置资源，充分发挥病历档案的备考功能，最大限度地满足医疗、教学、科研和社会的需求。

第三，中观上有利于各级接受科技档案管理部门的监督指导。病历档案作为科技档案的一个重要门类，其中观上必须接受科技档案行政管理部门业务监督和指导。

第四，微观上有利于病历档案管理工作的全程管理。病历档案管理部门通过制订病历档案工作计划、组织病历档案工作任务分派、实施，特别是将病历档案管理纳入医疗机构的战略目标与战术目标进行考核管理，使软任务变成了硬指标，病历档案管理员、医务人员和管理人员明确自己的责任，积极参与、配合病历档案全程管理工作。

病历档案管理规划是医疗机构病历档案管理人员、医务人员和管理人员都应该履行的一项工作职能。病历档案管理规划作为医疗机构的规划的一个重要组成部分，一旦确定之后具有一定的稳定性和连续性，医疗机构的医务人员、管理者以及病历档案管理人员需要围绕此目标制订各自的计划。病历档案管理统筹规划需要具有一定的连贯性和连续性，是一个周期接着一个周期的循环反复的过程，统筹规划工作需要立足于本期目标，同时为下期目标进行必要的准备，这也是医疗质量持续改进的体现。如医疗机构为控制病历档案书写质量，需要规划建立常态的四级质量监控系统。通过建立医疗机构四级病历档案质量监控系统，将病历的形成主体、管理主体都纳入病历档案管理工作中。第一级监控，包括科主任、主治医师、护士长组成的科室病历档案质量监控组；第二级监控，包括医务部门、门诊部门监控组；第三级监控，病历档案科室质量监控医师及病历档案科质控技师的终末质量监控组；第四级监控，医疗机构病历档案管理委员会，由各临床专业专家组成。通过医疗机构制定的病历档案质量控制规划，将医疗机构全体医务人员和相关管理人员都纳入病历档案管理范畴，可以有效地提升病历档案管理工作水平，提高病历档案内涵质量。

病历档案全程管理，通过制定规划可以使一个医疗机构以及病历档案管理部门的相关人员明确病历档案管理工作目标。明确病历档案管理工作目标的一项重要功能就是使医疗机构可以将有限的资源合理地配置到为病历档案管理工作服务中。如在医院等级评审标准中对病历档案管理的组织、人员、管理内容、流程等方面的标准很多。如要求病历档案的各项信息必须真实、完整、准确并及时分析、反馈与利用。护理管理部分，提出建立整体护理病历，并不断完善。医疗管理部分，依据病历档案是医疗质量的真实体现这一原则，建立健全医疗质量管理内部约束机制。加强四级病历档案质量控制，对临床医务人员进行病历档案质量教育，定期对医疗护理、医技、药品病历档案质量管理进行监督、检查、评价，并提出改进意见。如果医疗机构需要参与等级评审，就必须提前做好病历档案管理的规划工作，保证病历档案管理工作能够进行全程管理，介入病历的运行阶段，进行对病历形成过程进行监督、检查、评价。

病历档案管理部门结合医疗机构的等级评审制定病历档案发展规划，将能够有效地将病历档案管理目标体现在医疗机构的各个科室、员工的目标之中。病历档案管理委员会领导下，病历档案管理部门主要行使日常指导、监督、检查和协助等职能。通过制定病历档案全程管理规划，可以有效地将三级医师查房、各种病例讨论制度等多项医疗质量管理核心制度融入病历档案管理工作之中，可以有效地建立健全病历质量检查考核制度，加强院、科、主治医师三级的检查考核提升病历档案质量。

（二）指导

指导，是指病历档案管理部门对于本医疗机构病历档案管理相关工作进行的指点、引导和指示等。档案学的文献中将指导也称为工作业务指导。病历档案全程管理模式下，指导是病历档案管理部门的重要职能之一，是病历档案全程管理的重要手段和表现形式。

病历档案管理部门指导病历档案管理相关工作，也是病历档案管理部门按照国家档案法律法规、党的路线、方针、政策和国家关于科技档案工作、病历档案工作的法规明确医疗机构在书写病历时的民事行为能力、监护权、代理关系、近亲属以及如何开具医学证明和病历复印等内容，为病历档案全程管理提供了法律依据。

（三）协助

病历档案协助管理是病案档案全程管理的一种重要形式，与病历档案指导管理、监督管理不同之处在于，病历档案协助管理是借助临床业务科室本身和临床业务科室的行政主管部门——医务部两者的力量，协助病历档案管理部门对临床业务科室的病历档案工作进行督促、管理的行为，而病历档案指导与监督主要是通过病历档案管理部门自身的力量对临床业务部门的病历档案管理工作进行督促与管理。

1. 协助的内容

对病历档案全程管理进行协助包含两个方面的内容，一个方面，主要是指为了实现病历档案全程管理的目的，没有隶属关系的病历档案管理部门与临床业务部门之间所发生的横向关系，相互之间没有管辖权的病历档案管理部门与临床业务部门之间无管辖权，但是可以通过医疗机构医务部予以协助，医务部作为临床业务部门的上级主管部门要求其按照病历档案管理的相关法律、法规对病历的形成、收集、整理和归档等事务进行规范，以保证病历档案的质量。另一方面，主要是指为了实现病历档案管理全程管理的目的，负责病历形成、收集、整理和归档的临床业务部门由于其应负担之责任与处理之事务，无法独立完成病历形成、收集、整理和归档事务，需要病历档案管理部门给予协助方能完成的一种方式。由此可知，病历档案协助管理包括两种形式：即主动协助与被动协助。

从主体角度分析，病历档案全程管理协助主要包括的主体有请求部门和协助部门。例如，当病历档案管理部门要求医务部给予协助，要求临床业务部门按照病历质量要求完成病历的形成、收集、整理和归档。

这一过程中，病历档案管理部门是请求部门，医务部作为协作部门。而如果是临床业务部门对于病历的形成、收集、整理和归档等有指导需求，向病历档案管理部门提出申请，希望得到病历档案管理部门的帮助，那么，临床业务部门则是请求部门，而病历档案管理部门则是协助部门。

从行为角度分析，病历档案协助管理的过程应包括请求部门的主体行为和被请求部门的协助行为，此时的协助行为也称辅助行为。从关系角度分析，病历档案协助管理主要包含两种形式，即横向或者斜向主体关系。

2.协助的特点

（1）职务协助性

病历档案协助管理行为发生在医疗机构内部的组织之间，是医疗机构的提升病历档案管理质量的一种必不可少的职务行为。在一个医疗机构内部所发生病历形成、收集、整理和归档过程中遇到困难时，由于通过相关辅助主体的职务特性可以克服病历管理工作过程中的困难，此时表现出来的是辅助是一种职务协助。在病历档案全程管理过程中，如果是由于通过病历档案管理员与医务人员的私人感情，而解决的病历形成、收集、整理和归档过程中的具体困难行为，不属于本研究所讨论的协助行为。

（2）目的同一性

病历档案协助管理过程中，无论是病历档案管理部门通过医务部要求临床业务部门配合病历档案全程管理，还是病历档案管理部门直接受临床业务部门之邀协助其实行病历全程管理，这些主体的行为目的都是一致的，是为提升病历档案最终的内涵质量，即属于共同致力于同一目的。

（3）辅助管理性

病历档案协助管理过程中，当请求部门，如病历档案管理部门向医务部提出请求或临床业务部门向病历档案管理部门提出请求之后，被请求的部门通过具体的行政行为或事实行为的实施，向请求部门提供辅助、补充，促进病历的形成、收集、整理和归档等工作得以顺利开展，提高病历档案的内涵质量。

（4）动态过程性

病历档案协助管理一定是发生在两个部门或是两个部门以上的主体之间，协助一定是由一个主体提出请求，然后被请求部门经过计划、执行、审查、实施等PDCA循环辅助之后，达到请求部门的目的，显然这是一个系列动态行为的过程性行为组合。这一种过程性的辅助、协作行为，通常也是一种应激行为。

（5）应激被动性

病历档案协助管理是一种应激行为，这种应激性的具体表现便是被动性，即病历档案协助管理触发点是请求部门发出协助之请求的状态下开展的。医疗机构内部的组织架构是相对稳定的，各司其职，部门与部门之间任务与权限都通过管理条例明确规定，并且为了防止部门与部门之间恣意干涉，每个部门只能在其职能、权限范围内完成相应的工作任务。病历档案协助管理，也不同于医疗机构内部部门与部门之间的联合行为。

医疗机构内部的各个部门之间的执行、管理职能，在医疗机构岗位职责中都有明确规定。如南京医科大学附属逸夫医院医务部的主要职责的描述要求该院相关行政职能部门能够实现组织、指导、协调、实施全院临床医疗科室工作和督促、检查各临床科室、医技科室工作。由此可见，医务部依照医疗机构的岗位职责授权具有医疗管理、医疗质量管理等行政权力，已经具备协助病历档案管理部门开展协助管理的可能性，医务部辅助病历档案管理部门开展正常的工作则是其行政职权之一，且是专属的、强制的、单方的、不可任意处分的。

3.协助的必要性

医疗机构的组织架构是科层制的形式，其特征是等级制与部门化。

如二级以上综合医院会在医疗副院长领导下设医务部，医务部下设临床业务科室。科层制的等级制与部门制，将一个医疗机构的所有医疗事务分配到不同的临床业务科室，各临床业务科室各自独立，业务不交叉，按照各自的职责范围内展开医疗卫生服务活动。然而在一个医疗机构中，各临床业务科室由医务部统一指挥、监督，并以此整体向医疗副院长负责。科层制可能在职能分类上存在不科学、设置不合理之处，分工一旦确定之后，难以根据现实的病人病情状况进行调整。因此，在科层制的组织架构中，医疗机构职责、权限既要分立、独立，也要通过协助的方式化解科层制与行政一体化之间的矛盾，促进医疗机构内部各个部门之间的支持与配合，发挥医疗机构的整体性、统一性机能。

高效运行是病历档案全程管理的一个基本要求，通过病历档案协助管理可以使病历档案全程管理得以实现。病历档案协助管理有利于病历档案管理，提升病历产生、收集、整理和归档质量。病历档案全程管理协助是一个重要的途径，是解决医疗资源配置不足的病历档案管理模式下，病历档案管理专业化与临床业务科室需求日益复杂化之间矛盾，整合医疗资源为医院管理提升病历档案管理质量的一种有效手段。病历档案协助管理有助于医疗机构权益保护。

随着医疗卫生事业的发展，病人追求健康以及医疗资源的配置不足，使医疗机构部门与部门之间的协助越来越频繁，范围也在不断扩大。病历档案信息需求呈现出需求业务多样、复杂的态势。这种趋势表现在病历档案管理工作方面，则是病历档案管理部门与临床业务科室和医务部之间的协助活动变得更加频繁。如果因为病历档案部门在协助过程中由于某科室而影响到病历全程管理的成效，则势必会对医疗机构的总体效益造成不利的后果。通过病历档案协助管理，无论是请求部门还是被请求部门通过相互支持，并使这种协助能够常态化、制度化和规范化，一定程度上将会使医疗业务部门与病历档案管理部门在提升病历档案内涵质量的过程中形成一个有机整体，避免相互扯皮、推诿的现象，最大限度地保护医疗机构的权益。

建立病历档案协助管理是医疗机构在有限的医疗资源配置环境下一项重要的举措，病历档案管理部门在开展此项工作时会遵循一定的原则，例如，合理、效能等原则，并用这些原则指导病历档案全程管理。

二、病历档案全程管理模式的分析

（一）病历档案全程管理模式的特点

1.病历档案全程管理提升病历档案内涵

病历书写的内涵质量，反映着临床医师的业务水平、素质及责任心。医务人员在书写病历时具有负责和实事求是的态度是完全必要的。医疗卫生行政管理部门也对病历档案内涵十分重视。针对病历档案书写质量，医政管理、医疗服务管理等行政管理部门发布了一系列法律、法规、核心制度、规范、标准等，从病历档案产生的源头加以控制。可以看出，为了提升病历档案质量，无论是微观层面的病历档案管理实践者，还是宏观层面的国家层面卫生行政管理部门，都在利用全程管理理论作为管理病历档案的行动纲领，对病历档案从产生源头便开始进行全程管理。

2.病历档案全程管理成为替代病历档案实体管理的一种工作模式

针对病历档案全程管理，有学者论述了病历档案实体管理模式中的不足并提出，需要将病历档案管理超前至制定病历档案表格、书写质量等规范和确定病历档案载体材料等——针对各类的医疗业务制定相应的病历表格标准，如病程记录、手术记录、医嘱单、护理单、出院记录等，根据通用性与特殊性原则，选择特定的制作材料和格式。最后他们得出结论，为了保证病历档案内涵质量，需要利用前端控制的理论，病历档案管理部门的管理流程要前移至设计病历表格之始，管理各类病历档案使用的表单要由病历档案管理部门主导，临床各业务科室参与。虽然学者是从全程管理理论的角度，对病历档案实施全程管理进行了初步探讨，但是并没有对病历档案全程管理进行系统论述。病历档案管理部门作为一个医疗机构的职能管理部门，在对病历档案实体进行管理的基础之上，发现归档到病历档案管理部门的病历档案的许多质量问题是由于一方面医务人员没有按照医疗业务规范书写病历；另一方面是因为医务人员在执业生涯中对于病历书写的基本要求理解不透，掌握不全。而对于以上两个方面存在的问题，如果病历档案管理员能够在诊断治疗、检验检查和护理服务等过程中，即在病历产生、运行全过程中加以适当的控制，便可以提高终末病历档案的实体质量和内涵质量。基于医疗质量管理与病历档案管理的实践需要，全程管理理论在医疗卫生领域不断深入应用，使得病历档案全程管理成为替代病历档案实体管理的一种工作模式。

3.病历档案全程管理模式由被动管理开始向主动控制转化

病历档案全程管理模式形成一种基于全程管理理论的管理方式，即主张病历档案管理应始介入至病历运行阶段和病历档案管理阶段，需要关注病人在院期间的诊断治疗、检验检查和护理服务等病历产生以及病历归档之后的全部业务流程。病历档案管理部门要在实体管理模式的基础之上，于病历档案归档之前的整个诊断治疗、检验检查和护理服务过程中，通过规划、指导、监督和协助等提升病历内涵质量，确保病历档案质量有效提升。

（二）病历档案全程管理模式的不足

病历档案全程管理模式下，虽然通过关注病历产生与运行阶段，一定程度上解决了病历档案实体管理模式下的病历档案内涵质量控制不足的困境，但是随着医疗业务量的增长，病历档案管理部门如果仍然按照人工对病历档案进行全程管理显然力不从心。另外，病历档案管理部门针对日益增长的病历档案信息需求，需要找寻有效的举措来满足这种需求。信息技术不断向医疗卫生领域渗透，病历档案全程管理模式下，已经开始尝试基于计算机代替病历档案手工管理病历档案，但是这种以模拟手工作业流程为主要形式的管理手段是低级的、分散的。随着医疗机构信息化进程不断推进，利用计算机管理病历档案成为一种可能。但是病历档案全程管理模式下，利用计算机设计的病历档案管理系统并没有再造病历档案管理流程，而是主要是以计算机代替部分病历档案管理过程中的某些环节，而且病历档案管理系统与医疗机构的其他计算机系统无法实现互联互通，病历档案信息无法互联互通、实时共享。这种病历档案管理的结果是产生了大量的信息孤岛，一个医疗机构内业务系统之间的病历信息无法互联互通。

第三节　病历档案数据管理

病历档案信息化管理的结果是产生了大量的病历档案数据，使病历档案管理从信息向数据过渡。随着病历档案数据量的涌现，病历档案管理外部环境也发生显著变化，云计算、大数据管理、移动通信技术、人工智能等现代信息技术不断向医疗卫生领域渗透。病历档案数据是符合大数据的特征的。在大数据管理理论的基础上，病历档案管理未来也将会依据大数据管理的理念和全程管理理论，利用相关方法生产病历档案数据和挖掘病历档案数据等方式实现病历档案数据在健康管理中的价值。

一、数据生产

病历档案数据管理并不是一蹴而就的。以电子病历系统为主病历档案信息管理模式下实际上已经是初步进入了数据运营式系统阶段，在此阶段病历档案的数据量已经经历了第一次管理大飞跃。数据经历了被动、主动和自动三个阶段。综观病历档案管理，其管理对象由被动地接受病历档案实体，到主动地全程管理并提供病历档案信息，现正向自动地收集、整理和分析转变。以电子病历系统为主要内容的病历档案信息管理，数据库技术是一个重要的工具，但是在大数据背景下，病历档案的数据来源、处理方式和思维理念等将产生革命性的变化。

病历档案数据类型较为丰富，利用数据库对其进行加工处理时，需要根据不同的数据项确定不同的数据类型，病历档案数据可包括文本型数据、图像型数据、数值型数据等。从已有的研究成果中，可以借鉴的主要来自图书、网络以及企业信息资源的知识组织研究。

（一）主题标识

通过词频法，将病程记录、手术记录、检验检查报告或者医嘱内容等进行自动标引，即给出病历档案信息内容所涉及的主题词或关键词。在数字图书馆研究中，构建交叉学科集成数据集，经过关联处理，挖掘了潜在主题及其构成，揭示学科研究主题。在病历档案知识发现时，对病历档案数据库中相同主题或关键词的病历档案进行数据集预处理、主题模型训练和主题标签标注等关联处理，可以发现不同病历档案之间的关系，从而发现病历档案数据之间的关联性。

（二）分类与聚类

结构化、半结构化文本数据的分类与聚类研究成果较多，病历档案文本的分类与聚类可以借鉴现有的研究成果。病历档案文本分类、聚类针对的是具体的病程记录、手术记录、检验检查报告或者医嘱内容，而不是单个的一份电子病历。这里需要说明的是由于一个病人，尤其是复杂病情的病人可能会涉及多个疾病主题或关键词，因此，这样的病人的病程记录可能会被分为两个或两个以上的分类之中。通过病历档案文本数据分类与聚类可将一类病历档案聚集在一起，可以更好地挖掘病历档案数据之间的关系。

（三）摘要

数据管理的摘要技术已经有较多学者进行了研究，利用计算机可以将病历档案数据库中的一份电子病历档案的内容生成一篇浓缩的摘要。病历档案摘要主要通过抽取病历档案的出院记录中的入院诊断、入院日期、手术名称、手术日期、出院诊断、入院时情况、诊疗经过、出院时情况和出院医嘱等内容。可以自动摘录，通过词频或词组频率统计选取句子，高频关键词出现多的句子选为摘要候选句。也可以基于理解的自动摘要，借助自然语言理解的研究成果，采用语法分析、语义分析、语用分析等方法。病历档案摘要作为病历档案知识发现的一种技术，可以实现将病历档案中的主要内容用简洁的文字表现展示出来，对于海量的病历档案可以做到快速筛选，节省阅读时间的作用。

（四）构建本体知识库

20世纪90年代知识管理过程中，为解决信息、知识的提取、表示和组织等方面出现的问题，知识管理领域引入本体概念，随之本体构建方法研究得以展开。根据时间顺序，出现的本体构建方法包括：IDEF5法、骨架法、TOVE法、METHONTOLOGY法、KACTUS工程法、SENSUS法、七步法、循环获取法等。

企业领域构建知识本体主要使用IDEF5法、骨架法和TOVE法。IDEF5法是用图表语言和细化说明来获取企业领域的本体，通过图表语言和细节说明语言，描述和获取企业知识本体的概念、属性和概念间的关系，并将之形式化，作为知识本体的主要框架。骨架法通过明确的流程和导向构建本体。TOVE法通过逻辑模型构建综合商业与企业应用的知识本体。METHONTOLOGY法、KACTUS法、SENSUS法、七步法、循环获取法和五步循环法，是用于构建领域知识本体的方法。METHON-TOLOGY法专用于构建化学本体。KACTUS法通过抽象法构建知识本体，主要应用于语义网，是对已有本体的提炼、扩充，并且可以对知识本体复用。SENSUS法是采用自顶向下构建方法，通过该方法可以从同一原始本体库获得多个领域的专用领域本体库，利于共享知识。不同的方法应用的场景与领域不尽相同，由于电子病历档案是结构化的数据，并且在多个字段中是以自由文本的形式出来，因此可以采用自动化或半自动化的方法来构建电子病历档案知识本体。

构建电子病历档案知识本体一般需要经过以下七个步骤。

1.熟悉专业领域和范畴

熟悉电子病历档案本体的专业领域与范畴主要是指建立了电子病历档案本体是在特定的电子病历档案语境中建立的，建立的电子病历档案本体构成的电子病历档案本体库中采用的推理规则也是建立在电子病历档案语境下的。电子病历档案本体的建设是一个由点到线、由线及面不断深化全面的过程。现阶段电子病历档案本体可能以电子病历档案中的病历档案首页、入院记录、病程记录、检验检查报告单和出院记录等为主要对象进行建模。

2.复用现有本体的可能性

电子病历档案本体本身是医学本体、医学信息学本体的一个子集，因此，电子病历档案本体可以复用其他本体的建模成果，既减轻了电子病历档案本体建模的工作压力，还可以使得建立的各类电子病历档案本体涉及的医学概念本体在标准化、一体化的医学语言系统中。

3.列出本体中的重要术语

电子病历档案本体涉及一些该领域的特殊表述专业术语，如病历档案首页、入院记录、病程记录、检验检查报告单和出院记录等内容中的主诉、现病史、手术史、过敏史、体格检查、专科检查、诊疗计划、初步诊断、出院诊断、ICD、发病情况、伴随症状、治疗经过、手术名称、麻醉记录、护理记录等。

4.定义类和类的等级体系

可以根据不同的胜任定义电子病历档案中的类与类的等级体系。可以将电子病历建构的类定义为病历概要、门（急）诊诊疗记录、住院诊疗记录。各类下又分别包括若干层级的数据项。例如，病历概要包括文档标识、服务对象标识、人口学、联系人、地址、通信、医保、事件摘要等项，而在服务对象标识下，又分个体生物学标识和个体危险性标识。

5.定义类的属性

定义类的属性主要包括四种属性关系：种属关系：主要是指电子病历档案中各个本体之间的逻辑层次种属关系，如住院诊疗记录逻辑包括住院病历档案首页、入院记录、病程记录、住院医嘱、护理记录、出院记录等。实例关系：主要是指电子病历档案中处于不同逻辑层面的本体之间概念与概念外延个体的实例关系，如病人检验检查结果在病程记录中与检验检查结果中的关系。实例间关系：主要是指电子病历档案中处于同一逻辑层面的本体或不同逻辑层面的本体之间的关系，如不同病历档案号的电子病历档案之间的关系。父子关系：主要是指反映电子病历档案中不同抽象程度的父子关系，入院记录中包括病人基本信息、入（出）院信息、费用信息等。

6.定义属性的分面

每个属性由赋值类型、属性值和赋值基数三个分面。赋值类型是指字符型、数值型、布尔型、枚举型、实例型等；属性值是指布尔型属性的真或假；赋值基数是指该赋值属性可以赋几个值。

7.创建实例

根据前面六个步骤基本可以实现电子病历档案本体建模。本体的顶层结构中包括出院记录、病历摘要、病历档案、相关检查记录、医疗机构信息、医学证明等本体。第二层结构中以病历摘要为例，又分为病人信息、家属信息、通信地址、医保和医疗费用信息等本体。建立的电子病历本体，将病历摘要、诊疗记录、治疗处置记录、护理记录、知情同意书、检验检查记录等本体作为电子病历本体的顶层结构。

出院记录本体中包括入院前、入院治疗和出院结论三类本体：入院前本体包括：主因、症状、持续时间、诱因、血压、查体、治疗、效果；入院治疗本体包括：初步诊断、血压、B超显示、查体、治疗、效果；出院结论包括出院诊断、血压、查体等。根据电子病历档案内容，可以得到高血压疾病的一个简单语义关系：病人由于某种原因诱发症状持续若干时间，经过仪器检查、查体得到初步诊断。

电子病历档案本体库建设是一个逐渐积累的过程，既有显性知识存储，又存在隐性知识显性化的过程，将赋予电子病历档案知识语义的不同知识集合形成电子病历档案知识库，为电子病历档案知识共享提供资源。电子病历档案本体库建设是一种知识管理的组织形式。建立电子病历档案知识本体库的目的是将诊断治疗、检验检查和护理服务等过程中形成的各类电子病历档案知识经过科学的组织、挖掘，使其能够实现共享。电子病历档案本体库建设应以建立本体库为核心。建立电子病历档案知识本体库的本质是实现电子病历档案知识的语义相关。基于语义相关的电子病历档案知识本体库可能将电子病历档案领域中的各类本体进行关联、映射，构建能够反映诊断治疗、检验检查和护理服务等知识结构的本体模型，并且可以有效地描述与组织电子病历档案知识源。建立各层次的电子病历档案知识本体概念模型，利用电子病历档案本体推理技术，将电子病历档案知识本体与用户需求实行关联，形成最佳匹配方式，实现基本电子病历档案本体的知识资源共享。电子病历档案知识本体库建设的目标是共享电子病历档案知识。

病历档案数据管理最终是获得病历档案中富含的种类病历档案知识，通过病历档案数据管理可以获得一种基于语义相关的病历档案知识。通过电子病历档案知识本体库可以发现电子病历档案知识潜在的价值，可以将诊断治疗、检验检查和护理服务等新的概念、实例和概念维护现有本体，按照病历档案知识关联关系实现语义概念智能检索，为发现电子病历档案知识提供基础。病历档案本体需要通过病历档案元数据得以展现。

二、数据挖掘

病历档案数据挖掘应作为利用病历档案数据的主要途径。病历档案数据挖掘是指将大量的病历档案数据，经过维度建模，利用元数据抽取、转换和加载等数据导入处理，将病历档案数据导入病历档案数据仓库之中，然后通过查询分析、OLAP多维分析等数据挖掘工具，实现将隐藏于病历档案数据之中的病历档案知识挖掘出来。病历档案数据挖掘对医疗机构决策层来说，可以利用病历档案数据以便掌握医疗机构的运营状态，如住院病人的地理分布、各临床科室和医生工作量的情况、收入支出情况、医院某月的经济效益等，分析利用病历档案数据，挖掘潜在的医疗机构管理规则，为医疗机构管理层提供快速、准确和方便的决策支持。

（一）病历档案数据挖掘工具

病历档案数据挖掘是指利用数据挖掘工具，将数据仓库设计、数据ETL（Extract-Transform-Load）、数据模型、数据挖掘算法、数据挖掘模型等数据发现技术与病历档案管理工作相结合，构建病历档案数据仓库，并从中发现病历档案知识的过程。常用的数据挖掘工具和系统包括Enterprise Miner、Intelligent Miner、Clementine和SQL Server2008等。病历档案数据仓库是病历档案数据挖掘的重要环节，主要由数据抽取工具、数据库、元数据、数据集市、数据仓库管理系统、信息发布系统和访问工具等组成。病历档案数据仓库（Medical Records Data Ware-house）是一个面向主题的（Subject Oriented）、集成的（Integrated）、相对稳定的（Non-Volatile）、反映历史变化（Time Variant）的病历档案数据集合，用于支持各类决策支持的工具。数据挖掘任务包括：关联分析、时序分析、分类、聚类和预测等。

病历档案多媒体数据挖掘是指对病历档案中图表、图形、数字、影像等内容，运用图像挖掘、音频挖掘和视频挖掘等发现病历档案数据之间的关联，产生病历档案知识。如图像挖掘主要是对每份病历档案中包含的图形、图像数据进行分析处理，并从中发现病历档案数据之间的关系的过程。主要包括利用计算机对已经转换的数字矩阵进行可视图像或声音的模式识别；对图像的属性、特征进行分析、处理和标识的特征分析；基于描述的文字内容和图像特征进行匹配检索。音频挖掘主要是对病历档案中的听觉媒体进行处理分析发现病历档案知识的过程。如针对呼吸内科的病历档案数据库中的咳嗽的间隔、停顿，说话的语音、语气、语调，打鼾的音高、音调、频率等病历数据，则可挖掘各类听觉媒体的特征、抽取关键词和创建时间等，对其进行标引、分析，发现呼吸内科病历档案数据的隐性知识。视频挖掘主要是对病历档案中的视频信息进行分析处理，获取病历档案知识的过程。如医务人员对胎儿进行宫内的动态四维彩超视频进行分析，可以评价胎儿的发育状况。病历档案知识发现中运用的各类数据挖掘工具并不是排他的，而是可综合利用的。

（二）病历档案数据挖掘过程

病历档案数据挖掘过程主要包括：需求分析、确定主题、数据清洗、理解数据、联机分析和得出结果几个方面的内容。

1.需求分析

需求分析即病历档案数据挖掘需求分析。明确各类病历档案知识的需求主体的实际需求，确定病历档案知识的主题，结合病历档案数据库中的事实数据特性确定病历档案数据仓库的维度表，并采用适当数据仓库模型建立病历档案数据仓库。病历档案数据库是医疗、教学、科研和病历档案管理等各类主体工作需求下产生的，其数据格式、内容范围都相对稳定、成熟。基于此构建的各类病历档案数据仓库的不同的利用主体对病历档案知识的需求具有很大差异，如病历档案管理者与利用者的实际需求大相径庭，因此需要针对不同的用户设计不同的病历档案数据仓库维度表。病历档案管理员需要利用病历档案数据仓库进行需求效果分析以及病历档案资源类别分析，掌握不同的病历档案利用主体的关注点，有的关心的则是病历档案数据仓库中各类病历档案能否被检索到，有的在意能否得到原文，病历档案仓库中病历档案的精度级别能否与其利用精确匹配。

2.确定主题

在掌握病历档案数据仓库主体需求的基础之上，需要进一步确定病历档案数据仓库主体的病历档案数据仓库主题，如病历档案归档医学主题词分析、病历档案科研需求主题分析、疾病诊断分组分析、临床路径分析和医学转化情况分析等。以病历档案科研需求主题分析为例，可以从以下分析内容确定病历档案数据仓库的主题：分析一定时间范围内各个临床科室归档病历档案数量，可以以年与月为单位分别进行分析，掌握病历档案产出情况；再分析以科研为目的的利用病历档案数量，什么人使用，为什么使用，什么时间使用，使用的效果怎样：病历档案数据挖掘的结果是否能够满足科研需求。在选定病历档案仓库主题的基础之上，进一步可以确定病历档案数据仓库维度。如病历档案归档科室维（内科、外部、妇科、儿科和产科等。内外科还可以细分，如内科还可进一步细分成呼吸内容、消化内科、神经内科、心血管内科、肾脏内科、肿瘤内科等），病历档案生成时间维（年、季、月、日等），病历档案材料的类型（入院记录、手术记录、病程记录、检验检查记录等）。病历档案数据仓库还可以按照不同的需求维度进行细分。

3.数据清洗

数据清洗即对病历档案数据进行清洗。通过数据仓库技术（ETL）对病历档案原始数据进行抽取（extract）、转换（transform）、加载（load），存储到病历档案数据仓库，ETL是构建病历档案数据仓库的重要一环，通过此环节将完成病历档案数据的预处理和清理任务。

4.理解数据

理解数据即理解病历档案数据。据统计，以三级医院为例，每年住院人数的增长幅度为20%左右，这也就表明病历档案数据量约每5年时间就会翻倍，这些病历档案数据蕴含着医疗、教学、科研、医保等海量信息，具有重要的价值，而通常医疗机构所使用的病历档案数据只占在总数据量的2%～4%左右。可见，病历档案数据并没有得到有效的利用，造成医疗机构人力、物力与财力的浪费。因此，需要医疗机构尽可能地利用ETL将病历档案数据转换成为能够为医疗机构内部诊断治疗、检验检查和护理服务以及为医疗机构外部服务。如为国家卫生行政管理部门提供可以利用的病历档案信息和知识。根据病历档案数据仓库维度分析，选择适当的数据仓库模型即可建立由事实表和维度表组成的病历档案数据仓库。

5.联机分析

联机分析即联机分析病历档案数据仓库。根据已经构建高质量的病历档案数据库，如何更好地利用病历档案数据仓库中的数据，需要理解病历档案仓库中的病历档案数据之间的关联，这便需要利用OLAP（Online Analytical Processing）工具多角度、多视图地对病历档案数据仓库进行查询。

6.得出结果

得出结果是分析处理病历档案数据。在查询档案数据仓库的基础上，根据不同的用户利用目的，运用分析工具结合数据挖掘算法对病历档案数据进行分析处理，并对结果进行分析。

第四节　病历档案信息化管理

一、一个纲要标志进入病历档案信息管理阶段

（一）电子病历系统数据库的类型

21世纪初我国部分医疗机构开始开发基于数据库的电子病历系统，但是数据库存储的还是以目录管理为主。关系型数据库虽然有严格的数据管理基础，较高的抽象级别以及简单明了易懂，开发的电子病历系统易于理解、掌握，但是随着互联网的兴起，电子病历系统中需要处理异构、复杂、大规模和高并发的SNS（社会型网络服务）动态数据类型，关系数据库显然已经不能够完全承担此类数据处理任务。非关系型数据库可以包含键值存储数据库、列存储数据库、面向文档数据库和图形数据库，可以有效地处理电子病历系统中的不同类型的数据，构建系统、全面的病人病历档案数据库。电子病历系统使用的数据库类型包括以下几个方面。

1.键值存储数据库

键值存储数据库类似哈希表。电子病历键值存储数据库主要使用一个哈希表，这个表中键、指针与数据形成特定的逻辑关系。电子病历系统中可以将病人的身份证号作为关键码，将其值映射到电子病历数据库表中一个位置来访问病人的电子病历内容，这种定位检索途径提高了电子病历的检索和利用效率。电子病历系统使用键值存储数据库模型可以使电子病历系统简单明了、容易部署，并且可以处理高并发数据业务量。

2.列存储数据库

列存储数据库是以列族为单位，将检索数据存储在列族中以便进行相关查询，如在检索过程中为了掌握病人每次就诊的基本情况，需要检索病人在医疗机构中的住院号、第一疾病诊断名称，因此可以把这两类数据存储在列存储数据库的一个列族中，而对于病人的历次治疗费用则可存储在另一个列族中。电子病历系统使列存储数据库可以应对分布式存储海量病人电子病历数据。

3.面向文档数据库

文档型数据库类同与键值数据库。面向文档数据库会将数据以文档形式存储。电子病历系统利用面向文档数据库可将电子病历中的病程记录、上级医师查房记录、交（接）班记录及其他记录书等以文档的形式加以存储，并形成一个个数据项，这些数据项形成系列集合。每个数据项都与一个特定的名词进行对应。电子病历系统面向文档数据库存储的最小单位是一份份医疗文书，不同属性的医疗文书可以存储在同一个文档数据库中。

4.图形数据库

图形数据库即在数据库中存储的内容是图形。电子病历系统可以将病人的基本信息、诊断治疗、检验检查、护理服务等医疗文书以图的方式存储在图形数据库中。如病人为顶点，以病人为顶点的下端可以形成以诊断治疗、检验检查、护理服务等医疗文书组成的多边实体关系，那么会有三个“Founded by”的边将病人诊断治疗、检验检查和护理服务等产生的各类型医疗文书连接到病人，与之形成一个多变实体关系。电子病历系统利用图形数据库可以关联病人的所有电子病历档案，形成以病人为顶点的一个多边实体关系图形。

（二）建设电子病历系统的目标与任务

医疗机构开发、建设电子病历系统的主要目标是全面系统地管理病人诊断治疗、检验检查和护理服务过程中的结构化临床数据，通过建立结构化临床数据库使病历档案能够动态实时更新，确保病历档案能够连续完整，真实可靠，进而实现全生命周期健康管理，使不同区域、层级的医疗机构之间可以共享病人信息，实现各医疗行为的无缝对接：可以建立各类临床业务管理平台，使医疗业务流程得以重组、优化，加强医疗质量管理、医疗安全精细化管理，提高医疗行为效率；还可以为医学教学、科研、社会各方面利用电子病历提供基础医疗信息。利用电子病历系统具有共享医疗信息、控制医疗业务行为，并进行手术与护理分级管理和支持临床决策等功能，进而实现医疗质量实时控制，并指出通过电子病历系统可以实现医院全面信息化管理以及提升管理者的决策支持能力。

医疗机构开发电子病历系统的任务包括：一是建立基础支撑环境。通过电子病历系统，可以使医疗机构正常开展各项医疗业务活动，具体包括电子病历信息安全、病人信息保护以及遵守行业规范，提供可供医疗机构之间共享和远程医疗的基础支撑环境。二是支持临床医疗活动和医疗机构事务管理。三是可以最优化利用网络及数字技术整合医疗业务信息和管理信息，实现医院所有电子病历中的各类信息最大限度地采集、传输、存储、利用、共享。电子病历系统将HIS、PACS、RIS、LIS、CIS、重症监护系统、手术麻醉系统、护理系统等业务进行无缝集成，实现医院各类信息资源共享。通过电子病历系统还可以规范临床医疗行为。如病程记录要求经治医师或值班医师及时进行病情评估，需要其在完成首次病程记录书写后24小时制订诊疗计划，且诊疗计划要有针对性，要有具体的治疗方案。设计电子病历系统时，将相关功能及时间限制等功能纳入设计需求之中，便可以通过电子病历系统对医务人员的各项业务活动进行自动化监督、控制。支持临床医疗活动还表现在，集成不同电子病历系统数据，实现不同医疗机构、不同医务人员之间数据共享。通过电子病历系统可以将病人在不同医疗机构的电子病历，在本医疗机构中产生的不同时期的电子病历进行集成，并以符合医务人员思维的形式展现给他们。通过电子病历系统，让医务人员能够及时、全面、系统地掌握该病人的既往病史、各类临床数据，以便准确把握病情发展情况，做出合理的诊疗计划。在医疗机构内部，也可以通过电子病历系统掌握医疗机构运营的各类医疗质量管理、安全控制以及医疗机构管理等提供决策依据。

二、病历档案信息管理阶段的主要内容

电子病历系统建设是一个庞大的系统工程，从规划、分析、设计、实施和维护等若干环节。病历档案管理部门对于电子病历系统建设的影响，主要集中在电子病历系统的规划与分析阶段，即将主要的病历档案管理业务需求向开发电子病历系统的专业人员沟通。电子病历系统开发人员在获得有效的电子病历档案管理业务需求之后，完成电子病历系统的整个开发过程。电子病历系统建设完成之后，病历档案管理部门从事的采集、组织、存储、传递和利用等工作是建好病历档案的主要内容。

（一）采集

采集是根据病历信息管理的目的和要求，在电子病历系统中将医疗、诊断、护理等过程中产生的关于病人的所有信息通过条形码技术、射频技术和IC卡技术等信息技术进行采集和录入的过程。

采集途径一般通过条形码、集成电路卡、就诊卡、社保卡、银医卡、健康卡、一卡通和身份证等各类病人信息采集卡都可以将病人的一般社会信息进行采集、存储。病历信息采集方法有静态与动态之分。静态的病历信息主要是指病人的一般社会信息，如姓名、身份证号、联系电话、家庭住址等主要在病案首页中出现。动态病历信息主要是指病人在医疗机构接受诊断治疗、检验检查、护理服务等过程中产生的各类医疗信息。具体包括：病程记录、术前小结、术前讨论记录、麻醉知情同意书、手术记录、出（入）院记录、输血治疗知情同意书、特殊检查知情同意书、特殊治疗知识同意书、会诊记录、患者知情同意书、沟通记录、病理报告、检验检查报告单、体温单、医嘱单、护理记录、各类监测单、特殊治疗记录单等。

病历信息采集方法是由各个医疗机构的电子病历系统和医务人员生成并收集的，由于电子病历档案系统功能设计不尽相同，造成收集到的病人信息质量参差不齐。虽然《电子病历系统功能规范（试行）》（下义简称“规范”）要求，医疗机构的电子病历系统要支持病人检验检查、病理、影像、心电和超声等医技科室信息的采集、存储、访问和在线帮助，但是在功能需求中规定可以分为必需、推荐和可选三个等级。又如规范第十三条指出，必须通过分配给病人就诊卡号，作为其在医疗机构的唯一标识，并以此为病人创建电子病历，建立主索引记录，确保病人的各种电子病历相关记录与此标识相对应。医疗机构的电子病历系统在规划设计时由于存在必需、推荐和可选三个等级。在“必需”等级要求中，为病人创建电子病历并赋予统一编码的唯一标识号码功能，通过该标识号码可查阅病人的电子病历相关信息。为每位病人建立唯一的索引，并收集记录病人的基本信息，分配病案号、医疗保险号、身份证号等标识功能，并与主索引进行关联。电子病历系统通过病历档案首页可以收集病人的一般社会信息，但是针对给病人分配唯一标识并与其基本信息进行关联这一必须要求，各个医

疗机构的电子病历系统的差异较大。

非常规病历信息采集方法是指对已经生成的病历档案信息为了满足医学、教学、科研等某种特定的需求，在电子病历系统中运用数据挖掘技术分析疾病发生、发展与治疗效果，为疾病的诊断和治疗提供科学的决策，促进医学研究。电子病历系统中运用数据挖掘技术，由于电子病历系统中的病历档案信息真实可靠且稳定性强，对于疾病诊断治疗、基因研究、图像分析、康复预防、药物开发等科学研究方面可以获得广泛的应用。病历档案信息还可以用于医疗机构管理。如为了掌握医务人员、设备、技术和物资等利用情况，反映医院管理的成效与存在问题，可以利用病历档案信息获得出院病人的人数、平均病床周转次数、平均开放病床数、出院病人数等信息。通过平均开放病床数的变动情况可能掌握引起病人数量变化的原因。

（二）组织

组织亦称病历档案信息整序，是利用病历档案管理的要求，依据病历档案特征进行形式与内容的揭示和描述，并依据确定的次序排列、序化病历档案的过程。在病历档案实体管理和全程管理模式下，都存在病历档案组织过程，但是在病历档案信息管理模式下，更侧重于借助于电子病历系统对病历档案信息进行整序，而非实体整理病历档案顺序、上架排序以及编制ICD码等。病历档案信息组织是利用病历档案的前期工作，是病历档案信息采集之后的首个任务，具体可以包括病历档案信息选择、分析、描述等。

病历档案信息选择是整个病历档案信息组织的第一步。在医疗业务中，产生于医疗活动中的病历原本处于一种无序状态，电子病历系统中通过病历档案的属性，并按照一定规则进行设计，可以使病历档案具备一定的约束性，使病历档案在时间、空间维度上呈现出规律性。

病历档案信息分析是对病历档案内外特征进行细化、加工、整理、分类和归纳的过程，形成按照一定逻辑关系组织的结果，为病历档案信息描述与揭示奠定基础。病历档案信息描述是指根据病历档案信息组织和检索的需要，对病历档案首页、入院记录、病程记录、手术记录、医嘱和护理记录等内容进行分析、选择概括、提炼、标引的过程。

病历档案信息描述是在信息化背景下按照规定的规则和方法，即利用电子病历档案元数据对病历档案信息的形式特征和部分内容特征，对电子病历档案信息进行加工、序化的过程，其结果是每一条病人电子病历档案信息记录是一条由若干个信息描述项组成的该病人的电子病历档案信息。

（三）存储

病历档案信息存储，即将经过选择、分析和描述等加工整理序化的病历档案信息按照一定的格式和顺序存储在特定的病历档案数据库服务器中的一种信息管理活动。通过病历档案信息存储，实现病历档案信息的管理者和用户能够高效地识别、检索和利用。病历档案信息存储并不是个孤立的环节，它贯穿于病历档案信息管理工作的全部过程。在病历档案信息管理模式下，利用电子病历系统存储病历档案信息主要是指利用现代数据库技术，对病历档案信息进行集中统一的管理。

（四）传递

传统纸质病历档案管理模式下，病历档案信息交流主要体现为病历档案传递。病历档案实体管理模式下，病历档案传递主要依靠人力为主，辅助物流专用电梯、轨道式物流系统以及物流管道等传输工作，将病历档案送达到医疗机构各个部门，为其提供利用服务。对纸质病历档案的电子化、数字化而成的扫描件则主要是通过搭建医疗机构内部计算机局域网络，在医疗机构中实现数据共享和利用。随着电子病历系统的产生，实现了电子病历档案信息共享，医疗机构信息系统与电子病历系统之间或在不同的工作网络之间要能够进行传输，真正做到了让数据多跑路。

（五）利用

利用是指将病历档案信息融入医疗机构医疗质量管理、日常运营管理活动之中，为医务人员、医疗机构管理者和社会告求者提供预测、决策依据的工作过程，是实现病历档案信息价值的归宿。通过电子病历系统，将病历档案信息和其他诊断治疗、检验检查和护理服务等医疗业务相关要素结合，一方面能够反映的诊断治疗、检验检查和护理服务等医疗机构医疗质量；另一方面通过病历档案信息可以帮助医疗机构管理者制定科学的发展战略，提升医疗机构经营管理水准，提高医疗机构管理工作效率；同时利用病历档案信息也可以为医疗机构节约资源消耗、节省人力、物力、财力和时间成本。病历档案信息利用包括病历档案信息检索与服务两个方面的内容。

三、病历档案信息管理模式的分析

（一）病历档案信息管理模式的定义

病历档案信息管理模式是病历档案信息管理阶段各项管理内容的规范化描述。病历档案信息管理模式主要是指运用现代信息技术建立电子病历系统，构建中心数据库，采集、组织、存储、传递和利用电子病历档案信息等环节构成的一种病历档案管理模式。

（二）病历档案信息管理模式的特点

1.病历档案信息管理模式丰富病历档案管理内涵

病历档案信息管理从病历档案的本质属性出发，突破对实体病历档案的认识，将病历档案看作是实体与信息的统一体，而且着重强调从病历档案信息的采集、组织、存储、传递、利用等过程。按照管理的对象分为狭义的病历档案信息管理与广义的病历档案信息管理。狭义的病历档案信息管理是指在病历档案实体管理的基础之上，对病历档案信息内容进行深加工，从病历档案中采集出有价值的信息，经过存储、传递，向特定的信息用户提供服务的过程。广义的病历档案管理不仅对病历档案信息进行管理，而且还对涉及病历档案信息及其管理活动的主要要素进行管理。病历档案信息管理从注重实体管理、全程管理，到以注重病历档案信息的管理模式。将病历档案信息作为病历档案管理的重要内容，丰富了病历档案管理的内涵。

2.病历档案信息管理模式是病历档案信息化的直接结果

病历档案作为医疗机构中各项医疗业务的基础，医疗机构的管理者开始对病历档案的作用越来越重视，开始加强病历档案管理工作的信息化。病历档案信息化结果是实现了病历档案载体与病历档案信息内容可分离，突破了病历档案利用的物理距离与空间局限性，使病历档案实体概念得以弱化，可以对病历档案信息内容直接进行管理。

3.数据库是电子病历档案信息的主要存储形式

数据库是按照事先确定的数据结构、数据字典、数据流等要求增加、删除和修改等管理数据的仓库。数据管理不仅可以管理，而且还可以转变成用户管理数据的方式。数据库技术已经成为医疗机构进行科学研究和决策管理的重要技术手段。研究表明，基于关系数据库开发的电子病历系统仍然在我国医疗机构中占主流地位。

4.电子病历系统开发是系统工程

电子病历系统开发需要具备必要的基础条件。开发电子病历系统会涉及医疗机构的各个部门，是一个复杂的系统工程，为了顺利建设电子病历系统，需要在筹建电子病历系统之前，首先要得到医疗机构高层领导的重视，尤其是“一把手”的重视，因为电子病历系统是“一把手”工程。其次是要有明确的电子病历系统建设的实际需求。这种需求既来源于临床一线医疗活动，又来源于医疗机构外部对于电子病历系统的需求。临床医务人员需要获取病人的全面健康信息，刺激了电子病历系统需要集成电子健康档案信息；医学教育研究者对教学科研数据的收集与应用需求，使电子病历系统的内容不仅是为临床服务，还要为教学科研提供科研电子病历；医务部门为了实现对电子病历的全程质量控制，需要利用电子病历系统的质控管理功能。再者，按照诺兰模型理论，很难想象，医疗机构在处于初装、蔓延、控制等阶段实现电子病历系统建设。最后，需要完成一系列的组织机构设置、医疗机构现状调查，医院管理基础工作以及人财物的可行性分析。如医疗机构的基础业务数据量：每日门急诊量、出入院病人的数量，病床使用率、周转率等。成立医疗机构的电子病历筹建委员会，由一把手院长负责，可以对医疗机构行使一定的机构调整、人员调动、设备调配、制定规章制度以及一定的资金使用权。

电子病历系统是医学专用软件，单纯依靠软件开发公司，或者医疗机构自身的实力，或者是利用现成的软件开发电子病历系统都不是理想的开发方式。电子病历系统的开发方式并没有一个简单的标准对其进行评价。综合医疗机构由于涉及的医疗业务复杂，利用委托开发或者合作开发的方式可以将软件开发公司的技术实力与医疗机构的力量进行结合，便于成功开发电子病历系统。

5.电子病历系统具有生命周期

开发电子病历系统生命周期一般包括规划、分析、设计、测试、实施、运维等几个阶段。电子病历系统规划阶段主要有三项任务：确定电子病历系统的边界、明确电子病历系统项目需求、制订电子病历系统建设计划。确定电子病历系统的边界主要是指，在医疗机构发展战略的框架下，成立由“一把手”负责的电子病历系统建设管理组织，并将电子病历系统建设战略与医疗机构发展战略相衔接。典型的做法可以利用战略集转移法，将医疗机构的战略集中与电子病历系统相关的战略进行有效转化，为电子病历系统建设提供决策保障。明确电子病历系统项目需求，即在识别和选择开发电子病历系统战略的前提下，定义电子病历系统建设项目的范围，并且编制电子病历系统建设项目范围说明书。制订电子病历系统项目建设计划，可利用关键日期表、关键线路法、甘特图和计划评审技术等方法制订一个详细的电子病历系统项目建设计划，明确电子病历系统建设的时间、工作安排，以便医疗机构配置资源与绩效考核。

医疗机构一旦将电子病历系统建设作为本单位的发展战略之后，则进入了电子病历系统分析阶段。电子病历系统分析阶段主要是包括两项任务：收集临床业务需求和对需求进行排序。收集临床业务需求，因为业务需求是电子病历系统建设的根本出发点，故让医务人员提供其详细的临床业务功能需求。需要说明的是：由于医务人员并不是电子病历系统的专业开发人员，他们提出的需求可能计算机专业背景的开发人员很难理解，有时还会曲解医务人员的临床业务功能需求。因此，具有医学背景的医学信息学专业人才能够与医务人员进行有效沟通，掌握其临床业务功能需求。临床业务功能需求确定之后，则需要将它们按照轻重缓急进行排序，进行可行性分析。

电子病历系统设计阶段的主要任务是设计技术框架和建立电子病历系统模型。设计技术框架是指确定电子病历系统运行所需的服务器、交换机、路由器、计算机、打印机等硬件，操作系统、数据库管理系统以及通信设备等组成的技术框架。建立电子病历系统模型是指利用专业的绘图工具描述电子病历系统建设过程，包括对电脑屏幕、报告、软件和数据库等事件的描述。

电子病历系统开发阶段的主要任务建立技术框架和建立数据库与编程。该阶段核心任务是完成电子病历系统由逻辑模型转为物理模型。建立技术框架是指购买电子病历系统运行所需的各类软件、硬件和其他必需的设备，搭建电子病历系统运行的平台。并利用此平台，建立支持电子病历系统的数据库和编写电子病历系统所需要的各类软件代码。

电子病历系统测试阶段的主要任务是编写测试条件和实施系统测试。模拟电子病历系统运行环境，从病人入院、病程记录、护理记录、各项检验检查报告单、医嘱下发与执行、电子病历质量控制与归档等，每一个步骤的测试条件与结果都要进行详细的描述。电子病历系统测试者将执行每项测试条件，并将设想结果与实际结果进行比对。为了确保电子病历系统的成功，所有的测试条件都必须经过测试。实际测试时，可以单元测试，如护理单元测试、医疗单元测试、医技单元测试等独立单元的测试；也可以系统测试，如以上几个独立的系统之间病人的数据能否共享，病人的检验检查报告是否能够自动传输，医嘱下发与执行是否能够连贯等。

电子病历系统实施阶段的主要任务是编写用户说明书和培训用户。电子病历系统的使用者最终还是医务人员，安装完成电子病历系统之后，必须向医疗机构提供一套完整的该电子病历系统的用户说明书。但是并不是所有的医务人员都可以通过该用户说明书完成相应的操作，因此，还需要对医务人员进行电子病历系统操作培训。如果一个医疗机构在开发新的电子病历系统之前已经存在老的电子病历系统，那么在实施阶段还需要掌握新电子病历系统与老电子病历系统之间的切换与衔接。有并行实施、直接实施、引导实施和分段实施四种方法可供选择。

电子病历系统运维阶段的主要任务是设立电子病历系统运维应急小组和提供支持电子病历系统变化环境。电子病历系统运维应急小组主要对于电子病历系统用户的临床业务功能新需求和新问题做出响应，并提供可行应对方案。提供支持电子病历系统变化环境是指当医疗机构业务的改变、外部环境的改变时，电子病历系统应急小组要对环境变化做出快速反应，评估内外部环境变化给电子病历系统带来的影响，并做出应对之策。

6.病历系统自身需要管理

开发电子病历系统是一项系统工程，对其管理对于电子病历系统的开发成功与否至关重要，具体包括对电子病历系统开发生命周期进行计划、控制、维护和评价等环节。医疗机构在定义电子病历系统需求时，一方面由于本身专业知识技能所限，造成其提交的开发需求目标不明确，任务边界模糊，使得电子病历系统开发团队较难理解。另一方面由于医疗机构在电子病历系统开发过程中新需求不断被激发，新增很多需求，导致电子病历系统程序、界面以及相关文档经常需要更改，造成电子病历系统开发进度、所需费用也随之变化；由于临时激发的需求对原有程序造成了应激性的更改，给未来电子病历系统的正常运行带来了潜在的危险，这些危险可能会在电子病历系统正式上线运行之后才爆发出来。电子病历系统开发是一项复杂的系统工程，必须采用项目管理的思想、方法来对其进行全局性的思考，通过合理的计划安排对电子病历系统开发进行最优化的控制。

电子病历系统建设项目管理具体包括：信息管理、范围管理、时间管理、费用管理、质量管理、绩效管理和风险管理等。第一，信息管理。是指对电子病历系统开发的计划编制、实施、变更等过程涉及的相关人力、物力和财力等资源进行综合调整和控制，确保电子病历系统开发工作顺利完成。第二，范围管理。电子病历系统建设范围是根据电子病历系统的目标，经电子病历系统建设管理组织审定与批准的电子病历系统开发工作确定的。第三，时间管理。根据电子病因系统建设范围确定工作内容，并将这些内容进行分解成具体的活动、完成所需时间，按照先后顺序编制进度计划。第四，费用管理。确定电子病历系统建设在资金预算范围内完成。控制电子病历系统开发过程中的每个环节成本，实现对总开发项目的控制。一般公立医疗机构的电子病历系统开发建设是一个大型的项目，需要通过公开招标，整个建设过程基本可以在预算范围内完成。第五，质量管理。为了确保开发的电子病历系统符合医疗机构的开发目标而对整个开发过程执行质量要求和标准规范等进行控制与检查等。第六，绩效管理。通过开发电子病历系统的各类人员参与绩效计划制订、绩效辅导沟通、考核评价、结果应用和目标提升的持续循环过程，使电子病历系统开发质量能够得到持续提升。第七，风险管理。通过对电子病历系统开发过程中的风险识别、分析，并制定应对之策加以控制，使电子病历系统开发的风险隐患得到有效避免或最大限度降低风险带来的损失。

除了可以利用项目管理手段对电子病历系统开发进行管理之外，还可以利用软件质量控制理论、软件质量检验理论、全面质量管理理论和信息系统生命周期理论对电子病历系统开发进行管理。无论是采用哪种管理方法对开发电子病历系统进行管理，其目标是一致的，即利用有限的人力、物力和财力等资源，成功开发电子病历系统。

第四章 人力资源管理的理论与战略

第一节 人力资源与人力资源管理

一、人力资源

（一）人力资源的基本概念

人力资源是指从事组织特定工作活动所需的并能被组织所利用的所有体力和脑力劳动的总和。它既包括现实的人力资源，即现在就可以使用的、由劳动适龄人口中除因病残而永久丧失劳动能力外的绝大多数适龄劳动人口和老年人口中具有一定劳动能力的人口构成的人力资源；也包括潜在的人力资源，即现在还不能使用但未来可使用的、主要由未成年人口组成的人力资源。人力资源质量表现在以下几方面：①体力，即劳动力的身体素质，包括健康状况、营养状况及耐力、力量、敏捷性等体能素质；②智力，即劳动力的智力素质，包括智力、记忆力、理解力、判断力、想象力及逻辑思维能力等；③知识技能，即劳动者的文化知识素质，它以教育程度、技能水平等来衡量；④劳动态度，即劳动者的劳动价值观及职业道德，如劳动动机、劳动态度、劳动责任心等。

人力资源数量和质量是密切相关的两个方面，一个国家和地区的人力资源丰富程度不仅要用数量来计量，而且要用质量来评价。对一个企业而言，人力资源的数量是基础，质量是关键。企业需要在人力资源规模上谋求一定的规模效益，但在规模达到一定程度之后要把着力点迅速转移到提高人力资源的质量上来。尤其在当今知识经济背景下，人力资源的质量远比数量重要。人力资源的质量对于数量有较强的替代性，而数量对于质量的替代作用则较弱，有时甚至无法替代。

随着信息时代和知识经济时代的到来，社会经济的发展对于人力资源的质量提出了更高的要求。我国应当加大对教育的投入，不断提高国民的基本素质和知识技能水平，以应对国际竞争与挑战。

（二）人力资源与其他相关概念的关系

人力资源概念与人口资源、劳动力资源和人才资源等概念相关。

人口资源，是指一个国家或地区的人口总体，它是其他有关人的资源的基础，表现为一个数量概念。

劳动力资源，是指一个国家或地区具有劳动能力并在劳动年龄范围内的人口总和，即人口资源中拥有劳动能力并在法定劳动年龄段的那一部分。

人才资源，是指一个国家或地区中具有较强的专业技术能力、创造能力、管理能力和研究能力的人的总称，它是人力资源中的高端人群。

相比之下，人力资源强调人们所具有的劳动能力，它超过了劳动力的资源范围，涵盖了全部人口中所有具有劳动力的人口，包括现实的和潜在的劳动力资源。

人口资源、人力资源、劳动力资源和人才资源四者之间存在包含关系和数量基础关系。人口资源和劳动力资源侧重人的数量和劳动者数量；人才资源突出人口的质量，而人力资源强调人口数量和质量的统一。

（三）人力资源的基本特征

人本身所具有的生物性、能动性、智力性和社会性，决定了人力资源具有以下基本特征。

1.人力资源的能动性

人力资源的首要特征是能动性，是与其他一切资源最本质的区别。一切经济活动首先都是人的活动，由人的活动才引发、控制、带动了其他资源的活动。自然资源、物质资源及人力资源等在被开发的过程中完全处于被动的地位，而人力资源的开发与利用，是通过拥有者自身的活动来完成的，具有能动性。这种能动性主要表现在人们的自我强化、选择职业和劳动的积极性等方面。人的自我强化，是指人通过学习能够提高自身的素质和能力，可以通过努力学习、锻炼身体等自身积极行为，使自己获得更高的劳动能力。人力资源通过市场来调节，选择职业是人力资源主动与其他资源结合的过程。积极劳动或劳动积极性的发挥是人力资源发挥潜能的决定性因素。因此，开发和管理人力资源不仅要关注数量、质量等外部特性问题，也要重视怎样调动人的主观能动性，怎样发挥人的劳动积极性问题。

2.人力资源的再生性

经济资源分为可再生性资源和非可再生性资源两大类。非可再生性资源最典型的是矿藏，如煤矿、金矿、铁矿、石油等，每开发和使用一批，其总量就减少一批，绝不能凭借自身的机制加以恢复。另一些资源，如森林，在开发和使用过后，只要保持必要的条件，可以再生，能够保持资源一定的数量。人力资源也具有再生性，它基于人口的再生产和劳动力的再生产，通过人口总体内个体的不断更替和“劳动力耗费—劳动力生产—劳动力再次耗费—劳动力再次生产”的过程得以实现。同时，人的知识与技能陈旧、老化也可以通过培训和再学习等手段得到更新。当然，人力资源的再生性不同于一般生物资源的再生性，除了遵守一般生物学规律，它还受人类意识的支配和人类活动的影响。从这个意义上来说，人力资源要实现自我补偿、自我更新、持续开发，就要求人力资源的开发与管理注重终身教育，加强后期的培训与开发。

3.人力资源的角色两重性

人力资源既是投资的结果，又能创造财富；或者说，它既是生产者，又是消费者，具有角色两重性。人力资源的投资来源于个人和社会两个方面，包括教育培训、卫生健康等。人力资源质量的高低，完全取决于投资的程度。人力资源投资是一种消费行为，并且这种消费行为是必需的，先于人力资本的收益。研究证明，人力资源的投资具有高增值性，无论从社会还是从个人角度看，都远远大于对其他资源投资所产生的收益。

4.人力资源的社会性

人处在一定的社会之中，人力资源的形成、配置、利用、开发是通过社会分工来完成的，是以社会的存在为前提条件的。人力资源的社会性，主要表现为人与人之间的交往及由此产生的千丝万缕的联系。人力资源开发的核心，在于提高个体的素质，因为每一个个体素质的提高，必将形成高水平的人力资源质量。但是，在现代社会中，在高度社会化大生产的条件下，个体要通过一定的群体来发挥作用，合理的群体组织结构有助于个体的成长及高效地发挥作用，不合理的群体组织结构则会对个体构成压制。群体组织结构在很大程度上又取决于社会环境，社会环境构成了人力资源的大背景，它通过群体组织直接或间接地影响人力资源开发，这就给人力资源管理提出了要求：既要注重人与人、人与团体、人与社会的关系协调，又要注重组织中团队建设的重要性。

二、人力资源管理

（一）人力资源管理的含义

人力资源管理是指根据企业发展战略的要求，有计划地对人力资源进行合理配置，通过对企业中员工的招聘、培训、使用、考核、激励、调整等一系列过程，调动员工的积极性，发挥员工的潜能，为企业创造价值，确保企业战略目标的实现。这些活动主要包括企业人力资源战略的制定、员工的招募与选拔、培训与开发、绩效管理、薪酬管理、员工流动管理、员工关系管理、员工安全与健康管理等。人力资源管理的内涵至少包括以下内容：一是任何形式的人力资源开发与管理都是为了实现一定的目标，如个人家庭投资的预期收益最大化、企业经营效益最大化及社会人力资源配置最优化；二是人力资源管理只有充分有效地运用计划、组织、指挥、协调和控制等现代管理手段才能达到人力资源管理目标；三是人力资源管理主要研究人与人关系的利益调整、个人的利益取舍、人与事的配合、人力资源潜力的开发、工作效率和效益的提高，以及实现人力资源管理效益的相关理论、方法、工具和技术；四是人力资源管理不是单一的管理行为，必须将相关管理手段相互配合才能取得理想的效果。

人力资源管理的基本任务是根据企业发展战略要求，吸引、保留、激励与开发企业所需人力资源，促成企业目标实现，从而使企业在市场竞争中得以生存和发展。具体表现为求才、用才、育才、激才、护才和留才。

（二）人力资源管理的目标

人力资源管理目标是指企业人力资源管理需要完成的职责和需要达到的绩效。人力资源管理既要考虑组织目标的实现，又要考虑员工个人的发展，强调在实现组织目标的同时实现个人的全面发展。

1.改善工作生活质量，满足员工需要

工作生活质量可以被描述为一系列的组织条件和员工工作后产生的安全感、满意度及自我成就感的综合，它描述了工作的客观态度和员工的主观需求。良好的工作生活质量能够使工作中的员工产生生理和心理健康的感觉，从而有效地提高工作效率。

2.提高劳动生产率，获得理想的经济效益

劳动生产率、工作生活质量和企业经济效益三者之间存在着密切的联系。从人力资源管理的角度讲，提高劳动生产率是要让人们更加高效而不是更加辛苦地工作。人力资源管理能够有效地提高和改善员工的生活质量，为员工提供一个良好的工作环境，以此降低员工流动率。通过培训等方法，实现人力资源的精干和高效，提高潜在的劳动生产率，从而获得理想的经济效益。

3.培养全面发展的人才，获取竞争优势

随着经济全球化和知识经济时代的到来，人力资源日益成为企业竞争优势的基础，大家都把培养高素质的、全面发展的人才当作首要任务。通过对人力资源的教育与培训、文化塑造，可以有效地提高人力资源核心能力的价值，获取竞争优势。

（三）人力资源管理的功能

人力资源管理是以人为对象的管理，在某种意义和程度上，至少涉及以下五种功能。

1.获取

根据组织目标，确认组织的工作要求及人数等条件，从而进行规划、招聘、考试、测评、选拔与委派。

2.整合

通过企业文化、价值观和技能的培训，对已有员工进行有效整合，从而达到动态优化配置的目的，并致力于从事人的潜能的开发活动。

3.保持

通过一系列薪酬、考核和晋升等管理活动，保持企业员工的稳定和调动其工作的积极性及提供安全健康的工作环境，增加其满意感，从而使其安心和满意地工作。

4.评价

对员工工作表现、潜质和工作绩效进行评定和考核，为做出相应的奖惩、升降和去留等决策提供依据。

5.发展

通过员工培训、工作丰富化、职业生涯规划与开发，促进员工的知识、技能和其他方面素质的提高，使其劳动能力得到增强和发挥，最大限度地实现个人价值和企业价值的结合，达到员工个人和企业共同发展的目的。

（四）人力资源管理的特征

从人力资源管理的含义可以看出，人力资源管理具有以下几个明显的特征。

1.综合性

人力资源管理是一门综合性的学科，需要考虑种种因素，如经济、政治、文化、组织、心理、生理、民族等。它涉及经济学、系统学、社会学、人类学、心理学、管理学、组织行为学等多种学科。

2.实践性

人力资源管理的理论，来源于实际生活中对人的管理，是对这些经验的概括和总结，是现代社会化大生产高度发达，市场竞争全球化、白热化的产物。应该从中国实际出发，借鉴发达国家人力资源管理的研究成果，解决我国人力资源管理的实际问题。

3.民族性

人的行为深受其思想观念和感情的影响，而人的思想观念和感情则受到民族文化的制约。因此，人力资源管理带有鲜明的民族特色。

4.社会性

作为宏观文化环境的一部分，社会制度是民族文化之外的另一个重要因素。在影响劳动者工作积极性和工作效率的各因素中，生产关系和意识形态是两个重要因素，而它们都与社会制度密切相关。

5.发展性

任何一种理论的形成都要经历一个漫长的时期，各个学科都不是封闭的、停滞的体系，而是开放的、发展的认识体系。随着其他相关学科的发展及人力资源管理学科本身不断出现新问题、新思想，人力资源管理正进入一个蓬勃发展的时期。

三、现代人力资源管理与传统人事管理的区别

（一）产生的时代背景不同

人事管理是随着社会工业化的出现与发展应运而生的。而人力资源管理是在社会工业化迅猛发展、科学技术高度发达、人文精神日益高涨、竞争与合作不断加强，特别是社会经济有了质的飞跃的历史条件下产生和发展起来的。

（二）对人的认识不同

传统人事管理将人视为等同于物质资源的成本，将人的劳动看作一种在组织生产过程中的消耗，把人当作一种工具，注重的是投入使用和控制。人事管理主要关注如何降低人力成本，正确地选拔人，提高人员的使用效率和生产效率，避免人力成本的增加。

人力资源管理把人视为组织的第一资源，将人看作“资本”。这种资本通过有效的管理和开发可以创造更高的价值，它能够为组织带来长期的利益。

因此，现代人力资源管理更注重对人力的保护和开发。

（三）基本职能不同

传统人事管理基本上属于行政事务性的工作，其职能是具体的、技术性的事务管理职能，活动范围有限，短期导向，主要由人事部门职工执行，很少涉及企业高层战略决策。而人力资源管理的职能具有较强的系统性、战略性和时间的长远性。为实现组织的目标，建立一个人力资源规划、开发、利用与管理的系统，可以提高组织的竞争能力。因而，现代人力资源管理与传统人事管理的最根本区别在于，现代人力资源管理具有主动性、战略性、整体性和未来性，更适合当今全球经济一体化的组织管理模式与发展趋势。

第二节 人力资源管理的原理与原则

一、人力资源管理的基本原理

（一）要素有用原理

人力资源管理过程中，我们首先要遵循的一个宗旨就是任何要素都是有用的。换言之，没有无用之人，只有没用好的人。我们必须承认人人有其才，即每个人都有他的“闪光点”，都有他突出的地方。比如，有的人创新能力很强，有的人组织协调能力很强，有的人表达能力和自我展示能力很强，还有的人对社会经济发展变化适应的能力很强，等等。这种差异要求人力资源开发工作者要有深刻的认识，对人不可求全责备，而是在人力资源配置过程中要注意合理地搭配组合人才，充分发挥每个人的优势，而不是只采用淘汰的办法，使人人都有不安全感。

（二）个体差异原理

个体素质差异是人力资源素质测评存在的客观基础。

个体差异原理是在遗传、环境和个体能动性三个因素共同作用下形成和发展的。个体差异包括两方面：一是能力性质、特点的差异，即能力的特殊性不同；二是能力水平的差异，即承认人与人之间能力水平上的差异，目的是在人力资源的利用上坚持能级层次原则，实现各尽所能、人尽其才。

（三）能级层次原理

能级层次原理指的是具有不同能力层次的人，应安排在要求相应能级层次的职位上，并赋予该职位应有的权力和责任，使个人能力水平与岗位要求相适应。

组织中的所有职位，都要根据业务工作的复杂程度、难易程度、责任轻重及权力大小等因素，统一划分出职位的能级层次。不同的能级应该有明确的责、权、利。责不交叉，各负其责；权要到位，责权相应；利与责权相适应，责是利的基础。要做到在其位谋其政、行其权、取其利。各人所对应的能级不是固定不变的，当一个人的能力层次上升时，其所对应的职位能级必然发生变化。

（四）互补增值原理

由于人力资源系统每个个体的多样性、差异性，每个人各有所长、各有所短，通过个体之间取长补短，可以发挥个体优势，并形成整体功能优化。当个体和个体之间、个体与群体之间具有相辅相成作用的时候，互补产生的合力要比单个人的能力简单相加而形成的合力大得多，群体的整体功能就会被正向放大。互补增值原理最重要的是要“增值”，互补的一组人必须有共同的理想和目标。

互补的内容主要包括以下几点。

1.知识互补

不同知识结构的人思维方式不同，他们互为补充，就容易引起“思想火花”的碰撞，从而获得最佳方案。

2.性格互补

一个集体中，若每个个体各自具有不同的性格特点，而且具有互补性，那么，作为一个整体而言，这个集体就易于形成良好的人际关系和胜任处理各种问题的良好的性格结构。在性格方面应该刚柔并济，比如，一个组织中既要有踏踏实实的“管家型人才”，也要有敢闯敢冲的“将军型人才”和出谋划策的“协调型人才”。

3.能力互补

能力互补即一个组织中应集中各种能力的人才，既要有善于经营管理的也要有善于公关协调的，还要有善于搞市场营销的和做行政人事的，等等。

4.性别互补

性别互补是指既发挥女性细心、耐心的优势，又展示男性粗犷、坚强的一面，各展其优又各施所长。

5.年龄互补

一个组织中，既要有经验丰富、决策稳定的老年人，也要有精力充沛、反应敏捷的中年人，还要有勇于开拓、善于创新的青年人。不同年龄段的人相互补充，组织效率会更高。

6.关系互补

每个人都有自己特殊的社会关系，包括亲戚、朋友、同学、同乡等。如果一个集体中，每个人的社会关系重合不多，具有较强的互补性，那么从整体上看，就容易形成集体的社会关系优势。

（五）激励强化原理

激励强化原理又称效率优先原理，是指通过奖励和惩罚，使员工明辨是非，对员工的劳动行为实行有效激励（根据人们需求的变化，激励应逐步向个性化方向发展，应根据不同层次、不同性格员工的不同需求，采用多样化、个性化的激励方式），激发员工的动机，使之产生实现组织期望目标的特定行为。

人的潜能是巨大的，激励可以调动人的主观能力性，强化期望行为，从而显著提高劳动生产率。

各级主管应当充分有效地运用各种激励手段，对员工的劳动行为实行有效激励。例如，对员工有奖有惩、赏罚分明，才能保证各项制度的贯彻实施，才能使每个员工自觉遵守劳动纪律，严守岗位，各司其职、各尽其力。如果干与不干、干好与干坏都一样，那么就不利于鼓励先进、鞭策后进、带动中间，不利于把企业的各项工作搞好。此外，通过企业文化的塑造，特别是企业精神的培育，教育、感化员工，可以提高组织的凝聚力和员工的向心力；通过及时的信息沟通和传递及系统的培训，可以使员工掌握更丰富的信息和技能，促进员工观念、知识上的转变和更新，这些都是有效的激励手段。

（六）投资增值原理

投资增值原理是指对人力资源的投资可以使人力资源增值，而人力资源增值是指人力资源品位的提高和人力资源存量的增大。劳动者劳动能力的提高主要靠两方面投资：营养保健投资和教育培训投资。任何一个人要想提高自己的劳动能力，就必须在营养保健和教育培训方面进行投资；任何一个国家要想增加本国人力资源存量，就必须加强教育投资，完善社会医疗保健体系。

（七）弹性冗余原理

弹性冗余原理是指人力资源聘任、使用、解雇、辞退、晋升等过程中必须留有充分的余地，保持弹性。“弹性”通常有一个“弹性度”，超过了这个“度”，弹性就会丧失。人力资源也一样，人们的劳动强度、劳动时间、劳动定额等都有一定的“度”，超过这个“度”进行开发，只会使人身心疲惫、精神萎靡不振，造成人力资源的巨大损失。

弹性冗余原理包括以下主要内容。

1.确定员工编制

确定员工编制时应留有一定的余地，使企业有吸纳贤才的空间和能力。

2.员工使用要适度、有弹性

（1）必须考虑劳动者体质的强弱，使劳动强度具有弹性。

（2）必须考虑劳动者智力的差异，使劳动分工具有弹性。

（3）必须考虑劳动者年龄、性别的差异，使劳动时间有适度的弹性。

（4）必须考虑劳动者性格、气质的差异，使工作定额有适度弹性。

（5）必须考虑行业的差异，使工作负荷有弹性。

人力资源的使用要在充分发挥和调动人力资源的能力、动力和潜力的基础上，主张松紧合理、张弛有度、劳逸结合，努力创造一个有利于促进劳动者身心健康、提高劳动效能的工作环境，要注意防止和克服管理中的消极弹性，使员工更有效、更健康、更有利地开展工作。

3.企业目标的确定要有弹性

企业目标的确定要有弹性，经过努力无法达到的目标会使员工丧失信心。

4.解雇或辞退员工

解雇或辞退员工时，一定要事先做好充分的调查，留有余地，使被辞退的员工心服口服，同时对其他员工起到教育和警戒的作用。

5.员工晋升

员工晋升要有弹性，不成熟的人才可以暂缓晋升。晋升应该坚持公开、公平、公正的原则。

（八）动态适应原理

动态适应原理是指在人员配备过程中，人与事、人与岗位的适应性是相对的，不适应是绝对的，从不适应到适应是一个动态的过程。随着事物的发展，适应又会变为不适应，又要不断调整以达到重新适应。这种“不适应—适应—再不适应—再适应”是循环往复的过程。因此，人员配备和调整不应该是一次性的活动，而是一项经常性的工作。

现代社会是动态的社会，物质在动，信息在动，人力资源也在不断地流动。对个人来说，有主动择业的权利；对于组织来说，则可以对人的工作进行适时地纵向或横向调整；对于国家来说，可以通过制定政策，引导人才合理流动。人才流动是绝对的，人才在流动中寻找适合自己的位置，组织则在流动中寻找适合组织要求和发展的人才。所以，人力资源开发要正确地认识流动，保持一种动态性开发的态势，促进人才在流动中得到优化配置。

（九）系统优化原理

系统优化原理是指人力资源系统经过组织、协调、运行、控制，使其整体能获得最优绩效的过程。在这方面，表现最为简单的就是有关企业组织架构的设计，这便是人力资源部门为满足系统优化而进行的战略性人力资源调整。系统优化原理是人力资源开发与人力资源管理中最重要的原理。

人力资源的系统优化原理包括以下内容。

（1）系统的整体功能不简单地等于部分功能的代数和。整体功能可能出现大于、等于或小于部分功能之和三种情况。

（2）系统的整体功能必须达到最大，也就是在大于部分功能之和的各值中取其最优。

（3）系统的内部消耗必须达到最小，系统内耗的主要原因是系统人员之间的目的分歧、利益的冲突而导致的相互摩擦与能量抵消。减少内耗主要应采取目标整合、利益协调等措施。

（4）系统内人员状态达到最佳。系统最佳状态表现为系统内人员身心健康、目标一致、奋发向上、关系和谐、充满快乐。

（5）系统对外的竞争能力必须最强。系统对外的竞争力取决于系统对外部环境的适应力与系统内的凝聚力。

人力资源系统面对的系统要素是人，而人具有复杂性、可变性和社会性。

因此，要达到人的群体功效最优，必须注意协调。

二、现代人力资源管理的基本原则

在现代人力资源管理的过程中，要进行有效的人力资源管理，发挥人力资源管理在整个管理中的功能与作用，就必须研究和探讨人力资源管理的一些原则性的问题。实践证明，只有按照人力资源管理的基本规律和原则办事，才能从根本上确保人力资源管理的科学化。一般而言，在现代人力资源管理的过程中，应遵循和掌握的基本规律和原则有以下几个方面。

（一）分类管理的原则

分类管理就是根据工作性质、职业特点及人才成长和发展的规律，对不同类型和性质的工作人员采用不同的管理方式，建立各具特色的管理制度。对工作人员实行分类管理既是现代人事管理的重要特征，也是当今世界上许多国家人事管理中的一条重要原则。

从我国的实际出发，实行分类管理，首先就是要对现有的“国家干部”进行分解，然后依据各类人员的不同特点，建立相应的管理制度和采用适当的管理方法。

其具体内容和要求主要有以下四点。

（1）对政府中行使国家行政权力、执行国家公务的人员，建立公务员制度，依照公务员法进行管理。

（2）对国家审判机关和检察机关的工作人员，可以制定司法人员条例进行管理。

（3）对党组织的领导机关人员，由党的有关部门制定管理条例，由各级党委及其职能部门依照有关的条例进行管理。

（4）对民主党派、社会团体、企事业单位和从事其他社会职业的工作人员，都制定相应的管理制度，分别由有关部门进行管理。

实行分类管理的好处：首先，有助于根据各行各业的职业特点，建立与之相适应的管理制度和管理方法，建立起各具特色的管理制度。其次，有利于消除管理权限的过分集中和管理方式的陈旧单一，有利于专门人才的培养和成长。最后，有利于加强和健全人事立法工作。人事立法工作的主要任务就是要建立各具特色的人事管理方式和制度，根据各种人才成长的规律，制定出适合各种人才成长和发展的管理条例和管理法规，而这一任务的完成，就必须要以分类管理为前提，不实行分类管理，人事立法工作就很难进行。

（二）依法管理的原则

依法管理就是在人力资源管理中，对工作人员的选用、考核、奖惩、培训、晋升、降职、流动工资、保险、福利、退休和退职等，要依照有关的法律法规来进行，以保证人力资源管理的科学化、制度化和法制化。依法管理，这是世界各国人力资源管理中公认的重要原则，也是我国干部人事制度改革的重要内容和方向之一。在人力资源管理中，坚持依法管理的原则就是要力求做到有法可依、有法必依、执法必严、违法必究。有法可依就是指在人力资源管理过程中，需重视和加强人事立法工作，使人事管理工作有法可依、有章可循。有法必依就是在人力资源管理过程中，必须遵守有关的法律法规，按照法律法规所规定的原则、程序，依法进行管理。即在人员的选用、考核、奖惩、培训、晋升、降职、工资待遇、退休退职等方面，严格遵守法律规定，遵守人事管理的有关法规。执法必严，就是人事管理者、人事监察部门和人事司法仲裁机关在实施人事管理法规的过程中，必须做到严明、严格、严肃，切实按照人事管理法规规定的内容、精神和程序来办事，维护人事管理法规的权威性和严肃性，对于违反人事管理法规的行为，依法予以处理。违法必究，就是在人事管理的过程中对一切违反人事管理法规的行为，必须依法予以追究和制裁，任何组织和个人都不得例外。坚持一切组织和个人在法律面前一律平等的原则，这也是实现违法必究的一个重要前提，决不允许有超越法律之外的和凌驾于法律之上的任何特权行为，对一切违反人事管理法规的组织、个人和特权行为都必须依法平等地予以追究和制裁。

（三）公开、平等、竞争、择优的原则

公开、平等、竞争、择优是各国人事管理制度中的一条基本原则。公开、平等、竞争、择优就是在人事管理的过程中，对有关人员的选拔、考试、任用、聘用等，先公布有关的要求和条件，然后，根据公开、平等的原则，按照法定的程序，在适当的范围内公开进行，让每一个适合有关条件和要求的人，自愿地参加竞争，并根据竞争的结果择优录用。公开，就是要改变过去封闭、半封闭的神秘化的选拔人才的方式，面向社会，广招贤才，在人才的选拔和任用问题上实行公开化原则，具体地讲，就是竞争的要求和条件公开、筛选的程序和规则公开、考核考试的成绩公开、择优取舍的结果公开。总之，就是竞争的内容、程序和结果公开。自由，就是竞争者要在宪法、法律及有关法规规定的范围内，自愿地参与竞争。平等，就是指不受民族、性别、出

身、职级等因素的限制，在竞争过程中让每一位参与者平等地享有有关方面的知识，平等地享有显露才华的机会，平等地争取被选拔、被任用的机会。竞争和择优，就是通过竞争并根据竞争的结果来择优录用人才和使用人才。竞争是推动经济和社会发展的决定性机制，商品经济的竞争，其主要表现形式就是市场竞争，任何企业或经济实体，要想在市场上赢得优势，立于不败之地，就必须不断地更新技术，改善和加强生产经营管理，提高劳动生产率。要达到这一目的，就必须根据各自的需要，选拔各种优秀人才，而过去那种靠上级选拔人才和任用干部的办法，越来越不能适应市场经济发展的需求，要改变这种状况，就必须把竞争机制引入人事管理领域，使各种优秀人才在竞争中脱颖而出。

（四）注重实绩原则

注重实绩是指在人事管理活动中，把实际的工作成绩作为衡量工作人员贡献大小、思想水平高低和工作能力高低的主要标准，以此作为选拔、晋升、奖惩的重要依据。实绩就是指一个人对社会所做的实际贡献，它包括一个人的劳动成果和凝结在劳动成果中的劳动量，是劳动成果和劳动量的统一。实绩是一个人德才的集中表现，是其思想政治品质和知识才能等诸种因素的综合反映，它具有一定的客观性和可比性。客观性是一个人的劳动成果及凝结在劳动成果中的劳动量，是一种客观存在，是不以人的意志为转移的，也是任何人都否定不了的；可比性是指由于实际成绩是客观存在的，所以实绩是可以相互比较的，通过对实际工作成绩的比较，可以看出一个人德才水平的高低和工作能力的大小。在人事管理中，坚持注重实绩的原则，既有利于纠正过去忽视工作成绩、单纯重视政治标准的倾向，又有利于克服脱离实际、不干实事的歪风，同时还可以克服在人才的选拔和任用上，搞任人唯亲、论资排辈等不正之风。在人事管理中，以实绩为依据，以实绩作为晋升与奖惩的标准，可以激发起人们工作的进取心、积极性和创造性，鼓励人们踏踏实实地干实事、办好事，充分发挥自己的聪明才智，争取做出更大的成绩。

（五）民主监督和公开监督的原则

在人力资源管理中，实行民主监督和公开监督的原则，对于提高人事管理工作的透明度，提高公众的参与程度，改善和加强人事工作的有效性有着积极的作用。民主监督就是在人事管理过程中，通过群众的民主评议、民主测评、民主对话、举报、来信、来访等形式，对工作人员，特别是领导干部，以及人事管理部门的管理活动实行监督。公开监督就是在人事管理活动中，对工作人员的选拔、考核、奖惩、晋升、待遇等实行公开化。

在现代人力资源管理中要坚持民主监督和公开监督的原则：首先，提高人事工作的开放程度，即通过现代化的新闻和宣传工具，以及其他各种途径，公开人事活动的基本情况，使群众和社会各界享有充分的知情权；其次，充分利用新闻媒介的作用，即充分利用广播、电视、报刊等新闻媒介，充分反映人民群众对人事活动的态度和看法，以此来促使其不断地克服工作中的困难，提高工作效率；最后，发挥各种政治组织和群众组织的公开监督作用，即调动各级党政机关、各民主党派、各人民团体、工会、共青团、妇联等群众团体的积极性，使他们积极地参与和监督人事管理工作，尤其是领导人员和人事管理部门的工作。总之，在人力资源管理过程中，坚持广泛的、有效的民主监督和公开监督原则，对于克服官僚主义和各种不正之风，发扬人民群众和社会各界当家作主的主人翁精神，调动人们工作的主动性和积极性，实现人力资源管理的民主化和科学化具有重要的意义。

第三节　现代人力资源管理发展的新趋向

一、人力资源管理面临的挑战

在科技和信息高度发达的知识经济时代，面对汹涌而来的新世纪大潮，企业面临前所未有的严峻挑战，人力资源管理只有适应不断发展的新形势，顺应历史潮流，才能在激烈的竞争中立于不败之地。人力资源管理作为获取竞争优势的重要工具，面临着前所未有的挑战。

（一）全球化的挑战

随着世界经济一体化的步伐加快及知识经济和信息经济时代的到来，市场环境不断变化，只有竞争力强的企业才能在风云变幻的市场中立于不败之地。而人力资源管理是企业管理的重要组成部分，同样面临着来自外部环境的各种挑战。具体表现在生产要素在全球范围内加速流动，国家之间的经济关联性和依存性不断增强。人力资源管理的内容和方法在经济一体化进程中面临不同的政治体制、法律规范和风俗习惯的冲击。

（二）技术进步的挑战

面对激烈的市场竞争，企业必然要不断提高劳动生产率，提高产品质量，改善服务态度。而技术的进步可以提高企业核心竞争力，同时可以改变企业的工作性质，于是，新技术便应运而生。网络技术的发展改变了人们的工作和生活方式，被广泛应用于人力资源管理的各个领域。这些新技术的出现，必然会给人力资源管理带来新的挑战，同时也会带来生机和活力。企业只有充分地利用这些新技术，才能在竞争激烈的当今社会立于不败之地。

（三）管理模式创新的挑战

传统的人力资源管理模式大体上可以分为以美国为代表的西方模式和以日本为代表的东方模式两大类。西方模式的特点是注重外部劳动力市场，人员流动性大，是对抗性的劳资关系，薪资报酬较刚性，等等；而东方模式注重内部招聘和提拔、员工教育培养、团队参与管理、工资弹性等。两种模式都被证明是有效的，但都存在一定的缺陷。知识经济时代，人力资源管理模式将是人本管理模式、团队管理模式、文化管理模式、以知识管理为中心的企业管理模式等几种管理模式的交融与创新，它要求管理要以人为中心，人处于一种主动的地位，要尽可能地开发人的潜力，因此人力资源管理被提到新的高度。知识经济时代，企业既要做好适应全球经济竞争加剧的准备，又要真正认识到人才才是企业最重要的战略资源。企业应打造优秀的企业文化，营造良好的工作环境，以此感染员工、凝聚员工，塑造新的、更具竞争能力的员工队伍。发挥团队优势，以知识管理为中心，来适应知识经济时代下人力资源管理模式创新的挑战。

（四）组织结构变革的挑战

传统的层级化、组织化结构是以直线制为代表的纵向一体化模式，强调命令与控制，员工清楚自己的工作在整个组织中的作用和地位，晋升路线明显，组织中的报告关系清楚，有利于协调员工的工作以实现组织的目标。但是，公司越大就会造成越多的职能层级，过多的层级把不同阶层的雇员分割开来，并造成诸如机构臃肿、官僚作风不正、效率低下等弊端。传统的层级划分损害了员工的积极性和创造性，决策过程的烦琐阻碍了竞争优势的发挥。

在知识经济时代下，企业的组织结构呈现扁平化、网络化、柔性化。这种组织结构提高了员工的通用性和灵活性。组织根据各自员工的专长组成各种工作小组，以完成特定的任务，而不再是对员工的具体任务有明确规定的传统的金字塔式的结构，这使得主要承担上下之间信息沟通的中间管理层失去了应有的作用而遭到大幅精减，员工的晋升路线也不再局限于垂直晋升，如角色互换。这些变化也对人力资源管理提出了新的要求，管理者需要从战略高度重视人力资源的开发与管理，以确保员工拥有知识、技能和经验的优势，确保人员配置实现优化组合。组织结构的变革将是今后一段时间内企业面临的重要问题。

二、人力资源管理发展的新趋势

随着企业管理的逐渐发展，企业越来越重视“人”的作用。逐渐认识到人力资源是企业最重要的资源。因此，人力资源管理成为现代企业与发展中一项极为重要的核心技能，人力资源的价值成为衡量企业核心竞争力的关键性标志之一。随着经济全球化的发展，人力资源管理受到了重大的影响和挑战，如信息网络化的力量、知识与创新的力量、顾客的力量、投资者的力量、组织的速度与变革的力量等。21世纪，人力资源管理既有着工业文明时代的深刻烙印，又反映着新经济时代“游戏规则”的基本要求，从而呈现出新的发展趋势。

（一）人力资源战略地位日益加强

新形势下，人力资源管理要为企业战略目标的实现承担责任。人力资源管理在组织中的战略地位上升，并在组织上得到保证，例如，很多企业成立人力资源委员会，使高层管理者关注并参与企业人力资源管理活动。人力资源管理不仅是人力资源职能部门的责任，而且是全体管理者的责任。企业高层管理者必须承担对企业的人力资源管理责任，关注有关人力资源管理的各种政策。

(二)“以人为本”“能本管理”

随着知识经济和信息时代的到来，工业时代基于“经济人”假设的人力资源管理工具越来越不适应管理实践的发展，人力资源管理趋向于以“社会人”“复杂人”为假设的“人本管理”。人本管理要求管理者注重人的因素，树立人高于一切的管理理念，并在其管理实践过程中形成一种崭新的管理思想，就是以人的知识、智力、技能和实践创新能力为核心内容的“能本管理”。能本管理是一种以能力为本的管理，是人本管理发展的新阶段。能本管理的本质就是尊重人性的特征和规律，开发人力，以实现社会、组织和个人的目标。

(三) 着眼于激活员工的创造性

创新是企业的生命和活力，更是企业生存和发展的决定因素，知识经济时代的核心特征是涌现出大批持续创新的人才。因此，企业人力资源管理的重点就是要激发人的活力、挖掘人的潜力、激活人的创造力，通过引导员工了解企业发展目标，围绕具体项目，赋予他们一定的处置权和决策权，并完善相关的薪酬晋升和约束机制，鼓励员工参与企业管理和创新，给予他们足够的信任，使其感到自己对企业的影响力，从而释放人力资源的创造潜能，为企业发展开辟永不枯竭的动力源泉。

(四) 人力资本特性突出

人力资本是指企业员工所拥有的知识、技能、经验和劳动熟练程度等。在知识经济时代，知识、技术和信息已成为企业的关键资源，而人是创造知识和应用知识的主体。因此，人力资本成为企业最关键的资源，也是人力资源转变为人才优势的重要条件。现代人力资源管理的目标指向人的发展，就是要为员工创造良好的工作环境，帮助或引导员工成为自我管理的人，在特定的工作岗位上创造性地工作，在达到企业目标的同时，实现员工全面的自我发展。应该注意的是，人力资本不仅是一种资本，也是一种实际的投资行为，因而人力资本的投入是要与一定的收益相匹配的。

(五) 人力资源管理全球化、信息化

随着世界各国经济交往和贸易的发展，全球经济日益成为一个不可分割的整体，这种经济变化趋势已彻底改变了竞争的边界。国际竞争的深化必然推动企业在全球内的资源配置，也必然推动人力资源的全球配置。管理人力资源的难度、培训的难度、不同文化的冲突、跨文化管理，都将成为企业人力资源管理的重要课题。此外，知识经济也是一种信息经济、网络经济，人力资源也将逐步融入信息时代，呈现出鲜明的信息化和网络化特征。

企业要想使自身的人力资源管理顺应时代发展的潮流，就应该牢牢把握住人力资源管理发展的新趋势。与时俱进，不断创新，在符合人力资源管理发展方向的前提下，结合企业的特点，制定出切实可行的人力资源管理政策，为企业保驾护航，伴企业一路前行。

第四节　人力资源管理的战略

一、人力资源战略定义

人力资源战略是企业根据内部和外部环境分析，确定企业目标，从而制定出企业的人力资源管理目标，进而通过各种人力资源管理职能活动实现企业目标和人力资源目标的过程。人力资源战略是从企业战略引申出来的，如果考虑人力资源管理与企业战略之间的关系和相互适应性，人力资源战略是指在一定的战略目标和竞争环境下，对企业人力资源的长远需求、管理方式进行有效的、系统的管理过程。通俗地说，人力资源战略是企业关于人力资源在战略层次方面的长远规划。人力资源战略上接企业战略，下到人力资源方案的落实，由人力资源战略目标、战略规划组成。在战略视角下，员工被企业视为一种资源而不是一种成本；同时，人力资源管理的地位从传统的企业职能部门上升为企业的战略伙伴。

二、人力资源战略的影响因素

（一）环境因素

影响企业人力资源战略的最重要因素是外部环境和市场推动力。外部环境包括：行业的成熟度，行业内竞争的性质和密度，行业内的资源限制，行业内技术变革的类型、程度及可预测性，竞争的性质及程度，环境的限制性，等等。市场推动力包括劳动力市场和产品市场。企业面临的产品市场的全球化竞争程度越高，采用战略性人力资源措施的可能性越大。

（二）组织因素

组织的结构性，如规模、资源的丰富程度和复杂性都会影响组织采取战略性人力资源措施。

（三）制度和法律因素

根据制度理论，人力资源战略部分是出于企业合法性的需要，即企业和关键决策者认为，企业体现合法性的要求会影响企业采取战略性人力资源管理措施的速度。企业基于人力资源战略的所有人力资源政策和措施都必须是合法的。

（四）技术因素

组织的技术因素会对组织产生两方面的影响：一是技术的进步会使企业更具竞争力；二是技术的进步会改变企业工作的性质，进而对员工的素质和能力提出更高的要求。

三、人力资源战略的内容

（一）人力资源开发战略

人力资源开发战略，就是指有效地发掘企业和社会上的人力资源，努力提高员工的智慧和能力所进行的长远性的谋划和方略。企业可供选择的人力资源开发战略方案：①引进人才战略；②借用人才战略；③招聘人才战略；④自主培养人才战略；⑤定向培养人才战略；⑥鼓励自学成才战略。

（二）人才结构优化战略

企业人才结构优化战略方案：①人才层次结构优化战略；②人才学科结构优化战略；③人才职能结构优化战略；④人才智能结构优化战略；⑤人才年龄结构优化战略。

（三）薪酬战略

主要是薪酬决定标准。薪酬决定标准是指决定薪酬高低的依据，包括岗位、技能、资历、绩效和市场状况等。究竟按照何种依据来决定薪酬，取决于有关依据的特征和企业的具体状况。

1.基于岗位或技能

传统薪酬制度通常按岗位来决定薪酬，岗位分析能够科学地衡量一个岗位对公司的价值，可以避免薪酬的决定受人为因素的影响。但由于岗位是流动和变化的，企业无法用过去的岗位分析结果来衡量现在的岗位对公司的贡献。此外，同一岗位，工作人员不同，其绩效也不同。因此，按岗位支付薪酬难以保证其激励的公正性。员工尤其是掌握多种技能的员工是公司竞争力的源泉，企业应该根据员工的技能水平来决定员工的薪酬，但是，技能薪酬往往依据员工的潜在能力，而不是对企业的实际贡献来决定员工的薪酬，这容易导致员工薪酬与公司绩效相脱节，不利于公司的持续发展。

2.基于绩效或资历

应该依据为公司创造绩效的能力来确定薪酬。这种能力既可以通过绩效表现出来，也可以通过资历体现出来。如果公司确实能够精确地衡量绩效，并且相应地支付薪酬，那么这种薪酬制度就是公平的，并且也是有作用的，否则这种薪酬制度就不是公平的，甚至具有极大的破坏性。根据资历支付薪酬的一个假设前提：员工的资历越丰富，为企业创造价值的能力就越大。员工的资历比较直观，容易确定，实施起来也比较容易。许多公司希望能根据绩效来决定员工薪酬，但由于无法客观衡量绩效，最终还是根据资历来支付薪酬。

（四）人才使用战略

可供选择的企业人才使用战略方案：①任人唯贤战略；②岗位轮换使用战略；③台阶提升使用战略；④职务、资格双轨使用战略；⑤权力委让使用战略；⑥破格提拔使用战略。

（五）关于人力资源战略的选择

企业应结合以下因素来选择以上的各种人力资源战略：①国家有关劳动人事制度的改革和政策；②劳动力市场和人才市场的发育状况；③企业的人力资源开发能力；④企业人力开发投资水平；⑤社会保障制度的建立情况。

四、人力资源战略的意义

（一）人力资源战略是企业战略的核心

在企业竞争中，人才是企业的核心资源，人力资源战略处于企业战略的核心地位。企业的发展取决于企业战略决策的制定，企业的战略决策基于企业的发展目标和行动方案的制定，而最终起决定作用的还是企业对高素质人才的拥有量。有效地利用与企业发展战略相适应的管理和专业技术人才，最大限度地发掘他们的才能，可以推动企业战略的实施，促进企业飞速发展。

（二）人力资源战略可提高企业的绩效

员工的工作绩效是企业效益的基本保障，企业绩效的实现是通过向顾客有效地提供企业的产品和服务体现出来的。而人力资源战略的重要目标之一就是实施对提高企业绩效有益的活动，并通过这些活动来发挥其对企业做出的贡献。传统的人力资源管理是以“活动”为宗旨，主要考虑做什么，而不考虑成本和人力的需求。经济发展正在从资源型经济向知识型经济过渡，企业人力资源管理也就必须实行战略性的转化。从企业战略上讲，人力资源管理作为一个战略杠杆，能有效地影响公司的经营绩效。人力资源战略与企业经营战略相结合，能有效推进企业战略的调整和优化，促进企业战略的成功实施。

（三）利于企业形成持续的竞争优势

随着企业间竞争的日益白热化和国际经济的全球一体化，很难有哪个企业可以拥有长久不变的竞争优势。通常企业在创造出某种竞争优势后，在短时间内就被竞争对手所模仿，从而失去优势。而优秀的人力资源所形成的竞争优势很难被其他企业所模仿，所以正确的人力资源战略对企业保持持续的竞争优势具有重要意义。人力资源战略的目标就是不断增强企业的人力资本总和，扩展人力资本，利用企业内部所有员工的才能吸引外部的优秀人才，是企业战略的一部分。人力资源工作就是要保证各个工作岗位所需人员的供给，保证这些人员具有其岗位所需的技能，即通过培训和开发来缩短及消除企业各职位所要求的技能和员工所具有的能力之间的差距。当然，企业还可以通过设计与企业战略目标相一致的薪酬系统和福利计划、提供更多的培训、为员工设计职业生涯计划等来增强企业人力资本的竞争力，达到扩展人力资本、形成持续竞争的目的。

（四）对企业管理工作具有指导作用

人力资源战略可以帮助企业根据市场环境变化与人力资源管理自身的发展，建立适合本企业特点的人力资源管理方法。例如：根据市场变化确定人力资源的长远供需计划；根据员工期望，建立与企业实际相适应的激励制度；用更科学、先进、合理的方法降低人力成本；根据科学技术的发展趋势，有针对性地对员工进行培训与开发，提高员工的适应能力，以适应未来科学技术发展的要求等。一个适合企业自身发展的人力资源战略，可以提升企业人力资源管理水平，提高人力资源质量；可以指导企业的人才建设和人力资源配置，从而使人才效益最大化。将人力资源由社会性资源转变成企业性资源，最终转化为企业的现实劳动力。人力资源战略是实现企业战略目标、获得企业最大绩效的关键。研究和分析人力资源战略，有利于提升企业自身的竞争力，也是达到人力资本储存和扩张的有效途径。人力资源战略在企业实施过程中必须服从企业战略，企业战略形成的实际中也必须积极考虑人力资源因素，二者只有达到相互一致、相互匹配，才能促进企业的全面、协调、可持续发展。

五、人力资源战略目标

人力资源战略作为一种最重要的职能战略，受公司战略支配，并反作用于公司战略。在企业集团管理模式下，人力资源战略规划应当实现以下目标。

（1）根据企业集团战略目标，确定人力资源战略。

（2）深入分析企业人力资源面临的内外部环境，发现问题和潜在风险，提出应对措施。

（3）合理预测企业中长期人力资源需求和供给，规划和控制各业务板块人力资源发展规模。

（4）制定核心人才职业生涯发展规划，打造企业核心人才竞争优势；规划核心重点专业及技术领域员工队伍发展，提高员工综合素质；提出人力资源管理政策和制度的改进建议，提升整体管理水平。

六、人力资源战略的制定

（一）人力资源战略制定原则

人力资源战略在企业发展过程中起着举足轻重的作用，在制定人力资源战略时，要遵循以下几个原则。

1.整体性原则

人力资源战略和人力资源管理的各模块是不可分割的整体，制定人力资源战略时，应该把招聘与配置、员工开发、绩效管理、薪酬福利、员工关系管理和员工“退出”等环节作为一个系统的整体来研究和细化，使各模块在战略的整合下共同发挥作用。人力资源战略引领一个企业从人力资源的角度进行战略管理，以实现企业的发展目标，同时提供通过人力资源管理获得和保持竞争优势的发展思路。

2.长期性原则

人力资源战略关注的重点是企业人力资源的长期发展，是对企业经营战略的长期影响，而不是短期的眼前所面临的问题，因此企业人力资源战略通常以5年或5年以上为宜。企业人力资源战略只有规定了未来一段时期内企业人力资源管理的发展方向、目标和实现途径与对策以后，才能对企业人力资源的总体发展起到指导作用，并发挥对企业人力资源发展活动的促进和约束作用。

3.适应性原则

人力资源战略必然要受到企业外界环境和内部条件的影响和约束。因此，人力资源战略必须因地制宜，既能够适应外部环境的变化，又能满足企业内部的各项约束条件。此外，人力资源战略要符合企业内外各方面的利益，才能得到员工的认同。

4.可行性原则

可行性是指企业一旦选择了某个发展战略，就必须考虑企业能否成功地实施该战略，企业是否具有足够的财力、物力等资源支持该发展战略的实施。如果在可行性上存在疑问，就需要扩大企业人力资源战略的研究范围，考虑采用何种方式来获取战略实施所需要的资源，或考虑选择其他的发展战略。在许多情况下，如果企业在开始实施发展战略时并不知道应该采取哪些行动，这就说明企业所选择的战略可能是行不通的。

5.动态性原则

人力资源战略管理是一个与企业战略动态匹配的过程。在现实的管理过程中，企业战略是动态发展的，它会随着企业内外环境的变化、企业目标的改变而不断发生变化。企业战略对人力资源管理中的人员招聘、绩效考核、薪酬管理等方面有着重要的作用。因此，人力资源战略应与企业的发展战略相配合，针对不同的企业战略，采取不同的人力资源战略。

（二）人力资源战略决策

1.人力资源战略决策的含义

人力资源战略决策是关系企业人力资源发展全局的决策，是指为了长期的发展，制定出发展目标实施方针及为实现发展目标而采取的重大措施，如企业人力资源结构决策、薪酬决策、员工职业发展决策等。这类决策与人力资源管理大局关系密切，受外部环境变化影响很大。企业外部环境包括企业无法控制的各种外部因素，如社会政治、经济形势，本行业的科技发展水平及基本趋势，竞争对手的情况，等等。人力资源战略决策具有全局性和长远性的特点。全局性指这种决策一经确定，其指导作用和影响面是整个人力资源管理活动；长远性指在时间上这一决策往往与企业中长期战略目标相对应，一旦实施，在一个较长时间内将成为人力资源管理活动的一个指导思想。

2. 人力资源战略决策的特征与依据

（1）人力资源战略决策的特征

人力资源战略决策具有以下几个方面的特征。

第一，决策要求有明确而具体的决策目标。决策就是选择方案，如果决策的目标是模糊的，甚至是模棱两可的，那就无法以目标为标准评价方案，更无从选择方案了。

第二，决策要求以了解和掌握信息为基础。一个合理的决策是以充分了解和掌握各种信息为前提的，即通过对组织外部环境和组织内部条件的调查分析，根据实际需要选择切实可行的方案。

第三，决策要求有两个以上的备选方案，以便比较选择。就是说，必须要有可供选择的方案，否则决策可能就是错误的。人们总结出这样两条规则：一条规则是，在没有不同意见前，不要做出决策；另一条规则是，如果看来只有一种行事方法，那么这种方法可能就是错误的。

第四，决策要求对控制的方案进行综合分析和评估，每个实现目标的可行方案，都会对目标的实现发挥某种积极作用，也会产生消极作用。决策者必须对每个可行方案进行综合的分析和评价，即进行可行性研究。可行性研究是决策的重要环节。决策方案不但必须在技术上可行，而且应当考虑社会、政治、道德等各方面的因素，还要使决策结果的副作用（如环境污染）缩小到可以允许的范围内。通过可行性分析，确定出每个方案的经济效果和所能带来的潜在问题，以便比较各可行方案的优劣。

第五，决策追求的是最可能的优化效应。人们做任何事情，都不可能做到完美无缺。对于决策者来说，同样不能以最理想的方案作为目标，而只能以足够好的、达到组织目标的方案作为准则，即在若干备选方案中选择一个合理的方案。合理方案只能在决策时能够提出来的若干可行方案中进行比较和优选。

（2）人力资源战略决策的依据

人力资源战略决策的主要依据包括以下三个方面。

第一，组织的战略目标。组织的战略目标是人力资源战略决策的主要依据之一。人力资源战略决策要以组织的战略目标为前提，脱离了组织的战略目标，人力资源战略决策就失去了意义。

第二，企业的经营环境。正确做出人力资源战略决策，必须对企业所面临的外部经营环境进行全面系统的分析。在掌握外部环境对企业影响的前提下做出的人力资源战略决策，才有可能是正确的决策，才能对人力资源管理活动起指导作用。

第三，企业的内部条件。企业的内部条件是指企业的人、财、物、产、供、销等具体情况。人力资源战略决策必须满足企业内部的实际状况，这样才能更大限度地为企业经营服务，实现企业的经营战略。

（三）人力资源战略制定程序

1.人力资源战略环境分析

人力资源战略环境分析包括外部环境分析和内部环境分析。

外部环境分析主要包括：组织所处地域的经济形势及发展趋势；组织所处行业的演变、生命周期、现状及发展趋势；组织在行业所处的地位、所占的市场份额；竞争对手的现状及增长趋势，竞争对手的人力资源状况，竞争对手的人力资源政策；预计可能出现的新竞争对手；组织外部的劳动力市场状况，政府的人力资源政策、法规对组织人力资源战略的影响；等等。外部环境的分析通常采取PEST分析法进行分析。

内部环境分析主要包括：企业内部的资源，企业所处的生命周期、发展阶段，企业总体发展战略，企业的组织文化，以及企业员工的现状和他们对企业的期望。

2.人力资源战略的制定与选择

人力资源战略的制定采取SWOT分析法，在用PEST分析法对企业外部人力资源环境进行分析时，应考虑环境中存在哪些机会可以被人力资源管理的各个环节（招聘管理、薪酬管理、劳动关系管理）利用；环境中存在哪些威胁应该予以避免；在对企业内部人力资源管理能力和资源现状进行分析时，应考虑公司目前的人力资源管理有哪些优势？哪些劣势？

通过对环境中的机会与威胁的分析和企业内部优势与劣势的分析，通过SWOT矩阵，把企业面临的外部环境机会和威胁与企业内部的优势和劣势相匹配，得到四类可能的战略选择。结合人力资源管理中人才的“选、用、育、留”来选择人力资源战略。

SO战略：利用企业内部优势，抓住外部环境中的有利机会，“利用战略”；WO战略：利用外部环境机会，弥补和改善企业内部的劣势，“改进战略”；ST战略：利用企业内部优势，躲避外部环境中可能的威胁，“监视战略”；WT战略：主要是使劣势最小化以躲避外部环境中的威胁，“消除战略”。

各种人力资源战略与人力资源管理活动的整合，根据环境分析所确定的人力资源战略、所确定的人力资源管理活动（人才获取、培训开发、考核评价、薪酬激励）策略，将人力资源战略变成可执行的人力资源策略，指导人力资源活动的开展。

3.人力资源战略的实施

人力资源战略的实施是将战略变成可执行的行动方案的转变过程，在转化过程中要设定具体的战略目标、战略实施计划、实施保障计划及资源的合理平衡、人力资源规划等，使人力资源战略可操作化，把战略变成具体的人力资源管理业务活动。同时，要使战略制度化，以此保证战略的实施，使战略切实落到实处。

战略的实施是人力资源开发与管理的一项重要工作，必须要有保证措施，根据战略实施计划，对照战略目标，组织资源，按计划实施；同时，在实施中必须协调好组织与个人间的利益关系，要充分利用组织内部资源与技术资源，推进战略的顺利实施。

4.人力资源战略的评估

人力资源战略评估是在战略实施过程中寻找战略与现实的差异，发现战略的不足之处，及时调整战略，使之更符合组织战略与实际的过程。战略的评估，也是对人力资源战略的经济效益进行评估的过程。人力资源战略经济效益评估主要是进行投入与产出（或节约的成本）比的分析。评估一个人力资源战略需要从两个方面着手：①评价人力资源政策与企业战略和目标的协调一致性；②判断这些一致性的政策最终对企业的贡献程度。在此主要讨论有关一致性的评价。随着战略管理进程的发展，为了易于评估人力资源政策与企业战略和目标的协调程度有多大，一些学者调查了不同产业领域的一系列公司的整体战略和策略。最具代表性的战略包括基础性战略、适应性战略和竞争性战略。这种分类有助于分析人力资源战略的一致性问题。基础性战略是指一个公司作为一个整体为达到销售和利润目标的主要行动计划。通常有三种基础性战略：稳定、发展和转移。稳定战略指的是维持现状继续采用同一方式服务于同一市场区域内的顾客，追求平稳适度的绩效改进。采用这种战略的公司认为环境只提供了有限的机会。发展战略指的是增大潜能，开发新市场或新产品，在公司内部给职工提供提高工作能力的机会。当一个企业由于经营不景气或其他原因而衰退时，会采取转移战略的措施。该战略包括降低成本、减少资产和缩减规模。这三种不同的战略都需要不同的人力资源政策及应用。

适应性战略是指企业确定基础性战略后运用于整个组织内部的战略。总之，适应性战略的目的是建立组织与外部环境的一致性。适应性战略的三个主要类型：前瞻型、防卫型和分析型。

采纳前瞻型战略的组织会不断地开发产品和分析市场机会，创造竞争对手必须应对的变革，他们通常处于动态的环境中，需要一个有弹性的内部结构和系统以加快这种变革。相对而言，应用防卫型战略的组织比较稳定，他们主要致力于提高已有工作方法的效率来取代在技术和结构上的创新。采纳分析型战略的组织则是要提供一个在周边革新而核心相对稳定的环境，这种战略介于上述两种战略之间。

竞争性战略是在波特提出的三种竞争性战略，即成本领先战略、差异性战略和集中经营战略的基础上衍生而来的。

一个追求成本领先战略的公司需要提高生产率并加强管理以增强竞争力。一个公司在保持产品价格相当于或低于竞争对手的同时，维持良好的品质并获得大于平均发展速度值的利润是可能的。差异性战略包括建立一种有别于其竞争者的产品和服务。

产品宣传、产品外观或技术品位可以使公司的产品或服务独具一格。集中经营战略强调具备一个明确的市场、生产线或某一顾客群。在这个市场中，利用集中经营战略的组织可以在差异性战略和成本领先战略的基础上进行竞争。

第五章 现代人力资源管理信息化的人才与系统建设

第一节 现代人力资源管理信息化理论

一、人力资源管理信息化及其目标

社会的信息化为人力资源管理找准了发展方向和目标，加强人力资源管理信息化建设已成为人力资源管理发展的战略重点，积极采取有效措施，使人力资源管理信息化在社会信息化的总格局中保持协调、同步发展，是当前的重要任务。

（一）人力资源管理信息化内涵的把握与理解

人力资源管理信息化是指在管理部门的统一规划和组织下，在人力资源管理活动中充分利用现代信息技术、资源和环境，对人力资源信息进行管理、深入开发和广泛利用，实现人力资源管理的科学化、现代化。

人力资源管理信息化是国民经济和社会信息化的一个组成部分，将人力资源信息和人力资源各项管理过程数字化，通过信息系统加工和计算机网络的传输，实现人力资源的合理配置与有序、有效开发利用，实现人力资源信息的社会共享。可以从以下方面把握和理解人力资源管理信息化的内涵：

（1）人力资源管理信息化是一个具有丰富内涵和崭新意义的概念。简单地说，人力资源管理信息化是电子化的人力资源管理，是利用或引进各种信息手段的人力资源管理活动。随着互联网、电子商务理论与实践的发展，人力资源管理信息化是蕴含了电子商务、互联网、人力资源业务流程优化、全面人力资源管理等核心思想在内的新型人力资源管理模式。这是一个完整的有机体系，大体包括：人、计算机网络硬件、系统平台、数据库平台、通用软件、应用软件、终端设备；各种信息手段和技术的综合利用，如呼叫中心、考勤机等终端设备；一些核心的人力资源管理业务功能，如招聘、薪酬管理、培训、在线学习、绩效管理等；人力资源管理者和一般员工、经理及总裁等，都与人力资源管理系统的基础平台发生相应权限的互动关系。可见，人力资源管理的发展离不开信息化，信息化又服务于人力资源管理的现代化。

（2）人力资源管理信息化包含三个层面：一是数据的电子化，把人力资源信息以一定的数据库格式录入到计算机里，以数字的形式保存起来，也称为随时查询的“数字化”过程；二是流程的电子化，把已经规范的一些流程以软件程序的方式固定下来，使得流程所涉及岗位员工的工作更加规范高效，减少人为控制和自行其事的管理行为，同时也能提升管理效率；三是对管理和决策的支持，通过对电子化的原始人力资源信息数据进行科学的加工处理，运用一定的计算模型，从而起到对管理和决策的支持作用。

（3）人力资源管理信息化是全新的管理模式。信息时代，管理模式与现代化信息技术的融合将是发展趋势。随着市场竞争的不断加剧，信息和时间已经成为越来越重要的竞争因素。求生存、求发展，增强市场竞争力，必须采用先进科学的现代化管理手段，应用计算机实现全方位的人力资源管理。由此可见，人力资源信息化是一种全新的人力资源管理模式，融合了互联网等信息技术和人力资源管理领域的最新理念，技术和新的思想相辅相成，共同推动人力资源管理系统向前发展，代表了人力资源管理的未来发展方向。

（4）人力资源管理信息化的实质是信息技术的应用。它是以信息技术为前提，创新管理理念，引入先进的管理思想和经营理念，实现观念创新、体制创新、机制创新、管理创新的过程。

（5）人力资源管理信息化建设是一场革命，是带动人力资源工作创新和升级的突破口。信息化是一个长期的发展过程，它意味着人力资源管理要进行深刻的变革，推动管理全方位的发展和进步。要不断采用现代信息技术装备人力资源部门，不断提高管理、决策的效率和水平，极大地提高人力资源管理现代化水平，进而提高社会效益和经济效益。

随着信息技术的不断发展，人力资源管理信息化建设迎来了新的机遇与挑战。要转变管理职能、转变工作方式、转变工作作风，进一步提高工作质量和效率，增强服务能力，建立办事高效、运转协调、行为规范的人力资源管理体系，实施信息化的发展战略。

（二）人力资源管理信息化的目标分析

人力资源管理信息化不是简单的技术创新，必须做好总体规划，明确工作目标。应该站在战略目标的高度，从实际出发，针对信息时代人力资源管理的新特点，遵循其自身的基本规律和特点，制定实施信息化的总体目标，确立发展原则，统一规划、统一标准。

人力资源管理信息化的目标是：在管理部门统一规划和组织下，全面应用现代信息技术，切实加强人力资源信息的合理配置和科学管理，实现人力资源管理数字化、标准化、系统化、网络化，满足社会日益增长的对人力资源、人力资源信息的迫切需求，提高人力资源管理水平，增强人力资源开发和利用的主动性，适应社会信息化的要求，实现人力资源管理的跨越式发展。

现代信息技术是以计算机与通信技术为核心，对各种信息进行收集、存储、处理、检索、传递、分析与显示的高技术群。科学化、数字化、网络化是实现人力资源管理信息化的必由之路，其主要途径有：实现人力资源管理过程的技术信息化，在人力资源管理的各项业务环境，充分运用信息技术；要建立自上而下、分层有序的人力资源管理体系，推广应用现代信息技术作为管理手段和工具；构建人力资源信息化的基本框架，建设单位内部的办公业务网；建设以因特网为依托的人力资源公众信息网；建设数字化人力资源信息库。大力推进网络应用水平，建成标准统一、功能完善、安全可靠的人力资源信息网络平台，建成各主要部门业务网络系统，建成基础性、战略性、动态性的人力资源信息库；建成网络与信息安全保障体系，使人力资源管理信息化建设和应用整体水平上一个新的台阶。

人力资源管理信息化的目的是提高人力资源的工作效率、改善服务品质、提升人力资源工作的价值层次。应该以人力资源管理的业务为主导，适当配合国家、企业信息化的整体布局，推动人力资源信息的数字化和网络化，促进人力资源信息接收、传递、存储和提供利用的一体化，通过内联网、因特网进行内外部信息有效交流，实现人力资源信息高度共享，实现人力资源管理模式的变革。

二、人力资源管理信息化的主要任务

当前人力资源管理信息化建设的基本任务是抓住信息时代的机遇，把握信息化战略目标，建立和贯彻落实人力资源管理的法规和标准，在各级各类人力资源部门广泛推广应用现代信息技术和网络技术，建设人力资源信息库，建设人力资源信息网络，建设人力资源管理信息化人才队伍，提高人力资源工作者的素质，对人力资源信息进行有序化整理和数字化管理，加速实现我国人力资源管理现代化的进程。

（一）建设人力资源管理信息化标准规范

标准规范是人力资源管理信息化建设的重要基础之一，是信息化快速、有序、健康发展的保障。只有在统一的规划和统一的信息技术标准的指导下才能真正推进信息化的发展。标准规范建设，应以面向业务过程的流程为主线进行考虑和分析。标准的制定，既要符合国家、行业标准要求，又应考虑与国际接轨。在充分调研的基础上，根据信息化建设国际标准和通用规范，逐步推出适合的相关标准规范，从管理、法制和技术等方面规范和协调人力资源管理信息化各要素之间的关系。

要全面贯彻推广与电子政务、电子商务相关的法规和标准；建立符合人力资源管理信息化要求的制度，健全人力资源电子文件归档、电子档案管理、信息公开和信息安全、网站建设与管理等方面的规章，制定人力资源信息采集、整合方面的标准，加快建立健全人力资源管理信息化标准实施机制，形成有效的人力资源管理信息化建设激励约束机制，促进管理能力、决策能力、服务能力得到改善和加强。要制定和实施一体化的信息资源管理法规和政策，实现对各种信息资源的有效控制和高质量的开发利用，规范人力资源电子文件归档和电子档案管理，规范人力资源信息标识、描述、存储、查询、交换、管理和利用等，逐步形成关于信息化的标准规范体系，促进人力资源信息开发利用的政策法规和标准的制定，保证人力资源管理信息系统的良性运行与健康发展，推动人力资源管理信息化建设有序进行。

（二）建设人力资源管理信息化技术设施

人类社会从农业社会到工业社会再到信息社会，每一次发展和进步都与科学技术的发展息息相关，人力资源管理信息化的关键是技术建设。

1.办公自动化技术

手工办公方式与不断增长的办公业务量之间的矛盾日益尖锐，人力资源信息量迅速膨胀与信息的社会需求迅猛增长之间的矛盾更加突出，依靠手工管理，利用人工手段进行庞大的人力资源信息的收集、处理、分析及科学决策已经不能适应时代发展的要求。因此，改变办公模式，将办公业务的处理、流转、管理过程电子化、信息化，实现办公自动化，是人力资源管理信息化的基础任务。人力资源管理现代化与办公自动化应同步建设、同步发展，建设自动化、网络化的电脑办公系统，实行联网运作、联网监控、联网审批。逐步实现文件、信息等主要办公业务数字化和网络化、文字材料的无纸化传输、各种应用资料的随机查询，以及文件制作及管理电子化作业。通过网络交换电子文件和资料，并逐步建立多媒体应用系统，为中心工作服务，为经济建设和社会发展服务。

2.软硬件基础设施建设

软硬件基础设施建设是加强人力资源管理现代化的前提，是人力资源管理信息化建设不可缺少的基本条件和重要保障，是人力资源信息开发利用和信息技术应用的基础，是人力资源信息传输、交换和资源共享的必要手段。软件设备主要涉及文字、数据、声音、图像处理系统以及各种数据库、管理信息系统、决策支持系统，实现系统的开发、新建、完善、推广或升级。软件投入将是信息化的重点。硬件设备主要有计算机设备、通信设备、轻印刷设备、信息存储设备以及电子会议支持设备等。为了实现信息化，购买必要的硬件设备是最基本的环节。在硬件投入方面更多的将是设备的升级与换代，使硬件平台不断完善。配置高性能的软硬件基础设施是人力资源管理信息化的保障，是充分发挥人力资源管理信息化的整体效益的前提。

3.网络建设

人力资源管理信息化的核心是网络建设。要利用现代信息技术来改善管理模式，架构一个共享资源的平台，提高计算机和网络技术在人力资源管理中的应用程度，逐步提高人力资源管理信息化水平。网络建设包括局域网建设、互联网建设。局域网的设立是各项工作的基本条件。近年来，相当数量的人力资源部门建设了内部局域网，实现了与办公自动化网络系统相连通，在互联网建立了站点。信息化以大力推进各级人力资源部门内部局域网建设和连接各单位的外部网建设为基础，以互联网网站建设为重点，在国际互联网上建立人力资源网站或主页，为人力资源工作公开和人力资源信息的更好服务开辟新的渠道，加强信息联系、沟通及互动交流。所有接入互联网的计算机严禁存储涉密人力资源信息，凡存储涉密信息的计算机必须与互联网进行物理隔离。人力资源信息网络建设，可以更好地提高工作的透明度，降低办公费用，提高办公效率、大幅度提高人力资源管理者的信息化水平。

（三）开发和利用人力资源信息

人力资源信息是社会发展的战略资源之一，它的开发和利用是人力资源管理信息化的核心任务，是人力资源信息化建设取得实效的关键。人力资源信息开发利用的程度是衡量人力资源管理信息化水平的一个重要标志。

1.人力资源信息库的建设

人力资源信息建设的重点是人力资源信息库。人力资源信息库包括社会就业、专业人才档案、人才中长期供需预测等信息。要以加快人力资源信息的数字化进程为基础，以电子文件的归档和管理为重点，充实与完善现有数据库，将人才供需信息上网发布，实现人力资源信息的电子管理和动态查询，采用相关技术将已有各类高质量的数据库实现互联，提高资源的利用率，加强人力资源信息建设。信息化建设，必须要从信息资源建设抓起，信息资源是信息化建设的基础和核心。

2.人力资源信息的有序整理

随着信息化时代的到来，在未来信息社会，决定一个国家和地区生产力发展水平的不再是自然资源、历史条件等，而是包括知识在内的各种信息，信息将成为知识经济时代最为重要的资源。可以说，以信息资源有效开发和应用为标志的信息化是一场信息革命，它意味着各种相关信息行业都必然随之进行深刻的变革，走信息化的道路，从而推动社会全方位的发展与进步，这是社会发展的潮流。作为信息资源重要组成部分的人力资源信息同样具有重要的社会价值，其价值实现的基础是人力资源信息的科学有序。人力资源信息的整理是使信息从无序到有序的过程，通过利用科学的原则和方法，对信息进行分类、组合，形成有机体系。它是人力资源信息有效沟通的保证，是信息开发和利用的重要手段，促进人力资源信息的社会共享，对人力资源管理具有重要的意义。

3.人力资源数字信息建设

信息技术和通信设施的存在，有力地推动了信息数字化。数字化是信息技术发展的重要特征。只有数字化的信息才能计算机化，才能通过数据通信网络进行传输。

人力资源信息的数字化是利用数据库技术、数据压缩技术、高速扫描技术、光盘存储技术、多媒体技术、网络技术等技术手段，将数据、图形、图像、声音等信息转化为二进制代码，系统组织成结构有序、整体统一的数字化信息。

现阶段人力资源数字化信息形成的主导方式是键盘录入和光学字符识别（OCR）扫描输入。键盘录入是一种手工转换，以汉字键盘录入而言，常用的录入方法主要有五笔字型、自然码、拼音码、音韵码、智能码等，缺陷是速度慢、效率低、成本高。光学字符识别扫描输入技术是一种较为先进的自动化信息资源输入技术，是信息资源数字化的主要手段，通过扫描仪将原文件转换为适于计算机处理、存储和高速传输的数字化图像。

利用计算机可以直接产生数字化信息。人力资源部门使用单机起草文件、制作文件目录等，形成的文件数据就是数字化的。在计算机模板中储存有各种常用的文件格式，只需输入文件各数据项目的具体内容，计算机便可自动生成具有规范格式的文件。在办公自动化系统中形成的文件数据或从网上接收、通过网络产生并向外发送的各类文件数据都是数字化信息。随着多媒体技术的广泛应用，办公自动化过程中产生的数字化信息形式多样，不仅有简单的文本形式，还有语音形式。语音处理技术可以通过语音识别与语言合成将人的语言转换成语音邮件在网上传送。通过软件转换，视频邮件也可转换成电子邮件，以数字化文本方式传送或存储。利用数码相机直接摄取的数字影像满足文件要求，也属于数字化信息。随着信息技术的普及和发展，公用信息平台与信息系统实现联网，人们借助计算机系统生成的人力资源数字化信息越来越多，可以提供目录网上查询，有选择地公布信息和提供信息全文浏览服务。

模拟转换过程中可以产生数字信息。模拟转换是将模拟信息转换成数字信息，以便计算机处理的过程。模拟信息要转变为数字信息要通过相应的转换设备。对于图像信息可以通过扫描仪将模拟图像分解为由像素构成的数字图像；若为影视图像则需要通过视频存储器或影视图像数字卡将模拟影视图像转化成数字影视图像。通常利用扫描仪将文件上的所有信息内容复制到计算机里，生成图像文件。纸质文件通过扫描可以形成数字图像，数字图像再通过光学字符识别（OCR）系统，进一步由图形文件转化成字符文件，字符文件可通过关键词达到全文检索等。

人力资源信息的数字化是信息化建设的一项迫切任务，是人力资源信息网络建设的基础性工作。为确保数字化人力资源信息的质量，实现人力资源信息数字化的既定目标，数字化工作必须遵循规范、安全、效率原则。规范原则是指人力资源信息必须按照规定的技术模式、文本格式和工作标准进行数字化，并尽可能采用通用标准，减少因存储格式和软件平台的不同而进行转换所造成的资源浪费，提高信息存储传输的效率，选择最佳的人力资源信息数字化方案。安全原则是指在人力资源信息的数字化过程中确保信息原件的安全，最大限度保持信息的本来面貌，避免数字化人力资源信息内容的失真，对具有保密性、不宜对外开放的人力资源信息，原则上不应列入数字化范围，对于内容敏感或者有使用范围限制的数字化信息，应采用密文方式数字化或为数字化信息设置必要的识读密令。效率原则是指人力资源信息的数字化工作必须讲究效率和效益，选择最优化的人力资源信息数字化方案，采用最优化的工作流程、最合理的技术模式和最适宜的数字化加工系统设施，加强人力资源信息数字化工作的社会化和协作性，从总体上提高信息数字化工程的投入效益。

（四）建设人力资源管理信息化应用系统

应用系统建设是信息资源开发利用和信息网络建设的技术保障。人力资源管理信息化既要重视软硬件基础设施建设，又要注重应用系统建设，根据实际情况建立和完善人力资源管理信息系统。

人力资源管理信息系统是信息化发展的重要进程，也是人力资源管理现代化的必然产物。人力资源管理信息系统是一个利用计算机硬件和软件进行分析、计划、控制和决策的人—机系统。以计算机为工具建立人力资源管理信息系统，获取支持自身发展的各类最新信息，处理日益增多的信息量，并通过人力资源招聘、考核、培训体系及时将信息转化为竞争力，能够提高管理效率、管理水平和管理效益，实现人力资源管理者办公模式的转变，实现人力资源信息的广泛交流。

人力资源管理信息系统的开发和运行能够产生巨大的效益，但必须具备一定的条件。要有领导的重视与业务人员的积极参与，要有高水平的专业技术团队，管理信息系统的开发、分析和设计应建立在科学管理的基础上。

第二节　人力资源管理的信息开发与人才队伍建设

一、人力资源管理的信息开发

人力资源信息开发是根据大量客观存在的信息事实和数据，以各种载体和各种类型的信息为基础，运用判断与推理、分析与综合等多种方法，提供不同层次的信息服务。人力资源信息开发的目的，是对人力资源潜在能量的挖掘，促使人们更加充分有效地运用人力资源信息，发现人才、任用人才，实施人才发展战略。

（一）人力资源信息开发的作用

1.最大限度发挥经济和社会价值

信息技术的快速发展，为深度开发和广泛利用人力资源信息创造了前所未有的条件。树立和落实科学发展观，根据社会需要，全面、及时、准确地提供人力资源相关信息，充分开发利用反映劳动、工作、保险福利以及人力资源管理方面的信息，强化人力资源管理，能够加快人力资源管理制度的建立，使信息流更加有效地引导人员流、物资流和资金流，实现对物质资源和能源资源的节约和增值作用，带来直接和间接的社会和经济效益。

同时，随着政府、社会公共服务、企业上网工程的深入发展，办公自动化的普及和电子商务的发展，人力资源数字化信息数量不断增加，人力资源信息也越来越丰富，不断满足社会各项事业对人力资源信息的需要。人力资源管理部门要通过各种有效的方式，最大限度地发挥人力资源信息的价值效用，更好地为社会发展和进步服务。

2.发挥人力资源信息的价值

在信息社会中，信息价值往往体现在运动中。只有处于运动中的信息，才能被人们随时捕捉到，进而发挥作用。处于静态中的信息，即使蕴含巨大的价值，如果不能得到及时充分的开发利用，其潜在价值不能转化为现实价值，也就无法有效发挥作用。

人力资源部门保存并积累了大量人力资源信息，人力资源信息的存储和传递就是为了有效地提供利用，即把静态中的信息变成动态信息，进而无止境地开发利用，直接体现信息的使用价值。人力资源信息是人力资源活动的原始、真实的记录，及时、有序、系统地开发利用人力资源信息，就是揭示人力资源信息的使用价值，发挥人力资源信息富有生命力的独特作用。

3.加大人力资源的管理服务

在一切管理系统中，人是最主要的因素，是最活跃、最能动、最积极的要素。组织活力的源泉在于劳动者的创造力、积极性和智慧。要充分挖掘、准确识别和长足发展人的潜力和能力，必须开发利用人力资源信息。

加强人力资源信息的开发利用，是人力资源管理的基础和可靠保证，也是人力资源管理的根本目的。人力资源管理的各项活动都必须充分利用信息。参与决策、建立企业优秀文化、决定组织的结构需要信息；设立人事选拔标准、制定招聘计划、建立新的招聘市场、确定职业发展途径、制定员工开发计划要建立在充分信息的基础上；实施招聘计划、设立并运作控制系统、管理报酬项目、建立年度绩效评估系统、贯彻员工培训计划、安排员工上岗或转岗需要信息。有关人力资源招聘、培训、晋升等具体计划的信息的提供利用，可以便于员工据此制定自己的发展计划，有助于提高员工留任率。员工的教育、经历、技能、培训、绩效等信息的利用，可以帮助了解并确定符合某空缺职位要求的人员，对内部人员晋升非常重要。为了有效地进行工作设计，必须通过工作分析，全面了解和把握工作现状。只有获得工作单位以及工作本身所需完成的任务方面的详细信息，管理者才能选择适宜的方式来进行工作设计。

必须指出，现代人力资源管理是一个开放的系统，人力资源管理的发展过程是一个适应外部环境变化的过程。人力资源管理者必须时刻接受外界环境输入的信息，利用这些反映人力资源发展趋向与需求的信息，适时地改变人力资源管理的目标、战略、方式、措施、技术，才能使人力资源管理发生适当的变革，适应环境变化，服务于社会。

4.为决策者提供有效信息依据

决策对管理的影响作用大，而且影响持续的时间长，调整起来比较困难。进行正确的决策，需要完整、准确、真实的人力资源信息。人力资源的供需状况、人力资源的素质、人力资源的工作绩效与改进、人力资源培训与开发的效果等信息，可以为决策的确定提供内在保证；劳动力供给的状况、竞争对手所采用的激励或薪酬计划的情况以及关于劳动法等法律方面的信息，能够为决策制定提供外在依据。充分开发利用人力资源信息，才能保证客观、科学地进行决策。

5.积极促进人的潜能开发

人是生产力中最基本、最活跃、最关键的因素，提高人的素质，充分调动人的积极性、创造性，合理利用人力资源信息，是提高生产力水平的主要途径。人力资源信息对于开发人的智能，调动人的积极性和创造性，推动经济社会发展具有重要作用，是科学合理开发人才资源的必要条件。人才的筛选、识别和管理、制定人才机制、进行人才战略储备，都需要掌握大量的信息。充分挖掘人的潜力，提高人的素质，发挥人的聪明才智，关键在于对人力资源信息的开发和管理。人力资源管理部门以信息为依据，根据经济、社会发展的需要，从战略目标出发，有计划、有步骤地实施人才培养计划，进行吸收、选拔、任用等一系列管理活动，使人才的培养与岗位的要求，个人的发展与组织的目标相适应。

6.为制定人力资源规划提供数据

现代竞争的根源是人力资源的竞争。一流的人才才能造就一流的企业。

人力资源规划是单位的长期人力资源计划。要做到规划的科学性，必须根据经济社会发展的需要，制定出一定时期人才需求规划。依据人力资源信息，才能根据社会环境状况、单位的规划、组织结构、工作分析和现有的人力资源使用状况，处理好人力资源的供求平衡问题；才能科学地预测、分析环境变化中人力资源供给和需求状况，制定必要的政策和措施，合理分配组织的人力资源和有效降低人力资源成本，确保组织的长远利益。

（二）人力资源信息开发的类型

人力资源信息开发的主体是人员；人力资源信息开发的客体是有一定实体整理基础的信息；主体要对客体进行作用，即人力资源部门要对信息进行重新整合加工，将信息中的内容与其原载体相脱离进行重新组织，使客体形成系统化、有序化的状态。在人力资源信息开发利用过程中，可以按照主体对客体的作用程度进行信息分类。

1.按照加工程度分类

按照对信息加工的程度，信息开发分为浅加工和深加工。浅加工是指对人力资源信息进行压缩提炼，形成信息线索并存储在一定载体上的过程，即信息检索工作。深加工是根据一定的需求，对庞杂的人力资源信息进行系统化、有序化的过程，以解决利用者需求的特定性与人力资源信息量大、有杂质的矛盾，即信息编研工作。

2.按照加工层次分类

按照对信息资源加工的层次，信息开发分为一次信息开发、二次信息开发和三次信息开发。

（1）一次信息开发

一次信息开发在人力资源管理活动中直接形成的原始信息，具有直接参考和凭证的使用价值。对一次信息进行开发有利于把无序的原始信息转变成有序的信息，节省收集原始信息的精力和时间，提高利用率。其主要形式有剪报、编译。

（2）二次信息开发

二次信息开发是对一次信息进行加工整理后而形成的信息，专门提供信息线索，供人们查阅信息来源。它是对信息加工而得到的浓缩的信息，容纳的信息量大，可以使人们在较短的时间对一定范围内的信息有概括的了解。其主要的开发形式有目录、索引。

（3）三次信息开发

根据特定的需要，在一次、二次信息的基础上，经过分析研究和综合概括而形成更深层次的信息产品。从零星无序、纷繁复杂的信息中梳理出某种与特定需求相关的内容，解释某种规律性的认识，并最终形成书面报告，从而为管理决策服务。三次信息是高度浓缩的信息，提供的是评述性的、动态性的、预测性的信息。其主要形式有简讯、综述、述评、调查报告。

（三）人力资源信息开发的不同形式

1.编写材料

（1）编写工作说明书

工作说明书的编写，是在职务信息的收集、比素质要求等方面信息所进行的书面描述，一般由工作描述和工作要求两部分组成。工作描述是对工作职责、工作内容、工作条件以及工作环境等工作自身特性所进行的书面描述。工作要求则描述了工作对人的知识、能力、品格、教育背景和工作经历等方面的要求。

（2）编写人员供给预测材料

人员供给预测包括内部供给预测和外部供给预测。要充分利用信息，对信息进行综合分析，进行人员供给预测。

要收集有关人员个性、能力、背景等方面的信息，分析研究管理人才储备信息，如工作经历、教育背景、优势和劣势、个人发展需求、目前工作业绩、将来的提升潜力、专业领域、工作特长、职业目标和追求、预计退休时间。在对信息进行综合分析的基础上，编制出“职业计划储备组织评价图”，编写人员供给预测信息材料。

编写人员供给预测材料，必须收集和储存有关人员发展潜力、可晋升性、职业目标以及采用的培训项目等方面的信息；要获得目前人力资源供给的数据，包括：个人情况；工作历史；培训经历以及职业计划；目前的工作技能；累计数据，如员工总数以及他们的年龄分布、教育程度等，明确目前的人力资源供给情况，有效分析人力资源的供给及流动情况。

2.编制统计表

统计表是用表格来显示各种变量的取值及其特征，是表现人力资源信息最常用的形式，是为统计工作提供统计数字资料的一种工具。它可以概括文字的叙述，科学合理地组织人力资源信息，使人力资源信息的排列条理化、系统化、标准化，一目了然，给人以明显、深刻的感觉，便于阅读和进行统计分析。

3.编制统计图

统计图是用点、线、面、体等构成的几何图形或其他图形表现信息，表示变量的分布情况，是信息分析研究的重要方法。利用统计图来表现信息，形象具体、简明生动、通俗易懂，能将信息所反映的复杂的内容，用简明扼要的形式表现出来。

（1）统计图的种类

常用的统计图形有圆瓣图、直方图、条形图、折线图、机构图等。

①圆瓣图

用一个圆代表研究对象的总体，每一个圆瓣代表研究对象中的一种情况，其大小代表它在总体中所占的比例。圆瓣图只表示变量的某个取值在总体中的比重，对变量取值的排列顺序没有要求。

②直方图

直方图是紧挨着的长条组成的，条形的宽度是有意义的。它用每一个长条的面积表示所对应的变量值的频率或频次的大小。

③条形图

条形图是以宽度相等的条形长度来表示指标数值大小的图形。条形的排列既可以纵排，也可横排。纵排的条形图叫柱形图，横排的叫带形图。

④折线图

折线图是用直线连接直方图条形顶端的中点而形成的。当各条形的组距减小，条形增多时，折线将逐渐变为平滑，趋向为曲线。

⑤机构图

机构图是用图形来表示组织结构和管理体制的一种方法。典型的企业组织结构模式主要有直线制、职能制、直线职能制和事业部制。机构图与组织结构有着密切的关系，要根据企业组织结构模式设计机构图。

（2）编制统计图应遵循一定程序与基本要求

①确定编制目的

编制人力资源信息统计图，要根据实际需要，确定编制目的，以便进行信息的筛选、分析和综合，明确信息的表达方式和统计图形式。

②选择图示信息

信息的选择，应在反映所研究内容的一切指标中，选择符合制图目的、有价值、反映内容本质的重要信息，避免图示信息过多，内容繁杂，表达模糊。

③设计统计图

图形的设计要力求科学、完整、真实、清晰地体现信息的各种特征。图形的外观要尽量美观、鲜明、生动，具有一定的观赏性。标题要简单明确，数字及文字说明应准确无误。不同类型统计图的特点和运用的条件不同，应根据制图目的、信息内容和特点，确定编制的统计图形式，科学、准确地表达信息，使图形的布局、形态、线条、字体、色彩体现艺术性。统计图的形式应与利用需求相适应。用于领导、业务工作参考和分析研究时，可采用条形图、折线图和其他几何图形，呈现内容可详尽些；用于展览、宣传教育，尽量采用条形图、直方图或其他鲜明生动的图形，图形的标题、文字说明、数字和单位的标示简明扼要、色彩鲜明、通俗易懂。

④审核检查

统计图编制完成以后，要进行认真地审核检查和修改，确保编制的图形客观地揭示信息，符合制图目的，图形结构简明准确、生动鲜明，图式线形、数字标示、文字说明等适用，注解具体，图面清晰整洁。

4.编写统计分析材料

统计分析是对获得的人力资源信息进行量化分析，客观、准确、科学地揭示人力资源管理工作中的特点和规律，深入地反映人才资源状况，以此调整工作方式，提高人力资源管理水平。编写统计分析材料，能够精确描述和认识信息的本质特征，揭示信息的内在联系，使人们对信息的利用从感性认识上升到理性认识，为管理提供深加工、高层次、有价值的信息。

统计分析材料是充分表现统计过程、方法和结果的书面报告，为建立宏观人才资源信息库，为建立和完善人才市场体系、促进人才合理流动、实现人才工作协调发展、为人才规划的落实提供信息服务。编写统计分析材料有提炼主题、选择材料、拟定提纲、形成报告四个主要环节，编写要求是：针对性，明确编写目的、解决的问题和服务对象；真实性，尊重客观实际，以充分可靠的信息为基础，真实地反映客观实际，事实具体，数据准确；新颖性，在对原始信息深入挖掘、把握本质的基础上，提取新的信息、形成新的观点、结论；时效性，着眼于现实问题，讲求时间效果，在信息的最佳有效期提供利用。

（四）人力资源信息开发的方法

人力资源信息开发是在掌握大量信息的基础上，根据决策、管理、业务活动的需要，利用科学的研究方法，对现有信息进行系统的归纳分析，对各项活动的发展趋势做出判断和预测，提供全面性、高层次的信息，为工作活动服务。

1.汇集法

围绕某一特定的主题，把一定范围内的人力资源原始信息，按照一定的标准有机地汇集在一起。汇集法适合于反映一个地区或一个部门某方面的状况，当人力资源信息资料较多，反映面宽的时候比较适用。

2.归纳法

将反映某一主题的人力资源原始信息集中在一起，加以系统综合归纳和分析，以便完整、清晰地说明某一方面的工作动态。归纳法要求分类合理、线条清楚、综合准确。

3.纵深法

根据需要，把若干个具有内在联系，有一定共同点的人力资源信息，或几个不同时期的有关人力资源信息，从纵的方面进行比较分析，形成新的信息材料。可以按原始信息材料提供的某一主题层层深入，按某一活动的时间顺序或按某一事件的历史进程深入进去，要清楚问题的来源。

4.连横法

按照某一主题的需要，把若干个不同来源的人力资源原始信息材料从横的方面连接起来，做出比较分析，形成新的信息材料。采用连横法要选择最能说明主题的信息，从不同来源信息中选择具有一定同质性的信息。

5.浓缩法

通过压缩人力资源信息材料的文字篇幅，凝炼主题，简洁文字。使用浓缩法要主题集中，内容突出，一篇信息材料只表达一个中心思想，阐明一个观点；压缩结构，减少段落层次；凝炼语言，简明地表达含义。

6.转换法

人力资源原始信息中若有数据出现，应把不易理解的数字转换为容易理解的数字。

7.图表法

如果人力资源原始信息中的数据有一定的规律性，可以将数据制成图表，使人一目了然，便于传递与利用。

8.分析法

分析法是在充分信息的基础上，通过综合分析，进行人力资源的现状规划和需求预测，包括现状分析、经验分析、预测分析。

进行短期人力资源预测规划，要依据有关信息进行现状分析，预算出规划期内有哪些人员或岗位上的人将晋升、降职、退休或调出本单位的情况，根据预测规划期内的人力资源的需要，做好调动人员替补准备工作，包括单位内管理人员的连续性替补。

进行中、短期人力资源预测规划，可采用经验分析法、分合性预测法。经验分析是根据以往的信息进行经验判断，根据以往员工数量变动状况，对人力资源进行预测规划，预测组织在将来某段时间内对人力资源的需求。分合性预测是在下属各个部门、机构根据各自的业务活动、工作量的变化情况，预测的将来对各种人员需求的基础上，进行综合平衡，预测整个组织将来某一时间内对各种人员的总需求。

进行长期的、有关技术人员或管理人员的供求预测，采用预测分析法。针对某些重大的变革和发展趋势而带来的人力资源供求的变化，向有关专家征求意见，并在此基础上形成预测结果。

二、人力资源管理信息化的人才队伍建设研究

（一）人力资源管理信息化人才队伍的素质要求

实现人力资源管理信息化，需要一批适应形势发展、德才兼备、有创新思维和创造能力的人才推进信息化工作的发展。必须充分发挥人的主观能动性，建设一支思想作风过硬、业务素质高、知识结构合理的信息化管理人才队伍。素质是一个外延广泛而内涵丰富的概念，是人的品质、知识、能力的总和。信息化人才素质是信息化的前提和保障，主要包括信息素质、业务素质、知识素质。

1.信息素质要求

信息素质也称信息能力，是使用计算机和信息技术高效获取、正确评价和善于利用信息的能力。信息科技特别是网络科技的迅猛发展，使人类的沟通与信息交换方式变为以人际互动为主的模式，终身学习、能力导向学习和开放学习成为新的理念。为满足知识创新和终身学习的需要，提高信息素质将成为培养人才能力的重要内容。

（1）信息素质的意义体现

信息素质是信息化建设的要求。只有提高信息素质才能保证人力资源发展战略和信息化战略的实现。提高信息素质的意义主要体现在以下方面：

第一，人力资源发展需要信息素质。在信息瞬息万变的今天，市场的竞争就是人才的竞争，必须广、快、精、准地掌握与人力资源相关的政策、技术、市场、管理等全方位信息，进行科学决策，开发人才，才能从本质上全面提高组织的社会效益和经济效益。

第二，能够改善员工的知识结构。信息科学是一门新兴的交叉科学，涉及计算机科学、通信科学、心理学、逻辑学等诸多相关学科。随着科学技术的飞速发展，信息科学与其他学科知识一样，不断推陈出新。及时补充各学科的历史、现状和未来的信息知识，才能充分激发员工已有的业务潜能，改善员工单一的知识结构，重塑员工创新的能力构架，使员工充分运用现代的信息工具，积极主动跟上时代发展的步伐，成为信息化建设的贡献者和受益者。

第三，使信息价值得到更大程度的体现与发挥。信息是科学决策的基础，在人力资源管理中发挥着巨大作用。普及信息知识，提高信息处理能力，能使人们在人力资源管理信息化过程中，充分挖掘信息环境中的各种有利因素，排除不利因素，了解过去、把握现在、预测未来，让信息化建设更加有的放矢。

第四，进一步提高组织的信息管理水平。人们既是信息的需求者，又是信息的提供者，互利互惠，互相依存，总体上的信息需求结构达到动态的基本平衡，在组织内

部形成一个有效的信息增值网络。此外，普及信息知识还能激发人们潜在的信息需求，促使组织根据需求进一步完善人力资源管理系统的功能，对人力资源管理信息化提出更高的要求，最大限度地发挥人力资源信息的社会经济价值，促进人力资源管理信息化向高水平发展。

（2）信息素质的主要内容

信息化人才要做好本职工作，出色完成任务，必须具有较高的信息素质。信息素质的内容主要包括以下几个方面：

①强烈的信息意识

当今社会已经进入信息时代，信息无处不在，谁重视信息，谁就能赢得主动。人力资源管理者要有敏锐的信息意识，广泛收集人力资源信息，精心加工、准确提供、快速传递、充分利用，以适应人力资源管理信息化发展的客观要求。强烈的信息意识主要表现为三个方面：一是对信息的敏感性。指对人力资源信息价值的充分认识，对信息内容特有的敏感。对信息现象反应快的人，思维敏捷，机智聪颖，应变能力强，适应环境能力强，善于将信息现象与实际工作迅速联系起来，善于从信息中找到解决问题的关键。二是对信息的观察力。具有强烈信息意识的人，对信息的关注成为一种习惯性倾向而不受时间和空间的限制。无论在工作范围内，还是在日常生活中，都善于收集信息，并把这些信息与要解决的问题联系在一起。三是对信息价值的判断力。一个具有强烈信息意识的人，除对信息有敏感性之外，更重要的是对信息价值的发现以及分析加工的能力。要分析信息的价值，对有价值的信息充分利用。信息意识是在人力资源管理活动中产生和发展的，是在长期工作和学习中不断形成的。当对信息的开发利用变成一种自觉行动时，就会逐渐树立起信息意识。

②信息管理能力

指信息技术能力、认识能力、信息沟通和人际关系的才能、领导艺术和信息管理技能以及战略信息分析和规划决策的能力，即运用信息管理科学的基本原理和方法，提高在实际工作中认识问题、分析问题和解决问题的本领和技巧。

③管理信息服务能力

即围绕特定的管理业务进行的信息搜集服务、检索服务、研究与开发服务、数据资料提供和咨询服务的能力。信息服务工作的开展必须依据管理科学和心理行为科学的理论，根据服务对象的不同，进行用户研究和用户管理工作。

④信息处理能力

即获取和处理信息的能力，应该具备信息获取能力、信息加工能力、信息激活能力、信息活动策划能力、决策能力、指挥能力，这是人们认识问题、解决问题的本领。

2.业务素质要求

（1）娴熟的专业能力

系统掌握有关人力资源管理的理论知识，熟悉人力资源部门各个业务环节的基本技能，了解整个业务工作的流程及各项业务的有机联系，掌握人力资源工作的基本技能和基本方法，具备人力资源信息获取、加工、开发和交流的能力，精通本职工作。随着知识、新技术的不断更新，及时学习、补充新的人力资源管理业务知识和技能，适应新时期人力资源管理发展的需要。

（2）驾驭现代科技设备能力

随着现代科技日新月异的发展和办公自动化的普及，特别是电子计算机及现代通信技术在人力资源管理中的应用，人力资源管理的方法发生了深刻的变化，正在从传统的手工管理模式向现代化管理模式转变。只有学会新的思维方式，掌握现代科学知识，能够驾驭现代科技设备，熟悉计算机技术、信息开发技术、网络技术，并能运用科学的方法和技术，才能更好地进行人力资源管理，大力开发人力资源信息，加快人力资源管理信息化进程。

要具有掌握现代化办公设备的能力，能熟练使用电子计算机、打字机、传真机、复印机设备，掌握计算机操作技术、复印技术、打字技术、录音录像技术、光盘刻录技术等现代化手段。现代科学技术的突飞猛进，促进了人力资源工作设备与技术的现代化发展。电子计算机系统、缩微复制系统、声像技术系统、电视监护系统、自动报警系统、自动灭火系统在人力资源工作及人力资源信息管理中将日益广泛应用。这就要求掌握运用电子计算机储存和检索信息的技术，掌握缩微胶卷、胶片、影片、照片、录音带、录像带、磁带、磁盘、光盘等各种新型载体人力资源信息的保管条件、保管技术和利用手段，能够熟练地应用新技术进行人力资源信息的存储、自动标引、图形处理和自动利用，实现对人力资源信息的科学管理和开发利用。

要不断提高驾驭现代化科技设备的能力，提高设备的利用率，充分发挥其功能，变单机操作为联机操作，运用网络系统，实现人力资源信息共享，提升信息化水平。

（3）熟练的工作能力

熟悉社会信息化的发展动向和本单位人力资源管理现代化状况，把握社会对人力资源信息需求的变化特点，脚踏实地进行人力资源管理信息化建设，进行人力资源信息的开发和提供利用，提高人力资源工作的效率、质量和水平。有较强的处理问题、解决问题的能力，能根据利用者提供的关于时间、内容、作用等不同的信息线索，快速、准确地提供人力资源信息利用。能够利用互联网、多媒体技术拓展工作空间，提高工作效率，实现各部门的交互作用，使人力资源信息优质高效、无时空限制地进行资源共享，更好地为信息化发展服务。

（4）开拓创新能力

破除传统思想观念，建立现代化的创造性的思维方式，开创人力资源管理信息化工作新局面，发展人力资源管理事业。创造性的思维是多种思维方式的综合表现，主要体现为强烈的创新意识、奋发进取的创新精神、从容应对新情况和新问题的创新能力。观念的更新是提高人力资源管理质量与效率的基础。人力资源管理工作要在信息时代取得新的理论、实践、技术成果，实现信息化发展，就要求人们有创新思维。

3.知识素质要求

在经济全球化、社会信息化的背景下，人们意识到信息化战略的重要性，纷纷开始寻求信息化人才。既通晓信息科技，又熟悉组织策略、业务流程且精通电脑网络的人才，将在信息化建设中发挥越来越重要的作用。信息化人才要具备广博的知识，既有横向的丰富知识又要有纵向的学科专深知识。现代科学技术的发展，各类边缘学科、综合学科和交叉学科的兴起，要求信息化人才有科学的头脑，善于学习，具有广博深厚的知识基础，不断更新自己的知识结构。这样才能融会贯通，有所发现，有所创新，使自己能跟上时代发展的要求，适应人力资源管理工作不断变化的新需要。

一般来讲，信息化人才的知识结构包括以下几方面：

第一，业务知识。精通人力资源管理的业务知识，是信息化人才必须具备的基本功。因此，必须学习人力资源管理理论，不断加强继续教育，更新知识，熟悉本专业的新理论、新知识、新技术，熟悉人力资源管理各项业务环节的专门知识，成为人力资源管理的通才。

第二，信息管理业务知识。信息管理业务知识指信息管理的基本原理和方法，以及与信息管理业务活动有关的计算机科学知识和信息技术知识。信息管理学是一门边缘学科，是计算机科学、管理科学、信息科学交叉形成的，涉及社会科学和自然科学的许多领域。要深入学习，综合运用相关知识。

第三，现代科学技术知识。科技的发展使人力资源管理日益科学化、规范化、智能化，应该学会熟练使用计算机进行人力资源管理，学习一些科学基础知识，如高等数学、物理学化学、电子学微电子技术、办公自动化、仪器设备维护及标准化知识等，特别是要掌握涉及电子人力资源工作方面的应用知识。

第四，现代信息技术知识。信息社会的发展不仅对人力资源管理提出了新的要求，而且使人力资源信息的来源、载体、管理方式、加工方式、传播方式发生了变化，只有具备信息技术方面的知识，才能有效地处理人力资源信息，加强人力资源管理。

第五，管理科学知识。人力资源管理信息化建设是一个系统工程，其实施必须建立在科学管理的基础上。因此，要掌握行政管理、经济管理知识，了解信息论、系统论、控制论知识，提高决策和管理水平。

第六，外语知识。随着网络化的进一步发展扩大，我国用户通过互联网与国际连接，大量的国外信息资源以外文的记录形式出现在网上。如果不掌握外语这个工具，就不能获得国际化人才信息和国外人力资源管理发展的信息。具备一定的外语水平，才能在信息海洋中迅速而有效地获取有价值的信息资源。特别是在信息和网络时代，全球的信息交流日益频繁和便利，学习外国先进经验与管理技术，与国际现代化人力资源工作接轨，参与国际学术交流，进行人力资源信息对外交流和服务，都需要熟练掌握一门或多门外语，达到能看、会听、日常对话及一般笔译的水平，以适应人力资源信息国际交流的需要。

人力资源管理信息化必须树立以人为核心的管理思想。如果信息化人才准备不足，势必会极大地影响人力资源管理的发展。因此，当前的首要任务就是要培养合格的信息化人才。

（二）人力资源管理信息化人才队伍的培养对策

信息时代的核心是科技，关键是人才。要培养造就一批人才，形成一支推进人力资源管理信息化的基本队伍。

1.注重人才队伍建设与加速人才培养

（1）注重人才队伍建设

信息时代迫切要求从领导到员工转变传统的管理理念，领导更要重视电子环境下的人力资源工作，在资金、人员和政策上加大支持力度，以新的方式、新的观念全方位发掘、培养、选拔人才，建立人才库和激励机制。要不拘一格选人才，着重解决人力资源管理信息化人才队伍建设中存在的突出问题，把工作重点放在高层次和紧缺人才上，注重人才队伍建设的整体推进和协调发展。

（2）利用各种途径加速人才培养

人力资源管理信息化建设急需大量的信息技术人才。要加强继续教育，通过委托代培、在职业务学习、专题讲座和学术报告以及业务函授、自修班和专业研究班学习等形式培养人才。要充分利用学校教育，从人力资源管理、信息管理专业的博士、硕士、本科、专科毕业生中选拔人才，为信息化人才队伍输送新鲜血液，不断充实信息化人才队伍。要强化社会教育，通过多种途径和手段，采取有效措施和政策，形成多层次、多渠道、多形式的人才培养体系，培养适应信息化发展的多门类、多层次的信息化人才，使之具有计算机知识和网络知识，熟悉数字化、网络化的环境，成为既精通信息技术又精通业务的复合型人才，在信息化进程中充分发挥作用。还可以制定引进人才的相关政策，创造良好的人才环境，吸引海内外优秀信息技术人才。

2.加强信息技术技能训练的培养

在信息化条件下，人力资源管理工作的技术性必然要求人们具备操作计算机等现代办公设备的能力，熟练地运用开发的系统；在信息检索方面能熟练运用计算机技术，实现提供利用自动化、在线化；能运用通信技术，熟悉信息系统软件和网络工具；能运用多媒体技术，提供图、文、音、像一体化的多媒体信息服务。因此，要进行专业人员的知识培训和技能的训练，使之具备现代化的管理知识，了解电子环境下人力资源管理的全过程和发展趋势，掌握应有的信息技术，确保人力资源管理系统更科学、更合理、更高效地发挥作用。

3.普及信息知识

一流的人才能造就一流的组织。实现人力资源管理信息化，需要人们具有信息观念和信息知识。通过多种方法和手段普及信息知识对提高人们的信息素质至关重要，必将对信息化产生良好的效果和积极的影响。

（1）普及信息知识的具体方法

一是专题讲座。举办专题讲座是提高信息素质的有效途径。主讲者可以是国内著名的信息学专家，也可以是对信息有独到见解和丰富经验的集团和公司领导，还可以是长期从事信息业务的工作人员。主讲内容以信息领域中某一方面知识的深入剖析为主，采取理论与实践相结合的方式，使人们既有感性认识又有理性认识。二是专题研讨。组织相关人员和领导就当前的信息化形势和单位人力资源信息系统现状进行研究和讨论，将有助于掌握更多的信息知识和技能，利于对已有信息资源深层次开发和利用。三是发行手册。用通俗易懂的文字或以图文并茂的形式将信息系统的软硬件操作手册或使用指南编辑成册，既有较广的发行面，又能具有一定的累积性，方便自学和备查。四是参观考察。组织相关人员和领导到信息行业的先进单位参观学习，获取信息，对比找差距，使信息系统更为合理而有效。

（2）普及信息知识的主要原则

第一，简明性原则。信息技术是信息化管理的工具和手段，因此普及信息知识，必须以简明、概括为原则，深入浅出，循序渐进，起到事半功倍的效果。第二，实用性原则。普及信息知识要注重实用性。以使用率高、能直接在工作中运用且具有明显收效的信息内容为主，尽量介绍与目前已建成的可操作的信息软硬件紧密相联的有关信息知识，如因特网的检索与电子邮件的使用等，这样才能增加学习的兴趣，达到学以致用的目的。第三，新颖性原则。进行普及信息知识的活动中，无论是内容还是形式都要与国内外信息化发展趋势、内外部信息环境、信息技术的最新动态保持同步，具有强烈的时代感和鲜明的新颖性，提高学习的效率和水平。第四，层次性。普及信息知识要因人而异，根据人们的知识水平、专业结构、职务职位、业务能力因材施教，做到授其所需补其所短。

4.积极建设梯队的信息化人才队伍

人力资源管理信息化人才队伍建设，应重点突出，目标明确，形成梯队。

（1）信息化人才骨干队伍建设。重点抓好高层次骨干人才的培养，特别要注意发现和培养一批站在世界科技前沿、勇于创新和创业的带头人，具有宏观战略思维、能够组织重大科技攻关项目的科技管理专家及人力资源技术专家。探索新形势下加速信息化人才骨干队伍建设的新思路，把培养信息化人才骨干当成一项至关重要的任务来抓。

（2）青年信息化人才的培养。拓宽视野，不拘一格，注重发现具有潜质的青年人才，为他们提供施展才华的舞台。要重视培养年轻人的创新精神和实践能力，鼓励他们在信息化过程中和工作实践中努力拼搏。大力倡导团结协作、集体攻关的团队精神，努力培养青年人才群体。注意正确处理好现有人才与引进人才的关系，创造各类优秀青年人才平等竞争、脱颖而出、健康成长的机制，不断探索培养优秀青年信息化人才的途径。

(3) 信息化管理人才的培养。信息化规划的实施与落实，需要引进、开发、投资建设一大批信息资源及网络基础设施。为保障信息化的快速、稳定、健康发展，需要一批具有较高专业素质的管理人才从事资源及设施的建设、运行、管理及维护工作。信息化管理人才的培养，要考虑队伍的稳定性，培养对象的选择，要注重是否具备较高的政治素质，是否热爱人力资源管理事业，同时在政策上要有良好的激励机制和制约措施。

(4) 信息化技术应用型人才的培养。信息化建设的最终目标是要培养具有综合职业能力和全面素质、具有信息化意识，并掌握现代信息技术、计算机技术、通信技术、网络技术的适应现代化建设需要的应用型人才和高素质劳动者。这是检验信息化建设能否服务于人力资源事业体系的建立、服务于人力资源管理现代化、服务于经济和社会发展的标准。

应该充分创造条件，采用多种途径对信息化人才进行培训，尽快普及现代信息技术、计算机技术、通信技术、网络技术的教育，组织人力资源工作者参加社会认可的计算机应用资格证书考试，让更多的人参与到信息化建设工作中来。

5.重视加强信息化人才队伍建设的组织领导

人是社会信息活动的核心，人才问题是信息化的根本保证。从现在起就要有目的、有计划地培育和吸纳优秀人才，为信息化建设准备坚实的人才基础。为了培养综合素质的人才，逐步形成知识结构合理、层次配置齐全的信息化人才队伍，加快信息化建设的步伐，完成时代赋予人们的历史使命，必须加强信息化人才队伍建设的组织领导。

第一，重视人才队伍建设工作的领导。各级人力资源部门和领导干部要真正树立科技是第一生产力和人才是“第一资源”的意识，把信息化人才队伍建设工作摆上重要议事日程，引导人们特别是青年人树立正确的世界观、人生观、价值观，求实创新、拼搏奉献、爱岗敬业、团结协作，努力成为信息化建设的有用人才。

第二，健全人才建设的工作机制。建立和完善信息化人才交流制度，加强各地区、部门之间的联系、沟通，协调有关重要政策的研究、执行和工作部署、落实。

第三，加强人力资源管理部门自身建设。充实人力资源管理部门力量，配备高素质人员，并保持相对稳定。提供必要的工作条件，保证工作经费，加强对人员的境内外培训，提高综合素质、服务意识和信息安全意识。重视对人才理论、人才成长规律和管理规律的研究，学习借鉴国外人力资源开发的经验。

第四，加强督促检查，狠抓落实。抓紧建立一支掌握先进科学技术和管理知识、政治素质好、创新能力强的信息化人才队伍，是事关事业当前和长远发展的根本大计。人力资源部门要结合实际，在抓落实上下功夫。定期对信息化人才队伍建设进行调查研究、督促检查。要进一步提高对人才问题的认识，把人才工作摆到更为重要、更为突出的位置上来，加快创造有利于留住人才和人尽其才的社会环境，切实加大工作力度，努力营造充分发挥人才作用的良好氛围，从而保证信息化目标的实现。

第三节　人力资源管理信息化系统的功能解析

人力资源管理信息系统是由相互联系的各个子系统组成的，子系统之间相互关系的总和构成了人力资源管理信息系统的整体结构。不同的管理层次和工作任务对应不同的系统，要求系统发挥不同的功能。

一、信息处理与服务功能

（一）信息处理功能

人力资源管理信息系统设置标准化计量工具、程序和方法，对各种形式的信息进行收集、加工整理、转换、存储和传递，对基础数据进行严格的管理，对原有信息进行检索和更新，从而确保信息流通顺畅，及时、准确、全面地提供各种信息服务。

1.数据处理

数据处理涉及设备、方法、过程以及人的因素的组合，完成对数据进行收集、存储、传输或变换等过程。将原始数据资料收集起来，输入计算机，进行文字处理，在机器屏幕上直观、方便地对文字进行录入、编辑、排版、增删和修改，方便地存档、复制、打印和传输，由计算机完成计算、整理加工、分类、排序和分析等信息处理工作，进行数据的识别、复制、比较、分类、压缩、变形及计算活动。数据处理实现信息记录及业务报告的自动化，通过对大批数据的处理可以获得对管理决策有用的信息。

2.电子表格

人力资源管理信息系统拥有丰富的人力资源数据，具有灵活的报表生成功能和分析功能。能够用软件在计算机上完成制表、录入数据、运算、汇总、打印报表等项工作，十分快捷地得到准确、美观的表格。系统直接利用来源于各基本操作模块的基本数据，既以信息库的人力资源数据作为参考的依据，又根据人力资源管理者提供的信息进行综合分析，提供从不同角度反映人力资源状况的信息报表和分析报表。如生成按岗位的平均历史薪资表，员工配备情况的分析表，个人绩效与学历、技能、工作经验、接受培训等关系的统合性分析报表，供日常管理使用和决策参考。报表提供的不是简单的数据，而是依赖于常规的人力资源管理与分析方法，从基本的数据入手，形成深层次的综合数据，反映管理活动的本质，指导管理活动。

3.电子文档管理

运用电子文件处理软件，实现文件的审定、传阅、批示、签发以及接收、办理、反馈、催办、统计、查询、归档等环节的计算机处理。用计算机管理文件材料，完成文件的编目、检索，进行文件信息统计分析，实现利用者的身份确认、签名、验证，办理借阅手续，方便利用者的查找，达到安全管理信息的目的。

4.图形与图像处理

图形处理是利用计算机完成条形图、直方图、圆瓣图和折线图等各种图形的制作，对图形进行剪辑、放大、缩小、平移、翻转等处理，满足不同需求的使用。图像处理是利用计算机将图像转变为数字形式，再用数字形式输出并恢复为图像。主要包括图像数字化、图像增强与复原、图像数字编码、图像分割和图像识别等。

（二）信息服务功能

人力资源管理信息系统的特点，是面向管理工作，收集、存储和分析信息，提供管理需要的各种有用信息，为管理活动服务。

1.整合优化管理

由于现代管理工作的复杂性，人力资源管理信息系统以电子计算机为基础，按照所面向的管理工作的级别，对高层管理、中层管理和操作级管理三个层面展开服务。按其组织和存取数据的方式，可以分为使用文件和使用数据库的服务；按其处理作业方式，可以分为分批处理和实时处理的服务；按其各部分之间的联系方式，可以分集中式和分布式服务。一个完整的管理信息系统，能够针对个多层次的结构，以最有效的方式向各个管理层提供服务，使各层次间结合、协同行动。一方面进行纵向的上下信息传递，把不同环节的行为协调起来；另一方面进行横向的信息传递，把各部门、各岗位的行为协调起来。

人力资源管理信息系统，通过各种系统分析和系统设计的方法与工具，根据客观系统中信息处理的全面实际状况，合理地改善信息处理的组织方式与技术手段，以达到提高信息处理的效率、提高管理水平的目的。人力资源管理信息系统是为各项管理活动服务的一个信息中心，具有结构化的信息组织和信息流动，可以按职能统一集中电子数据处理作业，利用数据库构成较强的询问和报告生成能力，有效地改善各种组织管理，提高电子计算机在管理活动中的应用水平。只有这样，管理活动才能成为一个有机的整体，呈现整体化和最优化的局面。

2.组织结构管理

系统根据相关信息，形成组织结构图，提供组织结构设计的模式。通过职能分析，确定职务、职能、职责、任职要求、岗位编制、基本权限等，形成职务职能体系表，并根据不同职位的职责标准，进行职责诊断。系统根据需要对组织结构及职位关系进行改动、变更，对职位职责、职位说明、资格要求、培训要求、能力要求及证书要求进行管理，配置部门岗位和人员，生成机构编制表，进行岗位评价，实现内部冗余人员和空缺岗位的匹配查询。

3.人事管理

系统具有对人员档案中的信息进行记录、计算查询和统计的功能，方便人事管理。系统对每个员工的基本信息、职位变更情况、职称状况、完成的培训项目进行维护和管理。记录人事变动情况，管理职员的考勤，形成大量的声音、图像、VCD文件及其他各种形式的信息，并保存在信息库中。系统拥有人员履职前资料、履职登记及培训、薪资、奖惩、职务变动、考评、工作记录、健康档案等丰富的信息。可以按照部门人数、学历、专业、院校、籍贯、户口、年龄、性别等进行分类统计，形成详尽的人力资源状况表。系统通过众多的检索途径，直接提供满足各种需求的信息利用，在员工试用期满、合同期满时，自动通知人力资源部门处理相关业务。

4.招聘管理

系统能够为招聘提供支持，优化招聘过程，进行招聘过程的管理，减少业务工作量；对招聘的成本进行科学管理，降低招聘成本；为选择聘用人员的岗位提供辅助信息，有效地帮助进行人力资源的挖掘。

5.薪资管理

系统可以根据基本数据，在职务职能设计的基础上，进行岗位分析，确定薪酬体系，自动计算单位及各部门的薪酬总额、各种人事费用比例、各级别的薪酬状况，及时形成薪酬报表、薪酬通知单等单据，根据目前的现状对薪酬体系进行自我调整，形成详尽的薪酬体系表和薪级对照表，便于对薪资变动的处理。

6.绩效考核管理

系统的绩效考核功能，包括考核项目定义、考核方案设置、考核等级定义、考核员工分组定义、考核记录、考核结果。系统根据职务职能设计将人员分成决策层、管理层、基本操作层、辅助运作层等职级，分别设计考评的标准，对月份、季度、年度考核进行统计分析，并与薪酬、奖惩体系等进行数据连接，生成数据提供利用。

7.培训管理

系统制定培训计划，对培训进行人、财、物的全面统筹规划。在资金投入、时间安排、课程设置等方面实施控制。系统对课程分类、培训计划等提供了基本的模式，根据职位中的培训要求及员工对应的职位，能自动生成培训安排。员工改变职位后，其培训需求自动更改，可直接增加培训计划，也可由培训需求生成培训计划。系统能够获取培训过程中的各种信息材料，有各种培训资料收集途径信息，有大量培训组织机构的信息，逐步形成了专业的培训信息库，使个人的培训档案能够直接与生涯规划紧密联系在一起。系统可以从教师、教材、时间安排、场地、培训方式、培训情景等方面进行综合评估，检查培训的效果。

二、信息事务处理、计划与控制功能

（一）信息事务处理功能

人力资源管理信息系统能优化分配人力、物力、财力等在内的各种资源，记录和处理日常事务，将人们从单调、繁杂的事务性工作中解脱出来，高效地完成日常事务处理业务，既节省人力资源，又提高管理效率。

系统在审查和记录人力资源管理实践过程中，通过文字处理、电子邮件、可视会议等实用技术，以及计算和分析程序，进行档案管理、编制报告、经费预算等活动。集中实现文件材料管理、日程安排、通信等多种作用，辅助人力资源管理者进行事务处理，协调各方面的工作。人力资源管理信息系统的处理事务功能具有以下两个特性：

第一，沟通内部与外部环境之间的联系。在内、外部之间架起一座桥梁，确保信息交流渠道的畅通，及时、准确地获取有用信息，并向外界进行有效的信息输出。

第二，系统既是信息的使用者，又是信息提供者。系统与外界环境联系密切，在运行过程中产生并提供信息利用，管理者通过它获取有关组织运转的现行数据和历史数据，从而很好地了解组织的内部运转状况及其与外部环境的关系，为管理决策提供依据。

（二）信息计划与控制功能

人力资源管理信息系统的计划功能表现在，系统能体现未来的人力资源的数量、质量和结构方面的信息，针对工作活动中的各种要求，提供适宜的信息并对工作进行合理的计划和安排，保证管理工作的效果。人力资源计划按重要程度和时间划分，有长远规划、中期计划和作业计划等；按内容划分有人员储备计划、招聘计划、工资计划、员工晋升计划等。系统可以对有关信息进行整合，形成完整的人力资源计划，为人力资源管理提供利用。

控制是人力资源管理的基本职能之一，而信息是控制的前提和基础。及时、准确、完整的信息可以保证对人力资源管理全过程进行有效的控制，做到指挥得当，快速应变。人力资源管理信息系统能对人力资源管理的各个业务环节的运行情况进行监测、检查，比较计划与执行情况的差异，及时发现问题，并通过分析出现偏差的原因，采用适当的方法加以纠正，从而保证系统预期目标的实现。

三、信息预测功能

人力资源管理信息系统不仅能实测现有的人力资源管理状况，而且可以对人力资源管理活动进行科学分析和组织，利用过去的历史数据，通过运用适当的数学方法和合理的预测模型来预测未来的发展情况，对人力资源需求、劳动力市场、未来战略、职业生涯和晋升等做出科学预测。

系统通过对行业信息、人才市场信息等做出测评，针对不同的岗位，按照一定人力资源规划的方法进行综合计算，预测某一时期单位及各职能部门的需求人数，并对人员的学历、资历、专业、工作行业背景、毕业院校等基本素质进行规划，最终自动生成详细的易操作的人力资源规划表，确定新进、淘汰、调动、继续教育的基本目标。对人员、组织结构编制的多种方案，进行模拟比较和运行分析，并辅之以图形的直观评估，辅助管理者做出最终决策。

系统可以制定职务模型，包括职位要求、升迁途径和培训计划。根据担任该职位员工的资格和条件，系统提出针对员工的一系列培训建议，一旦机构或职位变动，系统会提出一系列的职位变动或升迁建议，对人员成本做出分析及预测。

（一）信息决策支持功能

当今社会，信息变得越来越重要。真实、准确的人力资源信息是进行决策的坚实基础。所以，人力资源管理信息系统的决策支持功能非常重要。把数据处理的功能和各种模型等决策工具结合起来，依靠专用模型产生的专用数据库，针对某方面具体的决策需要，专门为各级、各层、各部门决策提供人力资源信息支持，可以达到决策优化。

决策支持功能的学科基础是管理科学、运筹学、控制论和行为科学。通过计算机技术、人工智能技术、仿真技术和信息技术等手段，利用数据库、模型库以及计算机网络，针对重要的决策问题，做好辅助决策支持。决策支持功能具备易变性、适应性、快速的响应和回答、允许用户自己启动和控制的特征。

决策支持的类型主要有：专用决策支持，针对专业性的决策问题，如招聘决策、人力资源成本决策，具有决策目标明确、所用模型与程序简单、可以直接在系统中获得决策结果的特点；集成的决策支持，能处理多方面的决策问题，模型、数据库和计算机网络处理的决策问题，具有更强的通用性；智能支持，由决策者把推测性结论与知识库相结合，用来解答某些智能性决策问题。

决策支持面对的是决策过程，它的核心部分是模型体系的建立，提供方便用户使用的接口。人力资源管理信息系统能充分利用已有的信息资源，包括现在和历史的数据信息等，运用各种管理模型，对信息进行加工处理，支持管理和决策工作，以便实现管理目标。它不但能在复杂的迅速变化的外部环境中，提供相关的决策信息，从大量信息中挖掘出具有决策价值的数据、参数和模型，协助决策者制定和分析决策，提高决策质量和可靠性，降低决策成本，而且可以利用各种半结构化或非结构化的决策模型进行决策优化，提高社会经济效益。

决策支持要求提供的数据范围广泛，但对信息的数量和精度方面要求比较低。它通过灵活运用各种数学和运筹学方法，构造各种模型来支持最终的决策。

决策支持主要帮助管理者解决问题，使管理者不受空间和时间的限制，共享系统提供的各种信息。当支持决策的数据变量发生改变时，分析出现变化可能带来的结果，帮助管理者调整决策。

（二）信息执行支持功能

主要服务对象是战略管理层的高级管理人员。它直接面对的是变化无常的外部环境。执行支持只是为决策提供一种抽象的计算机通信环境，而不同于决策支持为决策者提供某种特有的解决问题的能力。执行支持系统能以极低的成本和极快的速度向决策者提供有用的信息，从而保证管理者能进行及时的决策，避免耽误决策时机。为了方便高级管理人员操作，系统往往具有很友好的界面。

第四节 人力资源管理信息系统的开发与建立

一、人力资源管理信息系统的开发

人力资源管理信息系统都是按照一定的管理思想，借鉴相应的管理理念开发出来的。人力资源管理信息系统的开发，要考虑系统的要素、系统的管理过程，分析系统开发的要求，在创造各种有利条件的基础上进行开发。

（一）人力资源管理信息系统的要素

人力资源管理信息系统作为实现管理现代化的重要手段，是由相互联系、相互作用的多个要素有机集合而成的，执行特定功能的综合体。

1.人

人力资源管理信息系统是一个人机系统，人员是系统的重要组成部分。包括数据准备人员与各层次管理机构的决策者以及系统分析、系统设计、系统实施和操作、系统维护、系统管理人员。人力资源管理信息系统的实施，关键在于系统人员的管理。应该将参与系统管理的人员-按照系统岗位的需要进行分工和授权，使之相互配合，协调一致地参与管理过程。明确规定系统的各个岗位的任务、职权和职责，对系统人员承担的任务进行明确的授权；用客观、公正的评价指标和衡量优劣的方法，定期或不定期地对系统人员进行检查和评价；对系统人员进行培训，应对计算机专业人员与管理人员在内容上各有侧重。

2.硬件系统

硬件主要指组成人力资源管理信息系统的有关设备装置，包括计算机及通信网络、工作站和有关的各种设施。主要是进行信息输入、输出、存储、加工处理和通信。计算机是整个系统的核心；通信网络可采用局域网、因特网或其他网络，以适于不同部门、不同区域的需要；工作站可以是简单的字符终端或图形终端，也可以是数据、文字、图像、语音相结合的多功能的工作站。

3.软件系统

软件系统主要包括系统软件和应用软件两大类。系统软件主要用于系统的管理、维护、控制及程序的装入和编译等工作。应用软件包括指挥计算机进行信息处理的程序或文件等。

4.数据库

数据库是指数据文件的集合。数据库对各种人力资源的数据进行记录和保存，将这些数据和信息转化成为人力资源管理信息系统可以识别和利用的信息，把所有人力资源信息纳入系统，使不同来源的输入数据得以综合，方便提供必要的利用。数据库的内容包括描述组织和员工情况的数据以及影响人力资源资源管理环境的因素，可以提供对于人力资源计划和管理活动具有广泛价值的多种类型的输出数据。应该把人力资源管理活动中形成的人力资源信息，按照数据库设计的要求转换成数据信息，及时更新、修改和补充新的数据，以便在满足基本业务需求的同时，适应不断增长的业务信息需求。

5.操作规程

操作规程指的是运行管理信息系统的有关说明书，通常包括用户手册、计算机系统操作手册、数据输入设计手册等。遵循操作规程，整合优化人力资源管理，统一业务处理流程，就可以顺利完成管理信息系统的各项功能，如信息处理、数据维护及系统操作等，从资源规划和整合上优化人力资源管理信息系统。

（二）人力资源管理信息系统的基本环节

一个完善的人力资源管理信息系统，包含有信息输入、信息转换、信息输出、信息反馈控制四个基本环节，其核心任务是向各层次的管理提供所需的信息，实现信息价值，体现了人、机、信息资源三者之间的关系。

1.输入

向人力资源管理信息系统提供原始信息或第一手数据，即为输入。人力资源管理信息系统主要包括两个方面的信息：第一，组织方面的信息，主要是政策、制度、程序、管理活动的真实记录；第二，个人方面的信息，主要是自然状况，性别、年龄、民族、籍贯、健康；知识状况，文化程度、专业、学历、学位、职称、取得的各种资格证书；能力状况，操作技能、管理技能、人际交往能力、组织协调能力、语言表达能力、其他特长；经历，个人承担过的工作、职务、时间，是在个人职业生涯中形成的历史信息；工作状况，所属部门、职位、等级、绩效表现；培训，受过哪些培训、时间、成绩；收入，工资、奖金、福利；心理状况，兴趣、偏好、积极性水平、心理承受能力；家庭状况，家庭成员、家庭职业取向；部门评价，使用意见、综合评价等。系统要完整、准确、及时地记录数据，加快信息更新速度，丰富信息资源。

2.转换

转换是指对输入的信息进行加工，使其成为对组织更有价值、更方便利用的信息形式。信息的转换要经过信息的分类、信息的统计分析、信息的比较和信息的综合处理等环节，要求确保信息的客观性和提高信息的可用性。

系统对获得的原始信息材料作分类加工处理，就可得到许多能满足需求的有用信息，员工文化素质的结构、年龄结构、业务水平、培训情况等，使信息利用更有效。如输入员工每月的工作时数，就可得到其应发工资数、扣发工资数及实际数等项目。计算机和软件对信息进行转换，形成合成信息、深层次信息、计量模型和统计模型计算的数据，使信息转化为符合利用需要的信息，可帮助管理者做出科学的决策。用计算机系统进行信息加工，比手工的处理速度更快、更准确。

3.输出

输出对加工处理后的信息成果，用报表、报告、文件等形式提供给系统外部利用。如工资单、招聘分析报告。信息输出的形式因利用者对信息内容和质量的要求不同而有差异。一定要根据存储量、信息格式、使用方式、安全保密、使用权限等方面的要求来确定。人力资源管理信息系统的最终目的是为用户提供技术数据、管理信息和决策支持信息。信息只有经过输出，才能实现价值，发挥作用，变潜在价值为现实价值。系统输出高质量的信息，是管理活动的基础和依据，能够起到辅助管理的作用。

4.反馈控制

系统将信息输出后，输出的信息对管理活动作用的结果又返送回系统，并对系统的信息再输出发生影响的过程。利用系统提供的反馈信息，可以据此改变系统参数和重新配置人员，重新确定工作标准、配置人力资源、修订人力资源发展计划。反馈控制确保整个过程的实施，确保系统所预想达到的结果，以提高整个系统的有效性。

（三）人力资源管理信息系统开发的一般要求

人力资源管理信息系统具有复杂的结构形式，既要反映业务活动的特点，又要反映组织结构的特征，而且时间、环境、个体因素都会对其产生影响。因此，进行人力资源管理信息系统的开发要遵循一定的要求。

1.完整性与集成性

人力资源管理信息系统是基于完整而标准的业务流程设计的，能够全面涵盖人力资源管理的所有业务功能，是用户日常工作的信息化管理平台。对员工数据的输入工作只需进行一次，其他模块即可共享，减少大量的重复录入工作。人力资源管理信息系统，既可作为一个完整的系统使用，也可以将模块拆分单独使用，必要时还能扩展集成为一个完整系统。

2.易用性

界面友好简洁，直观地体现人力资源管理的主要工作内容，引导用户按照优化的人力资源管理流程进行每一步操作。尽量在一个界面显示所有相关信息，并操作所有功能，使信息集成度高，减少大量对弹出式对话框的烦琐操作。

3.网络功能与自助服务

能提供异地、多级、分层的数据管理功能，日常管理不受地理位置限制，可在任何联网计算机上经身份验证后进行操作。

为员工与管理者提供基于Web的企业内部网络应用，允许员工在线查看企业规章制度、组织结构、重要人员信息、内部招聘信息、个人当月薪资及薪资历史、个人福利累计、个人考勤休假等；注册内部培训课程、提交请假、休假申请，更改个人数据，与人力资源部门进行电子方式的沟通；允许主管人员在授权范围内在线查看所有下属员工的人事信息，更改员工考勤信息，审批员工的培训、请假、休假等申请，并能在线对员工进行绩效管理；高层管理者可在线查看人力资源配置情况、人力资源成本变动情况、组织绩效、员工绩效等各种与人力资源相关的重要信息。

4.开放性

提供功能强大的数据接口，轻松实现各种数据的导入导出以及与外部系统的无缝连接。便于引入各类Office文档，并存储到数据库中，规范人力资源文档的管理，并增加文档的安全性。能够支持所有主流关系型数据库管理系统以及各种类型的文档处理系统。

5.灵活性

可方便地根据用户需求进行功能改造，更改界面数据项的显示。具有强大的查询功能，可灵活设置众多条件进行组合查询。支持中英文或其他语种实时动态切换。

6.智能化

系统的自动邮件功能，可直接批量通过E-mail发送信息给相关人员，如通知被录用人员、给员工的加密工资单等，极大地降低管理人员的行政事务工作强度。系统设置大量的提醒功能，以便用户定时操作，如员工合同到期、员工生日等，使人力资源管理变被动为主动，有效地提高员工对人力资源工作的满意度。

7.强大的报表、图形输出功能

提供强大的报表制作与管理工具，用户可直接、快速设计各种所需报表，并能随时进行设计更改。报表可输出到打印机、Excel文件或TXT文本文件。提供完善的图形统计分析功能（如条形图、圆瓣图、折线图等），输出的统计图形可直接导入MS Office文档中，快速形成人力资源工作分析报告。

8.系统安全

对数据库进行加密，进行严格的权限管理，设定用户对系统不同模块、子模块乃至数据项的不同级别操作权限。建立数据定期备份机制并提供数据灾难恢复功能；建立日志文件，跟踪记录用户对系统每一次操作的详细情况。

（四）人力资源管理信息系统开发的条件

人力资源管理信息系统的开发及运行能够产生巨大的社会经济效益，但是必须具备一定的前提条件。否则不仅不能获益，反而会造成人力、财力、物力和时间的浪费。一般说来，开发人力资源管理信息系统应具备以下四个基本条件：

1.管理基础坚实

人力资源管理信息系统应建立在科学管理的基础上。可以说，系统的开发过程就是管理思想和管理方法变革的过程。只有在合理的管理体制、完善的规章制度、稳定的工作秩序以及科学的管理方法的基础上，完善人力资源管理运作体系，实现工作规范化、系统化，系统的功能作用才有可能充分发挥。

2.领导重视

人力资源管理信息系统开发是一项复杂的系统工程，涉及统一数据编码、统一表格形式等多项协调工作，不能仅仅依靠专门技术人员单独实现。在某种程度上说，领导的重视程度可以直接决定人力资源管理信息系统的应用效果，因为在管理信息系统开发与应用的各个时期，对于资源投入、总体规划等全局性的重大问题，需要领导决策。领导要了解人力资源管理信息系统的优势，熟悉计算机基础知识和系统基本操作，重视并积极参与系统开发工作。

3.相关人员积极参与

要明确规定系统开发相关人员的职责，协调相互之间的关系，充分发挥系统开发人员的作用。

系统开发相关人员要履行自己的职责。积极参与开发。方案设计人员，要具有非常好的计算机技术，熟悉自动化流程业务，负责整个项目的需求分析、方案论证和实施方案的设计。项目实施人员，负责整个系统的开发、测试和安装，保证系统实施过程中的质量，并定期将进展情况向其他人员通报。技术服务人员主要职责是用户的操作指导和培训，做好技术支持。资料员负责提供和保管在系统开发实施过程中需要的各种数据和产生的各种文档。

业务人员主动配合对人力资源管理信息系统的开发与应用同样具有重要作用。在系统开发阶段，需要他们介绍业务、提供数据和信息；在系统建成之后，他们是主要的操作者和使用者。因此，他们的业务水平、工作习惯和对系统的关注与参与程度，将直接影响系统的使用效果和生命力。所以，要充分调动业务人员的积极性，使其能够很好地配合，主动参与系统的使用和部分开发工作。

4.紧密结合实际

进行人力资源管理信息系统的开发，要做客观而充分的评估，了解人力资源管理现状，做出系统的预算，决定是否需要引入管理咨询，确定实施系统的范围与边界。既考虑满足当前人力资源管理需求，又设法确保系统为人力资源管理层次的提升带来帮助。要从实际情况出发，不盲目地贪大求全，准确定位，寻找到合适的解决方案。在功能层面上，根据人力资源管理的实际情况，规划实际有效的、能够产生价值的功能模块，比如招聘、培训发展、薪酬、沟通渠道、绩效管理、福利管理、时间管理、自助服务等。要具备完整的系统运行环境，如服务器、硬件设备、用户服务支持、数据处理和管理、流程控制等。

5.高水平的专业技术团队

人力资源管理信息系统的开发和运行必须有一支具备合理结构的专业技术人员队伍。队伍的组成包括：系统分析员，主要进行系统开发的可行性研究，做好调查研究，对系统目标、系统功能、系统的效益预测、资金预算、开发步骤与开发方法等进行分析；系统设计员，是系统的具体执行者和组织者，既要懂管理知识、计算机硬件软件知识和经济管理知识，又要具有系统开发实践经验和组织能力，其主要任务是系统功能设计、数据库设计、系统设备配置安排、系统输入与输出设计、代码设计等；数据员，主要负责与业务人员一起共同收集、整理和输入数据；程序员既要了解管理业务，又要具有程序编程设计能力。

二、人力资源管理信息系统的建立过程

随着信息技术与管理现代化的发展，人们越来越意识到人力资源管理信息系统的重要性，运用各种信息技术建立人力资源管理信息系统。完善的人力资源管理信息系统的建立，具有很强的阶段性。应该根据单位一定时期的规模、发展速度、业务范围和地域以及信息化水平，针对各个阶段的特点，确定开发目标，明确各个阶段的主要任务，选择合适的人力资源管理信息系统及其实现形式，建立目标明确的人力资源管理信息系统。

（一）系统规划

系统规划阶段的主要任务是，明确系统开发的目的，进行初步的调查，通过可行性研究，确定系统的逻辑方案。

1.明确系统创建的目的

根据组织发展战略及现有规模，针对管理的需求，明确系统建立的目的，弄清系统要解决的问题。要对系统进行规划，做好各种人力资源信息的设计和处理方案，确定系统发展的时间安排，建立系统管理的各项规章制度，使管理人员和员工了解人力资源管理信息系统的含义、用途和作用，明确系统目标。

2.进行系统的调查分析

通过对管理现况的初步调查研究，重点加以分析，深入全面了解业务情况。认识人力资源管理的发展方向和优先次序，找准人力资源管理工作的瓶颈，确定系统的目标和可能涉及的变量，决定人力资源管理信息系统计划的范围和重点。

3.建立人力资源管理信息系统逻辑模型

分析组织结构及功能，将业务流程与数据流程抽象化，通过对功能数据的分析，建立人力资源管理信息系统的运行模型，制定员工关系管理和人力资源服务模型电子化的目标、策略和实施计划，争取管理层的支持，力争获得资金和其他资源的支持。

（二）系统设计

系统设计阶段的主要任务是确定系统的总体设计方案，划分系统功能，确定共享数据的组织，进行具体详细的设计。系统设计要立足于操作简单、实用，并能真正解

决实际的业务问题。

要分析现有的信息，为人力资源管理信息系统提供有效的数据。确定系统中数据的要求、系统最终的数据库内容和编码结构，说明用于产生和更新数据的文件保存和计算过程，规定人力资源信息的格式和处理要求，决定系统技术档案的结构、形式和内容要求，确定人力资源信息系统与其他智能系统的接口的技术要求等。

进行系统设计要优化人力资源管理流程。了解用户的使用体验，明确系统的功能和技术需求，设计功能模块，构建薪酬管理、绩效管理、招聘、培训、人力资源评估、福利管理和不同用户的人力资源自我服务功能，为人力资源管理搭建一个标准化、规范化、网络化的工作平台。通过集中式的信息库、自动处理信息、员工自助服务、外协以及服务共享，达到降低成本、提高效率、改进服务方式的目的。必须考虑到人力资源管理信息系统的经济、技术操作的可行性，分析软件硬件的选择及配备、系统方案设计的合理性，分析人员组成与素质、人工成本，从成本和收益方面考察方案的科学性。要建立起各种责任制度，通过专家与领导对系统进行评审。

（三）系统实施

系统实施阶段的主要任务是执行设计方案，调试系统模块，进行系统运行所需数据的准备，对相关人员进行培训。

1.配置软硬件

购置硬件要注意选型。员工人数较少的单位可自行开发软件，开发的软件尽量简单、易用；人数较多，则适宜外购软件或请专家帮助开发。信息时代，人力资源管理从思想到行动都发生着巨大的变化，正在变革中的人力资源管理要求软件能够以不变应万变，适应变化了的需要，解决软件的灵活与操作的简单之间的矛盾，使软件具有生命力。

2.保障系统的安全

由于现行的人力资源管理信息系统受到网络技术的制约，而系统安全问题也就显得尤为重要。要采取切实措施，保证系统内有关员工隐私和保密的数据，免受无访问权限的人获取和篡改。此外，人力资源管理部门对员工绩效评估程序以及薪酬计划的制定等内部机密，也应当得到有效的保护。

3.系统的日常运行与维护

系统达到可行性分析提出的各项要求，并通过验收后，就可以进入日常运行和维护。系统的日常运行与维护涉及业务部门、人力资源部门和技术部门。业务部门进行日常数据输入，用指标、表格及模型把相关数据进行整合，提出新的信息需求，开展授权范围内的信息处理、查询、决策支持服务，对系统运行提出评价和建议。人力资源部门进行数据使用与更新，根据各部门人力资源配置的新需求，整合信息，进行人力资源管理与决策支持。技术部门进行日常运行的管理与维护，对系统进行修改、补充、评价及检查。

人力资源管理信息系统投入使用后，日常运行和维护的管理工作相当重要。系统的实际使用效果，不仅取决于系统的开发设计水平，还取决于系统维护人员的素质和系统运行维护工作的水平。

要对计算机的硬件、软件系统进行检查，对系统的使用环境进行评估，确定输入一输出条件要求、运行次数和处理量，提供有关实际处理量、对操作过程的要求以及使用者的教育情况的信息，对人力资源管理信息系统的输入进行控制。

4.对相关人员进行培训

实现人力资源管理信息系统的良性运行，需要对相关人员进行培训，特别是对人力资源管理者进行培训。既要对人力资源管理人员进行系统应用和简单维护的培训，又要对有机会接触系统的员工进行系统操作方法的培训。培训必须以授权访问系统权限的高低来加以区别。

系统管理人员负责整个系统的运行维护和日常操作指导，其培训的基本内容是：系统的设计方案、系统的安装调试和运行数据的组织、信息环境的配置、基础数据的定义、系统安全和备份、系统运行维护、系统常见问题的解决。

对于一般用户的培训内容主要是：人力资源管理信息系统的基本理论、各模块功能的基本操作、常见问题的处理。

（四）系统评价

系统评价阶段的主要任务是针对系统日常运行管理的情况，实施推广和综合评估，从而进行信息反馈和系统改进。系统评价主要包括以下四个方面的内容：

第一，系统运行一般情况的评价。分析系统的运行效率、资源利用率及系统管理人员利用率情况，判断对系统的管理、服务改进的空间，评估各项业务需求是否按照高质量、高效率完成，最终用户是否对系统满意。

第二，技术应用情况评价。对系统应用、技术支持和维护进行评估，分析系统的数据传递与加工速度是否协调，系统信息是否能够满足信息需求，外围设备利用率、系统负荷是否均匀，系统响应时间是否符合要求。

第三，效果评价。对系统的整体效果进行评估，分析提供信息的数量、质量是否达到要求，是否及时、准确地根据需求提供信息服务，提供的信息报表、管理参数的利用率及对管理决策的支持效果。

第四，经济评价。对运行费用和效果进行检查审核，评估系统的运行费用是否在预算控制范围内，考虑实施系统后带来的收益和成本比。

系统评价的目的是健全和完善人力资源管理信息系统。应该根据评价结果，对系统的某些方面进行改进、调整，开发新的功能和流程。要根据系统的需要，确定有关管理部门和管理人员对信息的特殊要求。对与人力资源管理信息系统有关的单位，提出保证系统信息安全的建议，不断优化人力资源管理信息系统流程，使人力资源管理信息系统充分发挥效能。

第五节　人力资源管理信息系统的应用效果与风险控制

一、人力资源管理信息系统的应用效果

（一）全面人力资源管理

企业人力资源管理系统是一种适合多种人力资源管理解决方案的开放式平台：由用户自行定义多种信息数据项目；实现业务流程自定义与重组；管理工具以组件的形式灵活组配；通过战略模块控制不同层次的业务活动。通过提供人力资源管理的全员参与平台，使人力资源管理工作从高层管理者的战略设定、方向指导，到人力资源管理部门的规划完善，再到中层经理的参与实施，最终到基层员工的自主管理，形成一个统一立体的管理体系。

（二）业务模式清晰，界面友好灵活

企业人力资源管理系统为一般员工、直线经理和人力资源管理者等提供个性化的人力资源管理业务操作窗口，以事件和流程为中心规划业务进程，使琐碎的业务活动变得清晰明了。针对每个操作员，该系统都能够定义其菜单的组织方式与个性化的名称，并且能够集成其他系统的应用，为每个操作员提供一体化、个性化的操作环境与应用平台。

（三）系统开放，转换灵活

企业人力资源管理系统通过客户化平台提供各种不同系统接口实现系统的开放和灵活，提供包括Word、Excel、TXT、DBF等不同格式的数据导入导出接口，方便与不同格式数据的灵活转换。

（四）强大的查询、统计和分析功能

企业人力资源管理系统提供查询模板、查询引擎、数据加工厂、查询统计、报表工具等不同的查询、统计、分析工具，同时根据规则进行结构分析、变化趋势分析等工作，实现强大的数据组合分析功能，实现决策支持。

（五）辅助支持功能

企业人力资源管理系统在“政策制度管理”中提供对国家和地方的政策法规等的分类检索和管理维护，给员工和人力资源管理者提供辅助支持，实现人力资源管理透明化。

（六）信息共享，灵活对接

作为企业信息系统的核心平台，通过可扩展平台实现人力资源管理系统与其他相关系统的对接，外部系统人力资源数据的共享，以及随着信息化发展存在的复杂的系

统对接，从根本上扭转了相对独立的各系统之间信息无法共享的弊端。同时，所有信息由专人进行维护，并通过制定相应的信息浏览、调用和修改权限，保证了系统相应的子模块信息只能在权限范围内被正确使用，从而实现信息的及时、准确、安全。

（七）纵向管理，高效便捷

通过开发人力资源管理系统，逐步实现企业人力资源管理上下一条主线，充分发挥企业人力资源部门与各分子公司人力资源部门工作的指导、协调和沟通作用。

二、人力资源管理信息系统建设的风险控制建议

信息化人力资源管理建设的风险存在于整个项目的推进过程中，因此下面针对系统实施提出几点能有效控制风险的建议：

第一，项目组织保证。信息化人力资源管理建设工作是一项多方参与、共同完成的项目，为了保障项目规范化运作，需要设置相适应的组织机构，进行合理的人员分配，建立有效的沟通机制。

第二，项目制度建设。信息化人力资源管理的信息存在安全性和保密性高的特点，需要建立一整套相关制度，如系统管理部门、运行范围界定、操作人员等级权限划分、安全操作注意事项、违纪违规处理等。严格按运行规则操作，保障系统安全稳定。

第三，培训工作。培训工作主要分为计算机网络技术和人力资源管理业务。按员工职能和工作授权的不同，有针对性地安排不同内容的培训，保障信息化人力资源管理系统的正常运转。

第四，预算控制。信息化人力资源管理建设的预算主要包括硬件、软件和实施三方面。在项目规划之初，做好预算管理工作，明确项目推进过程中各阶段的费用，并严格按照预算管理。

信息化人力资源管理建设是个复杂的管理过程，所以应从组织建设、规章制度、培训教育、财务控制等多方面进行持续性的保障与监管。

第六章 医院人力资源管理的内容

第一节 医院岗位的管理

一、医院岗位管理的相关概念

（一）岗位管理基本概述

1.岗位管理的概念

在一个企业的发展战略、企业的规模、企业的性质、员工的素质等因素的影响下，岗位管理就通过对每一个岗位的分析、设计等，来进行人员的培训、考核、激励机制的一个过程。在合适的岗位配置、合适的员工、实现员工和岗位、员工和员工之间的有效配合，将人力资源的优势发挥到最大化，从而为提高工作效率打好基础。

2.岗位管理的主要内容

岗位管理的标准、评价、调整、落实等都是岗位管理的主要内容，下面就从这四个内容来进行一个详细地阐述。

首先，岗位管理的标准。每一个企业的岗位管理标准都是结合企业的性质、发展战略等因素设定出来的。具体的标准包括员工的潜能、经验、知识等。

其次，岗位管理的定级评价、也就是任职评价。企业对于每一个岗位的员工都要进行一次能力的评价，这也是检验员工实际能力和岗位需求是否一致的过程，通过岗位技能、员工素质等多方面的评价可以得出相应的结果，从而可以看出员工的实际技能和岗位需求标准的差距，对进行下一步的人员培训、升职等都具有借鉴性的意义。

再次，岗位的调整和管理。企业的领导层可以根据任职评价的结果，进行相关岗位标准的调整，并开发出一系列的岗位等级表、职能规划表等，来实现岗位员工的整体调整和未来的规划。

最后，岗位管理的落实和反馈。企业根据员工的任职评价结果来对员工进行岗位的相应调整，员工的留、提、用等都是根据任职评价结果来决定的。

（二）岗位管理基本流程与方法

为了员工的成长和发展，企业对员工进行岗位设计、分析、评价等管理，让每一个员工都明白自己的职责，为员工的绩效考核提供科学的依据。

1.岗位的设计

岗位设计也就是工作设计。是企业根据企业发展的需求，同时结合员工自身的需求，来规定岗位职责的一个过程。岗位设计是工作内容、工作条件、薪资报酬等各个方面的一个结合，它主要的目的是为满足员工和企业发展的需求。在实际的岗位设计中，企业如何向员工分配工作任务和职责，是岗位设计中面临的主要问题，一个合理的岗位设计对于提高员工积极性、提高工作效率等都具有重要的作用。

进行岗位设计的第一步就是岗位的设置。岗位设置是赋予每一个岗位相对应职能的一个过程，在管理学理论、行业特点、企业生产工艺流程等因素的作用下来进行科学的岗位设置。这样才可以最大限度地体现出一个企业的经营理念和企业内部的管理水平，才可以反映出企业每一个部门工作人员的职业素质和专业技能水平。

进行岗位设计的第二步就是岗位职责的设计。简而言之就是依据员工工作中承担的责任和压力来进行设置。在实际的岗位职责设计中要避免由于岗位职责设计不合适而引起员工工作效率降低、抱怨抵触等现象。

进行岗位设计的第三步就是岗位工作方法的设计。在实际的工作方法设计中，领导对下级要求的工作模式、部门要求的工作模式、员工自身的工作模式等都是工作方法设计的一个范畴。在实际的工作方法设计中，一定要做到工作方法多样性、灵活性、根据不同的工作岗位来制定不同的工作方法，切记千篇一律。

2.岗位的分析

对每一个工作岗位进行合理的分析，是确保完成每一项工作任务的前提。岗位所需的专业技能、岗位职责等都是岗位分析的范畴。企业领导层通过对每一个岗位收集的数据进行合理的分析后，对于实际工作中如何进行设备的操作、工作的分配、程序、考核的标准等进行一个合理的安排和规划。明确每一个员工工作中的任务、工作方法等，再通过收集的数据和信息进一步来确定完成工作任务所需专业技能、职业素质等因素。

建立关键岗位的岗位说明书是企业进行岗位分析的一个核心部分。企业关键岗位制定的标准是：对企业生产经营起到关键作用或者重要的辅助作用、对企业的效益有直接的影响、关键岗位在任何时候都不会被其他岗位所替代、关键岗位的专业性强、岗位职责重大等。岗位说明书的主要内容包括：岗位基本情况进行描述、阐明设置岗位的主要目的、规定岗位的主要职责、明确岗位的任职条件等。总的来说，岗位说明书的重点是就岗位职责明确、任职条件明确。

3.岗位的评价

职位薪酬是企业中的基本薪酬，职位薪酬是职位价值的一个体现，在一个企业中，因为每一个职位对于企业的贡献是不同的。因此，不同的职位具有不同的职位薪酬。岗位评价只有通过这种科学的评价体系，才可以对企业中每一个职位的价值进行合理的评估，然后根据人力资源市场的薪资标准、结合企业经营情况等来制定出每一个岗位的等级和基础薪酬标准。

在进行岗位评价的过程中，要注意一下问题：树立标杆岗位是进行岗位评价的核心，要成功地进行标杆岗位的设立就要让企业的第一领导重视，选取企业各部门专家组。对于每一个岗位的评价，都要保持评价的一致性，只有这样才可以对岗位的价值进行科学的判断，才可以对专家的评价结果进行有效的整合和统一，对于岗位评价系统的设计和评价的过程要进行严格的控制，最大限度体现出评价结果的权威性。

二、医院护士岗位管理的策略

随着医院规模的不断扩大，患者服务需求的提高，为保证优质护理服务的顺利进行，医院必须打破旧的、传统的用人观念，建立科学合理的护士岗位管理体制。

（一）客观进行岗位梳理分析，加强组织领导

首先，医院要根据改革的文件精神，对当前医院的护理人员进行梳理，确定护理岗位和非护理岗位。分清什么岗位需要护士、什么岗位不需要护士，另外分清哪些岗位需要什么级别的护士来完成。同时，由于相同专业科室较多，护理部还要根据对现有工作状况的分析研究，梳理各科室护理岗位数量。其次，要加强组织领导，为了推进改革进程，完善护士岗位管理体系，医院要成立专门领导小组，针对医院的实际问题，制定医院护士岗位管理工作实施方案及各种配套的文件。

（二）科学地设置岗位

岗位管理是医院管理的基础，要做好医院管理，必须要进行科学的岗位设置。因此，随着现代的发展和管理要求的不断提升，医院要充分做好调研工作，科学设置岗位。具体而言：一是要科学区分岗位类别，明确岗位的性质。区分岗位类别是岗位设置的基础，设置医院所有岗位时都要从医院总体发展出发；二是要科学编制职位说明书。科学的岗位设定应该依据医院发展目标、医院的规模、医院的收治范围及医治疾病的能力，同时依据能完成正常的工作，且兼顾临床教学和科研，制定出岗位说明书：三是明确岗位分级，优化人力资源配置。依据岗位风险、工作量、工作性质、能力要求、技术难度等对科室护理岗位进行分级。这要求我们遵循工勤技能人员、管理人员及专业技术人员的客观成长规律，让他们有用武之地，重视各层次的员工队伍的发展，切实提高用人的质量。

（三）实行严格的护士岗位聘任制度

医院要实行公开岗位聘任制度，使岗位聘任工作逐步规范化、制度化，进而实现

培训、监督、考核评价方式的多样化。岗位聘任包括以下阶段：第一，成立考评组织阶段；第二，个人申报阶段；第三，科室评议及推荐阶段；第四，考核阶段；第五，竞聘结果公布阶段。只有这样，才能搞清楚岗位设置与岗位聘任间的联系。

（四）建立科学的岗位绩效评价体系

岗位评价将有助于建立高效的绩效管理体系，应依据科学的方法、可靠的数据、简便的可操作性对护士所在的岗位进行评价，对护理岗位的评价依据科室的分类、岗位的风险系数、护理技术难度、护士的工作量、工作质量、病人的满意度、出勤率等绩效指标进行评价。科学的岗位绩效评价体系，不仅使临床医护人员的积极性能充分发挥出来，而且还能够促进专业技术人才队伍的建设与发展，更好、更快的实现医院总体发展目标。

三、医院岗位的评价管理

（一）岗位评价的概念

1.岗位评价的内涵与特点

岗位评价指系统确定的组织内岗位之间的相对价值，并为组织建立一个岗位结构的过程。它是以工作内容、技能要求、对组织的贡献、组织文化及外部市场等因素为综合依据的。岗位评价基于这样一些假设：第一，根据岗位对组织目标的实现所做出的贡献大小来支付薪酬的做法是合乎逻辑的；第二，在基于员工所承担岗位的相对价值来确定员工报酬的情况下，员工会感到比较公平；第三，组织能够通过维持一种基于岗位相对价值的岗位结构来促成组织目标的实现。陈庆等认为岗位评价是指以具体的岗位为评价客体，通过岗位责任的大小、工作强度、所需任职资格条件等进行评价，以确定岗位相对价值的过程。岗位评价标准、评价程序和评价者是岗位评价的关键要素。岗位评价的特点可以归纳为：

（1）对岗不对人

岗位评价的对象是医院中客观存在的岗位，而不是任职者。岗位评估虽然也涉及到员工，但它以岗位为对象，即以所担负的工作任务为对象所进行的客观评比和估价。岗位的“事”是为了作为医院工作的一个组成部分而客观存在的。由于岗位的工作是由任职者承担的，虽然岗位评价是以“事”为中心，又离不开对任职者的总体考察和分析。在实践中这种特征表现为：一是做同样工作的员工应领取统一的岗位工资；二是岗位评价只与岗位工作有关，与任职者的业绩无关。

（2）相对价值

岗位评价衡量的是岗位的相对价值，而不是绝对价值。岗位评价是根据预先规定的衡量标准对岗位的主要影响要素逐一进行测定、评比和估价，由此得出各个岗位的量值。这样，各个岗位之间也就有了对比的基础。在这里，尤其需要强调的是“相对”这个概念。因为医院的情况是随着发展而变化，发生变化的时候，医院内的岗位之间的价值也可能发生变化。

（3）多项因素

岗位评价是通过工作内容、技能要求、岗位责任、工作强度、工资环境、所需任职资格、对组织的贡献等多项因素为综合依据，对比分析各岗位在这些因素上的差异，从而对岗位的相对价值进行判断。

（4）多种技术

岗位评价技术涉及到人力资源管理学、组织行为学、职业卫生、劳动心理、统计学、信息学知识等多方面的知识。过程中综合运用排列法、分类法、要素计点法、要素比较法、访谈法、专家咨询法、问卷调查法等多种方法对岗位进行准确地评价，从而得到公平公正的结果。

2.岗位评价的原则

岗位评价的原则是整个岗位评价过程中必须遵守的一些行为规范与指导思想。为确保岗位评价的准确性与公正性，要遵循以下原则：

（1）一致性原则

岗位评价应当在人员和时间上保持一致，保证评价结果不受无关因素的干扰。只有当两个人及更多人对同一项岗位评价结果相似，或者同一个人在两个以上不同场合做出的评价结果相似时，才能说明评价的一致性。实际上，可以把一致性看作评价结果的方差问题，方差越小，一致性越高，结论就越可靠；反之，则一致性低，结论不可靠。

（2）客观性原则

岗位评价的过程中不能牵扯评价者个人的利益，更不能有政治考虑及个人偏见的存在。只有这样，才能使岗位评价的操作者保持客观的态度，控制个人主观态度对评价结果的负面影响。

（3）弹性原则

岗位评价在医院的实际操作过程中不是一项可以一劳永逸的工作，随着医院外部环境的变化，一些调整在所难免，因此医院应设计对不准确或过时评价进行修正的机制。人力资源管理部门应阶段性地检查并更新岗位评价的结果，员工也应该被授予对其所从事岗位的工作评价进行反馈和质疑的权利，可以在不满意时向制定机构或个人对评价结果提出意见。

（4）代表性原则

在岗位评价的过程中，要确保岗位评价委员会的代表性、被评价岗位及其评价要素的代表性以及评价结果对工作价值的代表性。总之，就是要使得评价结果在最大限度上获得员工的支持与理解。

（5）准确性原则

岗位评价的评价分数必须以准确的岗位信息为基础，以正确的处理为过程，以精确的计算分数为结果。这就要求评价人员对所评价的工作理解透彻，态度端正，工作认真，方法科学，运用正确。

（二）岗位评价的作用

1.有利于医院战略有效实施

医院战略发展需要的核心能力决定医院岗位评价方案的核心内容。岗位评价方案的确定，需要系统的理解医院发展战略以及适应发展战略需要的核心竞争能力，从中提炼出医院认同的评价要素。同时，岗位评价过程能强化医院职工对岗位权责的认识，医院与职工建立明确的心理契约，医院通过岗位评价使得医院的战略意图得以有效传递，从而支撑战略的实施和医院目标的实现。

2.有利于完善医院薪酬管理制度

岗位评价是科学的薪酬管理工具，岗位评价对人力资源管理的首要作用是解决薪酬内部公平性的有效方法，在医院内部实现真正的薪酬与岗位贡献挂钩。为了实现医院薪酬制度的内部公平性，医院可在进一步健全和完善岗位说明书的基础上，开展由医院领导和员工代表参与的岗位价值评价，根据岗位评价的结果确定岗位等级及其系数，将医院各类人员岗位工资拉开档次，让员工看到自己薪酬发展的方向，增强医院薪酬的长期激励作用。突出医院薪酬的杠杆作用，坚持按岗定薪、易岗易薪，将员工的薪酬与其岗位价值、岗位责任和工作绩效紧密挂钩，适当拉开收入上的差距，使收入分配向核心、关键人才倾斜，向风险高、贡献大的岗位倾斜，真正实现按劳分配和按生产要素分配相结合，增强医院薪酬分配的内部公平性，建立收入与贡献的高度关联，提高薪酬制度的内部公平性和满意度。

3.有利于提高员工的效率

通过岗位评价，可以明确各个岗位的类别、系统、等级的高低，使工作性质、工作职责一致、工作上所需资格条件相当的岗位都归于同一等级，这样就能保证医院在对员工进行招聘、考核、晋升、奖惩等管理时，具有统一尺度和标准。首先，在招聘与录用方面，岗位评价可提供医院选拔制度设计依据，可作为员工工作指派的参考，作为遴选、升迁和调动员工的依据，也可作为员工职位合理组合的参考，使人才选拔、升迁有一定的合理顺序：其次在培训开发方面，可作为规划员工训练之依据，可作为员工职业生涯发展之参考，也可作为规划员工绩效考核之依据。总之，岗位评价能让员工明确自己的职业发展和晋升途径，便于员工理解医院的价值标准，引导员工朝更高的效率发展。

4.为定岗定编提供依据

岗位评价为医院规定各岗位的劳动定员定额水平，合理核定工时或定量定额提供了客观依据。通过岗位分析和岗位评价，可以建立起排列有序的岗位体系，使每个具体岗位都能在该体系中找到相应位置，从而确定医院的岗位数量和任职者人数及构成，为定编定员提供依据，并准确揭示每个职位的工作性质、特征、责任大小、技术难易、任职者所需资格等职位特点和任职条件，为人员管理提供标准。

（三）岗位评价方法

常用的岗位评价方法，大致分为四种：排序法、分类法、要素比较法和要素计点法。前面两种属于非分析类、定性的评价方法，主要是针对工作间的比较，而不考虑具体的岗位特征。后面两种属于分析类、定量的评价方法，主要侧重于对岗位特征的分析，详尽阐明岗位评价项目及其等级定义，可以确定每个职位的评价分值，以此进行比较，属于定量的研究方法。

1.排序法

排序法是一种最简单的岗位评价方法，由评价人员凭借自己个人经验和工作描述，根据总体上界定的岗位的相对价值或者岗位对组织成功所做出的贡献来将岗位进行从高到低的排列。排序法具体可以分为三种类型：直接排序法、交替排序法和配对比较排序法。排序法的具体实施的程序是：

（1）获取与岗位有关的信息

通过岗位分析，对岗位进行清楚地描述，包括岗位的目的、职责、权限、工作关系、在组织中的位置等信息。同时对岗位所需要的任职资格标准进行分类，明确职位所需要的教育水平、经验、专业知识和技能的广度和深度等，要使得对岗位的排序能够建立在一个比较客观的基础上。

（2）选择评价人员

医院需要选择一组受管理部门和工人认可的人员。一些是管理部门推荐的，一些是员工代表，他们应该接受有关测评方法的培训，消除偏见。一些是员工代表，他们应该接受有关测评方法的培训，消除偏见，对各职位工作有一般性的了解。

（3）制定测评标准

在实际应用过程中，评价人员也是在某岗位任职的人员，必须克服因本位主义造成的个人偏见，对全部工作岗位评价有一个公正的态度。评价人员应选择一组测评项目，确定自始至终的程序。评价的项目可包括工作的困难程度、工作责任等。这需要在工作岗位资料的基础上进行。

（4）进行岗位分级

医院进行工作岗位分级，可以采用卡片法、纸板法、配对比较排列法、轮流排序法对各个岗位进行对比，区分各个岗位的等级。

（5）形成岗位序列

岗位评价的最终结果是要形成所有岗位的等级顺序即岗位序列。由于排序法是一组评价人员相对独立地进行工作，所以，为了确定最终的岗位等级顺序，就必须把各评价人员的评价结果综合到一起，根据综合分数进行比较。

排序法相对简单，成本较低，结果直观，但是主观误差较大，适合于小规模组织、岗位数量较少、评价者对岗位了解不是很充分的情况。

2.分类法

分类法，又称等级描述法或归类法，是在岗位分析的基础上，实现确定等级的数量和结构，然后根据岗位的工作性质、特征、繁简难易程度、工作责任大小和人员必须具备的资格条件等，对每一个等级分别进行描述，再按照等级的定义将所有岗位分配到相应的等级中去。这种方法的关键是对等级进行定义，保证不同的等级之间具有明显的差别，便于岗位的归类。常见的方法有自主时间段法、决策法和卡片法。分类法具体实施流程是：

（1）收集岗位资料

为了划分岗位的等级，必须掌握每一岗位的详细资料。每一个岗位有关工作任务和义务的说明材料应事先准备出来。在评价项目确定之后，有关这些评价项目的岗位说明材料也应准备好。

（2）划分岗位等级

在收集了必要的工作岗位概要和其他有关资料的基础上，将各个岗位划分为职业群，然后将职业群进一步划分为岗位系列。例如，专业技术岗位、管理岗位和工勤技能岗位。最后，将各岗位系列进一步划分为岗位等级。

（3）编写岗位等级说明

对于每一个等级都应编写一个简要的说明，以便为具体决定把某一岗位划入某一等级提供指导标准，岗位等级说明中应包括工作的任务、类型和特点。岗位等级的数目需要能容纳已确定的各个职业群，而且也依赖于工作任务的范围、种类以及机构内部的工资和晋升政策，还需要与工会或员工代表进行经常性的磋商之后确定。一般说来，设置7～14个等级即可适应大多数工作职位。当然，不同的职业群在等级数目上可能是不同的。

（4）岗位归类

在岗位等级数目和说明准备好之后，应把机构内部所有的岗位划入适当的等级之中。可以把工作岗位概要与岗位等级的说明进行对比，以区分哪一个特殊的岗位或岗位应进入哪一个等级比较合适。为准备等级说明专设的委员会可以监督这一划分等级的过程。或者由人事部门的岗位分析专家们把岗位划入相应的等级，而由委员会专门处理比较复杂的问题和划分过程中人们反映不公平的问题。分类法简便易行，整体感强、有较强灵活性，但是对于岗位确定等级存在一定的难度，评价结果比较主观，比较适用于存在大量相似岗位的组织。

3.要素计点法

要素计点法也叫要素评分法，是一种比较复杂的量化岗位评价方法，并在评价标准明确、评价指标客观、评价过程通俗易懂、适应性强等方面具有优势。它首先要确定为了评价岗位价值需要运用哪些评价要素，然后再根据要素程度差别对每个评价要素进行等级划分和释义，同时赋予每个评价要素一定的权重，赋予每个评价要素等级不同的点值。这样岗位评价者就可以把所评价岗位在每个评价要素上得到的点值进行加总，就可以得出所评价岗位最终获得的总点值，最后再根据每个岗位的总点值大小对所有岗位进行排序和定级，划分岗位薪酬等级的范围，并明确每个岗位的薪酬级别。具体的应用步骤如下：

（1）确定评价范围

确定评价范围取决于组织的近期成本与长期成本。对于一个限制性的岗位范畴，比如整个医院、某个科室或管理岗位，制定一个方案是可能的且相对容易。然而从长期看为医院里的所有岗位制定一个方案则更有效。因为通常对一个特定部门的评价方法和程序并不一定适用于其他部门，结果整个程序必须再次变更。为整个医院设计一个统一性的方案从总体来看更加合算。

（2）选取评价要素

评价要素能合理地适用于一项评价方案的评价指标的数，且通常在5个至25个之间。目前，在评价要素方面的研究已经有很多可用的成果，可以借鉴，关键问题是选取工作，具体选择那些评价要素是需要评价委员会根据需要决定的。选取评价指标要遵循以下原则：评价要素必须能够区分不同岗位之间的价值，评价要素是有价值的且与所有岗位有关，评价要素之间在意义上不能有重叠，评价要素必须同时满足组织和员工的需求。

（3）界定要素等级及其定义

每个要素代表整个岗位价值的一个方面。为了使评价人员明确使用同一标准，这些要素必须定义清楚。定义包括标题和对标题词或短语的意思的正式表述。要素必须按等级打分，而等级是完全不同的以使评价人员能在评价岗位时比较容易地发现岗位之间的差异。等级水平，或要素等级必须被确切定义以保证评价人的打分相一致。所以，等级应该定义得真实客观而不模棱两可，而且等级的数目应尽量少。

（4）确定评价要素权重

不同要素的权重代表其对总体岗位评价结果的贡献程度或者所扮演角色的重要性程度。不同的评价要素所占权重大小对最终的岗位评价结果会产生很大影响，它实际反映了一个组织对岗位重要性的根本看法。这种权重的划分不仅与组织所在的行业、技术、市场等特点有关，而且与一个组织战略、文化和价值观有关。通常采用经验法和统计法进行权重确定，确定了各要素的权重后，可以进一步确定岗位评价体系的总点数及其各要素的点数，接着可以通过算数法或几何法确定每一个要素在内部不同等级上的点值。

（5）建立岗位评价模型

为了使评价人员的评价工作可信度高，系统性强，建立规范的岗位评价模型很重要。岗位评价要素及其定义、等级标准、要素权重分数等都包括在岗位评价模型里。必要的信息附加项目如岗位分析资料、部门、管理者、工作任职的背景资料等等也可加入。

（6）评价岗位等级

一旦岗位评价模型完成了，就可以开始进行评价。在这个过程中，评价者需要考虑被评价岗位在每一个评价要素上实际处于那一个等级，即获得每个评价要素的点数。最后将所有评价要素上的得分进行加总就可以得到所评价岗位的最终评价点数。

（7）确定岗位等级结构

待所有岗位的评价点数或分值都计算出来后，按照点数高低加以排序，然后根据等差的方式对岗位进行等级划分，制定岗位等级表。至此，岗位评价的工作基本完成。

要素计点法，在评价标准明确、评价指标客观、评价过程通俗易懂、适应性强等方面具有优势。但要素计点法需要花费大量的时间和成本，缺乏对评价要素的明确原则，某种程度上会加大对员工解释和沟通的难度。要素计点法适用于大规模的组织中的岗位。

4.要素比较法

要素比较法是一种量化的岗位评价方法，它实际上是对岗位排序法的一种改进。这种方法与岗位排序法的主要区别是岗位排序法是从整体的角度对岗位进行比较和排序，而要素比较法则是选择多种评价要素，按照各种要素分别进行排序。要素比较法基本的实施步骤是：

（1）获取岗位信息，确定评价要素

首先要求评价者必须全面地做好岗位分析，同时，还需要确定对岗位进行比较的评价要素。要素比较法经常需要三个到五个评价要素。通常包括脑力要求、技能要求、职责和工作环境等评价要素。

（2）确定关键岗位

这是要素比较法的基础，因为整个方法都依赖于关键岗位的内容及其与之相应的支付额。米尔科维奇和纽曼提出了关键岗位的一些特征，具体包括：工作内容为人们所熟知，必须得到当事人的赞同以及在一段时间内保持相对稳定。除此之外，它必须还包括评价项目的所有方面，最后，其岗位的支付率一般要为管理者及其职员所接受，各工作间的工资级差要保持相对稳定，尤其是要为确定工作的社会劳动市场所确认。没有一个明确的原则说明需要多少个关键岗位，它们的数量依赖于被评价的关键岗位的规模及差别程度，通常需要确定15～25个关键岗位。

（3）关键岗位等级化

每一关键工作都要单独地评价出每一评价要素等级，这项工作通常由专门委员会及从事这项工作的人员来完成。对于各要素之间差别的判断，一般通过吸收小组成员讨论的观点以求意见的一致。

（4）支付率分配

为了确定每一要素等级的支付额，委员会要首先确定关键岗位各评价要素所应得的支付额，这就要以该评价要素对某一特定关键岗位的重要性大小为基础。

（5）确定关键岗位的支付额

要素比较法的关键在两方面：一是要素的评价，另一方面是每一项要素所应得报酬的确定。当对各关键工作的等级划分有明显的意见分歧时，就由委员会重新核定其等级，如果通过调整一两个等级后，意见仍不能达成一致，那么这种岗位就得从关键岗位系列中取消。

（6）要素比较表格的制作

岗位比较表格是要素比较法的重要工具，所有其他岗位都可以与关键岗位的各评价项目进行比较确定自己的等级。每一岗位的薪资额可由分配给该岗位每一评价项目的价值相加而得，关键岗位每一个要素薪资额的分配则需要委员会仔细讨论决定。

要素比较法的通用性强，对组织的适应性好但是可信度没有保证，有时结果脱离实际。因此组织与劳动力市场较为稳定的常规性岗位比较客观，具有直接的量化特点，要素比较法比较适用于规模较大的。

四、新医改背景下医院岗位管理

（一）要树立起正确的人力资源理念

要真正落实医院的人力资源管理，树立起正确的人力资源理念是基础。在医院中做到这些，就需从以下几个方面把握：第一，在医院中人力资源占据着重要的地位，所拥有的其他资源都应该在人力资源的带领下实施。第二，知识经济时代，竞争的关键在于人才的竞争，同时也是一个人才主权的时代，即人才有选择工作的自主权和决定权。因此，医院要从人才的利益出发，尊重人才，吸纳人才，通过自己的真诚来赢得人才的信任和支持。第三，高素质且优秀的人才为医院创造的价值远远大于自己所获得的报酬。因此，这样的人才才是医院最渴望的。

（二）建立健全绩效考核制度

在对医院岗位进行管理的时候，要把绩效考核作为重要的参考依据。一般而言，绩效考核就是在医院经营管理目标的基础上，通过制定系统且规范的方法对员工在实际工作中的工作能力、工作态度等进行的合理评价，同时使这些人力资源管理利于实现医院经营目标。通过建立科学、公正、公开的绩效考核制度，对职工客观、公正的绩效评价，强化了医院的竞争机制，在人才、学科、科研等方面奖优罚劣，强化了职工的经营意识，增收节支，减负增效。同时加强了内涵建设，增加医院在特色专科、科技水平、拔尖人才、优质服务等方面的发展，促进效益不断提高，并且部门目标、个人目标和医院的经营战略目标得到了高度统一。

（三）建立健全公平公正的薪酬制度

简而言之，建立起公平公正的薪酬制度就是指科学地制定薪酬制度、绩效考核等，从而真正体现出按劳分配的原则。同时在分配薪酬的同时要结合员工的工作态度、工作业绩及工作能力，这样就会使薪酬制度在内部具有公平性，在外部具有竞争性，同时还可以充分调动广大员工工作的积极性。

（四）建立公平的用人制度

在聘用人才的时候，要坚持公开、公平和公正的原则，不仅要从内部选拔人才，还要敢于向社会公开招聘。在内部选拔人才的时候，既要重视人才的能力，又要看重人才的基本素质、发展潜力。在向社会公开招聘的时候，要敢于打破行业和地区的界限，增加透明度，真正地实现选拔人才的公平和公正。

第二节　医院人才的招聘管理

一、现代医院人才招聘的策略

（一）树立人才招聘的正确原则

1.坚持计划原则

必须制定招聘计划来指导整个招聘工作，程序要科学而实用，使招聘有条不紊地进行。

2.坚持宁缺毋滥原则

一个岗位宁可暂时空缺，也不要让不适合的人占据，全面考察应聘者的政治思想素养、科学知识素养、发展潜力、身体素质等，保证为医院挑选出高质量的合格人选。

3.坚持公平公正原则

只有通过公平竞争、择优录用，才能使人才脱颖而出，才能吸引真正的人才，才能起到激励作用。

4.坚持少而精原则

可招可不招时尽量不招，可少招可多招时尽量少招，招聘来的人一定要充分发挥其作用。

（二）掌握招聘的技术方法

为了确保招聘工作的效率、公正性、科学性，招聘人员应掌握和遵循一定的技术方法。

1.要掌握获取和比较人力资源信息的方法

要了解符合录用条件的人力资源的主要来源（如学校或人才市场），以及通过何种方式（如媒体或渠道）可有效而低成本地接触这些来源。

2.要掌握各种招聘所需的人事测量技术

应熟悉招聘中的各种人事测量手段及其技术特点和要求，如面试要注意评价的客观性和一致性等。

3.要掌握招聘各环节的技术标准

每一个招聘环节往往都涉及一些特殊的技术标准，如标准条件（环境、场地），必须清楚这些技术要求，才能有效而可靠地实施招聘。

（三）重视招聘的每一个步骤

1.合理制定招聘决策

对用人部门提出的申请进行深入调研、复核，准确地把握医院对各类人员的需求信息，制定招聘计划，确定人员招聘的岗位、数量、要求及其他事项。

2.广泛发布信息

发布招聘信息面越广，接受到信息的人越多，招聘到合适人选的概率越大。但如果应聘人员太多，也应进行一下筛选。

3.组织好招聘测试

按计划实施测试程序，尽量避免招聘测试中的误区。如招聘一般的护理人员，可能程序比较简单，但招聘高级专业技术人才或学科带头人，则需经过简历评估、能力测试、面试、情景模拟、多方面了解情况等复杂程序，逐步考查，还要写出评价报告。

4.正确进行人事决策

综合评价与分析测试过程中产生的信息，确定每一位应聘者的素质和能力特点，根据预先确定的人员录用标准与录用计划进行录用决策。

（四）建立和完善合理的人才流动机制

首先，完善聘用协议，充分考虑双方的责、权、利。对用人单位而言，要有明确的试用期和考核制度及培训制度等。其次，逐步实行人事代理制度，把人才单位所有变为社会所有，实行人事关系管理与人员使用分离，以保证用人单位自主权能落到实处，疏通人才流动渠道，为人才流动创造条件。最后，积极参加社会养老与失业保险，使待岗、下岗人员的基本生活得到落实，为人才流动提供基本保障。

二、医院人才招聘管理系统的优化

（一）招聘管理系统的优化设计

招聘管理系统结构上主要分为招聘信息管理、招聘考核管理及招聘考核评估三大平台。

1.招聘信息管理平台

招聘信息管理平台主要为应聘者提供应聘工作的相关功能，包括用户管理和单位管理两个模块。

用户管理由账号管理、简历管理、查看招聘进度及打印准考证三个单元组成。在保留账号管理和简历管理两大传统模块的基础上，增加了查看招聘进度及打印准考证。应聘者登录个人账户后能及时查看招聘进度，通过简历筛选者可自行打印准考证。

单位管理由招聘信息发布、岗位信息管理及招聘考核通知三个单元组成。招聘信息发布后招聘专员根据岗位要求在岗位信息管理模块中进行简历搜索和简历状态设定。完成简历筛选后，招聘专员可将简历状态设定为审核通过和审核不通过。通过简历筛选的，以短信和邮件告知应聘者自行登录系统打印准考证参加招聘考核；未能通过简历筛选的，则作为人才储备。

招聘信息管理平台的实施使医院与应聘者在招聘过程中始终保持顺畅的沟通状态，在一定程度上弥补了招聘信息不对称的问题，让招聘工作更加快捷、高效。

2.招聘考核管理平台

招聘考核管理平台主要协助用人科室顺利完成招聘考核工作，包括制定招聘考核计划、招聘考核评价及招聘考核成绩管理三个模块。招聘专员根据各用人科室的应聘情况制定总体的招聘考核计划，包括面试、理论和技能考核时间安排，再以短信、邮件形式发送给科室负责人。负责人打开邮件进入考核管理平台后可查看考核时间安排及应聘人员简历信息。待负责人反馈时间安排后招聘专员按照计划启动招聘考核程序，招聘考核评价在面试考评单元基础上增加技能考核考评单元。招聘专员设计好技能考核评分表后发送至各科室负责人账号，由科室自行组织技能考核。招聘考核成绩管理单元主要实现考评分数汇总、计算功能。系统支持EXCEL格式的数据导入，招聘专员将理论考核成绩导入管理单元，自定义各项招聘考核环节分数系统会自动进行分数匹配、汇总、计算及排名，考核结果可以excel表格呈现出来。

招聘考核管理平台的实施使人事部门和用人科室在考核过程中降低了内部沟通成本，全自动化的业务流程处理不仅有效缩短了招聘考核周期，更提高了考核结果的准确性。

3.招聘考核评估平台

招聘考核评估平台主要通过分析招聘数据为医院提供招聘决策，包括报表分析和招聘效果评估两个模块。招聘专员可灵活定制不同类型的分析报表，如用数量指标分析应聘生源、应聘人数、初试人数、复试人数与录用人数；用效率指标分析招聘周期、初试通过率、复试通过率；用招聘成本指标分析招聘有效成本、人均招聘成本，即时生成自定义报表，开展招聘效果评估。利用分析报表的数据，对各项指标进行横向和纵向的对比分析，总结出同一年度不同岗位的招聘效果及不同年度同一岗位的招聘效果，检验招聘工作的有效性。招聘考核平台的实施有利于医院找出各招聘环节中的薄弱之处，有助于改善与优化后续招聘工作。

（二）招聘流程再造与优化

1.细化工作分析

工作分析是对组织中某个特定工作职务的目的、任务或者职责、权利、隶属关系、工作条件、任职资格等相关信息进行收集与分析，以便对该职务的工作做出明确的规定，并确定完成该工作所需要的行为、条件、人员的过程。各医院在具体操作时可结合岗位内容、技能要求、综合素质等方面进行分析，编写岗位说明书。

2.制订招聘计划

招聘计划的好坏直接影响医院招聘工作的成效，清晰明确的招聘计划是招聘工作有章可循、有序可行的前提。完整的招聘计划应包括：招聘人数、招聘渠道、招聘时间、考核方案、专家组成员、费用预算、招聘宣传等方面。招聘计划应以医院人才发展规划为指导，科室需求为参考。

3.成立招聘专家组

专家组成员由院领导、医院专家评委、科室专家评委三方组成，这样可避免科主任“一言堂”，同时利于对应聘者进行横向比较。各场次面试专家成员应从该学科群的核心组成员中随机抽取，尽量避免人情关系，确保招聘工作的公平、公正。

4.设计表格

科学设计应聘人员登记表、面试评价表和面试结果汇总表。应聘人员登记表主要反应求职者的基本情况，可补充简历中个人信息的不足。面试评价表主要对照岗位要求，对应聘者仪容仪表、教育背景、工作经历、人际沟通能力等方面进行百分制比重设置，以便面试专家进行结构化面试。面试结果汇总表用于面试评价信息记录汇总，方便人事部门对所有的应聘者进行总体评价，决定最终录用。

5.信息发布与接收发

发布招聘信息除利用好医院官网外，还应选择一些知名度高、影响力大、关注群体多的网站。此外，可充分利用新兴宣传工具如微博、微信等平台进行招聘信息发布，获得更多优秀人才的关注。招聘信息发布后就进入简历接收与筛选阶段。招聘系统的研发使用可节约时间，提升效率。

6.考核招聘考核分笔试、面试和实操考核三个环节

随着招聘工作的专业化发展，在笔试前可增加心理测评环节。心理测评是一种比较先进的测试方法，是指通过一系列手段，将人的某些心理特征数量化，衡量个体心理因素水平和个体心理差异的一种科学测量方法，包含能力测试、人格测试和兴趣测试等。通过对应聘者的性格及职业兴趣测试，可将其作为能否胜任工作岗位的参考因素。

笔试试题的质量直接决定笔试环节的成败，笔试内容应经各科室专家撰写，教育处评估，专家建议修正调整等程序后予以确定。此外还需注意笔试题库的知识更新，

每年组织科室专家撰写学科最新理论、技术相关题目。

根据结构化程度，可将面试分为混合式面试、结构化面试和非结构化面试三种。不同人员招聘，应采取不同的面试方式，从而达到事半功倍的效果。例如，对医师、护士和医技等专业人才的考评，可采取半结构化面试方式，既可通过结构化问题了解应聘者的基本情况，又可以通过开放性问答考查其他综合能力。

临床医技人员还应进行实操考核，实操考核可反应应聘者的临床操作能力。由于每个应聘者实习医院或毕业学校要求的差异，导致实操水平各有高低。

7.背景调查

“用人德为先”，对于肩负救死扶伤职责的医务人员，良好的职业品德比医疗技术更为重要，因此背景调查在医院招聘工作中应重视。背景调查是指通过从外部求职者提供的证明人或以前工作的单位搜集资料，核实求职者个人资料的行为，是一种能直接证明求职者情况的有效方法。应届毕业生通过加盖学校公章的就业推荐表，即可完成调查。对于有工作经历的应聘者，可从人事档案中进行核实。

8.体检

体检目的是确定应聘者的身体是否健康，是否适合所应聘岗位及工作环境的要求，是人才招聘中的最后一个测评。新职工入职体检除常规检查外，还应对不同岗位人员进行有区别性的检查，如从事影像放射工作人员，由于影像工作环境必然会受放射性的影响，就需进行特殊的检查。

9.培训

新员工入职培训的内容应包含医院组织结构、规章制度、远景规划、福利报酬、学科专业发展等各方面，培训方式除讲座、授课、观看影片外，还可融合拓展训练等先进培训方式。通过拓展训练，可增进新职工间的相互了解，增强团队合作意识，产生医院文化认同感。

10.信息储备库

人才信息储备库资料包含通过招聘系统接收的简历、招聘候选人的各项考核记录，以及由于各方原因导致未能成功应聘的优秀人才备案。构建人才信息储备库应把握三点：一是加强与医院高层的沟通，了解医院战略发展方向；二是加强与科主任的联系，及时获知科室人员需求；三是对医院当年的人员离职情况进行汇总分析，包括离职原因、离职时间、离职科室等。

11.评估总结

招聘工作结束后，应对招聘工作的全过程进行活动评估、经验总结。招聘评估包括针对招聘费用的成本效益评估、针对录用人员质量的录用人员评估以及针对招聘合格率和新职工满意度的招聘工作评估。通过评估，总结优秀经验和教训，可促进招聘工作日臻完善。

三、医院人才的选拔

（一）转变传统招聘观念，理顺招聘工作思路

1.积极沟通，保证人才引进工作的针对性和实效性

招聘工作作为人力资源系统的一部分，其作用在于选人，如何选择正确合适的人对医院的影响是十分大的。结合医院实际和各大招聘专场的举行时间，人事科提前将《人才引进计划表》下发各科室，及时了解及汇总各科室的人才需求情况，包括需求人员类别、人数、学历、专业、工作经验要求等。汇总科室的需求后，人事科还根据医院的实际情况和发展趋势进行初步分析，并结合科室的编制情况和人才队伍梯队配置情况与各科室进行积极沟通，最后编制成详细的年度人才引进计划提交医院讨论。招聘工作不是人力资源部单个部门的工作，需要各个部门的通力协作才能顺利进行，人事科在工作中始终与各科室保持紧密的沟通，认真做好人事招聘与配置工作，保证了人才引进的针对性和实效性。

2.工作细致，树立“为求职者服务”的思想

医院是提供医疗服务的场所，每一位应聘者不论能否成为医院的一员，都可以通过努力使他们成为医院的认同者或者宣传者。因此，必须在工作中树立“为求职者服务”的思想。对收到的每份求职简历，无论是电子邮件、信件或其他方式的简历，均第一时间进行分类整理并登记，在进行资料筛选与确定初试时间后，提前通知应聘者，便于其做好相应的准备。初试一般是面试，由于种种客观原因，大部分应聘者都有在面试等候区长时间等待的可能。因此，尽可能在应聘者到达等候区时告知其面试的具体事项和时间安排，给应聘者简单介绍医院的情况、发展趋势，加深应聘者对医院的了解与印象。同时，对等待时间长的应聘者耐心地加以解释和关心，比如交流互动、提供茶水等。通过细致的工作、贴心的服务感染每一位应聘者，使他们受到充分的尊重，从而接受、认同医院的理念和文化。

（二）扩展招聘渠道，提高招聘效率

1.针对性选择招聘渠道，吸引各层次人才

近年来，医院的招聘渠道主要是常规的网络招聘和现场招聘，并且逐步形成了“网络招聘宣传先行，现场招聘为主，人才推荐为辅”的招聘模式。将相关岗位的招聘信息适时地发布在专业的医学论坛上，尽量做到多渠道宣传。另外，根据年度的人才引进计划积极参加各大院校的医学专场和综合专场的招聘会、不定期大型人才中心组织的校园招聘会等，现场收集应聘简历，并与应聘者进行沟通交流，扩大对医院的宣传。对于一些急缺人才，医院主动联系专业对口的院校，请导师推荐，同时也接受本院或外院的专家或同学推荐，做到多渠道吸引人才。

2.联系对口专业学校，建立长期合作关系

学校有培养学生并推荐就业的义务，医院因发展需要逐步扩大员工队伍，和学校

保持长期合作关系是招聘工作的长远目标之一。医院应整理重点医学院校的名单，并与之取得联系，在短时间内建立了良好的合作关系。通过到学校办招聘讲座和在校园网络发布招聘信息等方式扩大医院人才引进的宣传力度，为医院选拔高素质人才打下良好的基础。

（三）细化工作环节，确保招聘流程科学合理

1.合理确定考官队伍

为了能对考生的综合素质进行考察了解和对考生专业知识和业务能力进行全面考核，面试考官组由医院分管领导、本院专家、人事部门领导、科主任组成，面试选拔事项包括人员基本素养、外语水平、专业知识、科研能力等方面的内容。考官队伍的合理确定保证了面试公平公正，使各环节高质量、高效率地完成。

2.合理认定人才

基于胜任力的医院人才招聘与选拔体系是医院人力资源管理的重要环节。我们按每个岗位1∶2～1∶3的比例确定面试人选，筛选的时候从重点院校、专业对口、成绩突出和科研能力强等几个方面进行筛选，先由用人单位对简历进行筛选，再报人事部门。对于特别优秀的人才，在征得本人同意的情况下，可以同时参加多个岗位的面试；而对于没有达到比例要求或者没有合适人选的，我们也宁缺毋滥，放弃面试，尽可能吸纳优秀人才。

3.科学公平地面谈面试

医院的面试采取面谈的形式进行，包括“自我介绍、考官提问、互相交流”三个环节。考官提问要求提1～2个专业问题，也可就应聘者的个人情况进行了解。同时，应聘者对医院或科室，甚至工作岗位需要更多了解的也可以在面试过程中提出来。总而言之，面谈面试在一种轻松和谐的气氛中进行，能够较好地达到增强沟通、深入了解的目的，也可彰显医院吸纳人才的诚意。

4.科学确定拟录取人员

面试结束后，每个考官进行无记名打分，由人事部门汇总面试情况并计算面试分数，经医院领导讨论研究后，确定拟试人员名单。试用期为2周，试用后由科室3名专家进行考核评分。人事部门汇总面试成绩和试用成绩，再交医院讨论研究以确定录取人选。

人才招聘是医院人力资源管理工作的基础，是促进人职匹配、人尽其才的关键。如何吸引更多的高层次人才，如何做好医院的人事招聘和配置工作，是我们今后的一项长期而艰巨的任务。

第三节 医院人才的激励管理

一、医院内部人性化激励机制的含义

任何有效的激励机制均得符合员工的心理和行为活动的规律。人类的行为是由各自的人性和需要引起的，所以激励机制必须是人性化的，是以满足员工的基本需求为基础的，医院的激励机制自然更应如此。

人性化激励就是以正确的人性观为指导，按照现代人的本性进行激励。医院内部人性化激励机制是在医院组织系统中，以促进医院和员工的共同发展为目标，以满足员工的需求为核心，在细致的调查研究的基础上，通过对医院员工的不同需求特征进行系统的分析，总结出不同的激励因素，并以此为依据设计各种激励措施和方式让员工根据自己的需要进行自主地选择，让员工通过选择适合自身需要的激励措施，激发员工的工作积极性、主动性和创造性，进而达到激励的目的，实现医院的经营目标。这种激励机制完全打破了传统的医院单方面垂直操作调控的关系，而是一种极富弹性的协商自助式的激励机制。

二、医院内部实施人性化激励的意义

（一）有利于增强医院凝聚力提高激励效果

人性化激励的精髓在于“把人当人看”，依据人的本性及需求实施激励，满足人的要求，从而使员工怀着一种满意或满足的心态以最佳的精神状态全身心地投入到工作中去，进而提高医院的激励效果。实践也已经证明，医院人性化激励将会使医院员工空前团结，成为一个极具战斗力的团队，从而提高医院工作效率。

（二）有利于提高医院核心竞争力

知识经济时代，医疗服务中的技术、知识含量成了竞争的基础和决胜关键，医院的发展对技术和知识等创新承担者的依赖性也将空前提高，医院之间围绕人的竞争也必然加剧。如何提高调动人的积极性，提升医院核心竞争力，应是现代医院管理者的重要研究课题。通过推行人性化激励，满足员工各层次的基本需要，依靠人性化、差异化的激励机制培养员工的责任感、使命感和主人翁精神，把员工的利益和医院利益紧紧捆在一起，重视员工的需求和自我价值的实现，使人的积极性得到充分发挥，其结果必然是不断提高自身的核心竞争力，并在竞争中立于不败之地。

（三）有利于实现医院的可持续发展

医疗行业是知识分子相对集中的行业，而知识工作者的特点是：有知识，有自尊，追求自我管理，能不断创新，有自主权，不被看作成本而被作为资本。实施人性化激励，真诚地尊重人性与关心人的发展，医院就能发现、培养和造就更多更优秀的人才，并充分调动全部人才的积极性和创造性，使其能量得以充分释放，并不断转化生成新的生产力，从而更加充分地发挥医院高智能、集约化人力资本的作用，最大限度发挥整体人力资源的作用，奠定医院可持续发展的基础，形成竞争优势。激励是否人性化理所当然地被作为医院能否实现可持续发展的决定性因素之一，成为当前医院实现科学发展的一个重要着力点和突破口。

（四）有利于医院文化建设

实施人性化、差异化激励必然影响职工主观能动性的发挥，能充分调动人的积极性，在医院形成“积极向上、和睦相处”的工作环境，让员工怀着愉快的心情工作，形成民主的、突出个性的、鼓励创造的医院文化和制度，使医务工作者成为思想开放、有责任感、富于创造精神的自主人、文明人。最终在医院创建“院兴我兴，院衰我耻”的文化氛围。

（五）有利于缓解医患、医际、医管矛盾

由于人性化及差异化激励机制的建立和推行，医院里一定会形成一种积极向上、和睦相处的氛围，工作环境好，员工工作心情愉快、思想开放、责任感强，必定促使员工为实现促进医院发展和满足病人需求的双重目标而奉献聪明才智，把主要精力集中到工作上去，进而缓解医患、医际及医管矛盾。

（六）有利于医院员工全面发展

人是人性化激励管理的出发点和归宿点，其核心就是尊重人、发展人、培养人。人性化激励充分尊重人的个性需求和自主选择，根据员工的需要设置差异化的激励机制，让员工根据自我需要做自主选择，缺什么选什么。这样就能满足不同员工的不同需求、满足同一员工不同时期的不同需求，最终促使员工自身得到全面和谐的发展。

三、人性化是设计激励机制的首要原则

激励实际上就是通过满足员工的需要而使其努力工作实现组织目标的过程。激励必须从人本主义思想角度出发，以尊重和满足员工需求为导向进行激励，以争取最大的员工满意度为目标，针对不同的个体进行激励。任何有效的激励机制必须是针对不同的个体需求而综合设计的，人的需求往往是不同的，一个符合员工需求的激励行为才能引起员工的重视，使员工产生共鸣，导致高水平绩效的产生。因此，医院在设计激励机制时必须从本院员工的实际出发。认真分析员工的需求，掌握好员工需求的层次性，分析不同员工到底有何种不同的需求。并在此基础上本着人性化的观点，通过人性化的制度规范员工的行为，调动员工的工作积极性，谋求管理的人性化和制度化之间的平衡，以达到有序管理和有效管理。

四、医院内部实施人性化激励的必要性

随着社会的不断发展，管理科学也日新月异，传统的管理方法越来越不能适应现代管理的需要，特别是那些非人性化的管理已走进了死胡同，不仅不能促进企业的发展反而成了其发展的障碍。组织中的每一个人同每一个团体，正好像人体中的一个器官一样，如果眼睛同手之间的协调机制被破坏了，那么无论眼睛或手怎样努力工作，也不能使它们共同的生产率得到提高。组织中的人正是组织的器官，如果管理制度限制了其自由发展，非但不能提高企业的生产率，反而会制约企业的发展，由此可见人性化管理是何等的重要了。

管理界呼唤着人性的回归，于是，人性化管理成了管理发展的新趋势，作为管理核心的激励自然也必须是人性化的。医院虽不同于企业，有其特殊的一面，但由于医院所服务的对象是病人，这就意味着医院的管理更需要人性化，其内部激励机制就更不能例外。

（一）人性的必然要求

人性是人同动物的本质性的区别，是一切社会关系的总和，是自然之性与社会之性的统一。人性受不同历史阶段的生产力水平及生产关系制约，不是一成不变的，是随着人们物质生活条件、生产力和生产关系的变化而发展变化的；它不是抽象的、空洞的存在，在不同时期及环境下的表现是生动、具体而又有血有肉的；它既具共性又具差异性，是共性与个性、特殊性的对立统一，它在不同时期、不同人身上的表现千差万别，人的个性是丰富多样的。那些否认自然性与社会性的对立统一，否认共性与差异性的对立统一，否认人性的变化性的人性观是错误的，是与人性不相符的。所以，管理者在实施激励时就必考虑员工的人性差异，依据他的人性需求实行不同的激励，只有这种能满足人们个性的激励才可以称得上真正的人性化激励。

（二）激励机制发展的要求

由于对人性的认识存在偏颇，对人的需要了解不充分，使得依此建立起来的激励机制存在以下先天性的局限：第一，受视野和时代的局限，缺乏系统性和发展性；第二，剥夺了员工的选择权，而只能被动接受，使得激励起不到应有的作用；第三，由于工资奖金不能无限增加、晋升名额有限使其激励效果难以持久。在这些局限性的制约下激励机制很难发挥应有作用，甚至阻碍了医院的发展。然而，在市场经济条件下，以人才竞争为主的医院竞争日趋激烈，医疗人才的流动性不断加强，医院要在这种白热化的竞争中取胜就离不开人才，医院的存亡全系于人才。因此，医院必须创新激励机制，且新的激励机制必须以满足员工个性需求为目的。

（三）人性化管理发展的要求

随着社会与经济的发展，管理理论也日新月异，未来管理必将趋向人性化，人是

管理的出发点和归宿点，是管理的目的，任何组织都离不开人。人性化管理的最大特点是：以人为核心，以重视人的情绪、情感和需要为基础，让员工在工作中保持愉悦的心情、满腔的热情、向上的激情，以充分发挥人的积极性、主动性、创造性。其基本特点就是尊重人的个性，满足人的个性需求。为适应人性化管理的需求，医院势必有与之适应的人性化激励机制，而真正的人性化激励机制则是以满足人的个性需求为核心，激励主体与客体之间通过激励因素互相作用。在双向交流，自主选择的基础上实施激励，绝非垂直的调控与操作关系，而应是符合人的个性需求（承认人性差异）的协商式的、自助餐式的有差异的激励机制。

（四）医院员工多种需求的必然结果

客观世界是丰富多彩的，个体心理也是千姿百态的，这就决定了人的需求具有多样性。同时，作为客观存在的人，其需求不仅仅是社会存在的反映，而且还受社会现实的制约，这又决定人性及人的需求具有现实性和差异性。所以医院在实施激励时必须把握医院的现实情况，了解员工需求的层次特点和员工需求的差异性，并依靠这些焦点实施激励，只有有的放矢才能达到事半功倍的效果。

当前医院知识型员工普遍认为的激励因素依次为薪金福利、技能发展、外界认可、工作成就、与上级关系、工作意义、工作挑战性、各类晋升、社会地位、权力授予；稳定因素有职业稳定、工作环境、同事关系、管理监督等。这反映出：第一，技能发展、外界认可等内容成为激励因素，表明当代医务人员积极的价值取向；第二，通常认为只能保持员工工作状态的“薪金福利”却成为激励机制，反映出员工对现有的经济收入尚未满足；第三，通常作为稳定因素的“与上级关系”，在当前中国医院内却成为激励因素，表现出我国知识型员工特有的价值观。也就是说，当前医院员工依然有身心健康、社会交往、获得尊重、自我实现和物质生活等基本需求。既然有多种需求存在，那么实施有差别的人性化激励肯定是十分必要的。

五、医院人才激励机制的构建

（一）建立以学术权力为主导的管理模式

管理模式是在管理人性假设的基础上设计出的一整套具体的管理理念、管理内容、管理工具、管理程序、管理制度和管理方法论体系并将其反复运用于企业，使企业在运行过程中自觉加以遵守的管理规则。在综合型医院这种机构，存在着行政权力与学术权力两大权力主体，正确处理这两大权利主体的关系是整个医院管理体制改革的重中之重。医院医务工作者所从事的工作包含临床医疗诊治，传授医学知识及研究科研课题，这些工作无不体现着学术价值和追求真理的主题，因此学术价值是医务工作者的基本价值，也是他们一切工作基本动力来源。而医院各职能部门的管理行政人员的工作任务，主要是通过履行工作责任来维护和保证学术价值的实现，因此学术价值体现了医院的核心价值。然而，在现行的医院管理模式中，往往是医院的行政权力起了决定权的作用，学术权力占弱势，这就容易导致非学术的行政权力在以学术为主的管理方式上出现偏差，严重地导致学术专业人才的不稳定，阻碍医院学科发展。因此，医院应建立以学术权力为基础的医院文化，创造医务工作者与行政人员平等交流和沟通的环境，促进医务人员和行政人员之间的相互理解与合作，保持学术自由和追求真理的良好传统，从而促进医院学科持续健康发展。

建立以学术权力为主导的管理模式，一是要正确处理行政权力与学术权力的关系，明确划分两者的界限，建立相互制衡的管理机制，坚决杜绝以行政权力替代学术权力；二是建立健全学术组织，充分发挥其作用，加强学术权力管理。如建立健全学术委员会及其制度，明确学术委员会的职责与权限，确保学者专家参与学术事务决策的权力落到实处；第三，增强服务意识，清除管理层群“官本位”思想。医院的管理层应逐步从行政命令向服务转变，彻底消除“官本位”思想，树立“管理就是服务”的理念，为学术活动的开展提供各种服务。

（二）物质激励与精神激励相结合的激励形式

激励形式的运用在人才激励机制中发挥的作用是不可忽视的。物质激励与精神激励相结合的形式对于人才激励机制发挥最大效应，充分调动人才工作积极性，促进人才不断成长，加强学科建设起着非常大的作用。

实例的人才激励机制存在着对人才重物质激励，轻精神激励的问题，满足各种需求所引起的激励深度和效果是不一样的。满足人才物质需求是基本条件，没有它会导致人才不满，但是即使获得满足，它所发挥作用的影响力和时限都是很局限的。要持续长久地充分调动人才的积极性，不仅要注意物质利益和工作条件等外部因素，更重要的是要注意对人才进行精神鼓励。譬如，成绩上给予认可，工作上给予支持，提供个人成长、发展的机会等。在将两种激励形式相结合进行激励时，要能够准确判断人才所处的阶段，针对性地制订以某种激励方式为主体的激励方案。对不同的人才进行不同的激励，使人才充分发挥其潜能，从而有利于医院的人力资源发展。

（三）科学合理地建立绩效评价体系

绩效评价体系是指由一系列与绩效评价相关的评价制度、评价指标体系、评价方法、评价标准以及评价机构等形成的有机整体，由绩效评价制度体系、绩效评价组织体系和绩效评价指标体系三个子体系组成。绩效评价是医院绩效管理的核心内容，它通过对绩效管理工具的充分运用，准确地对人才的工作和成绩进行评价分析，进一步为人才的成长指明方向，同时为学科建设发展培养优秀人才。绩效评价是医院内部管理价值链的关键环节，通过有效的评价，能够有力地促进医院管理水平不断提升。建立科学合理的绩效评价体系，可从以下三个方面入手：

1.健全绩效评价制度体系

建立完善的相关制度体系，明确人才的范畴，从人才的引进、培养及管理三方面制定人才管理制度。同时制定确实有效的人才培养计划，并定期对人才进行考核，将考核标准量化，与人才的待遇挂钩，有奖有惩，真正达到促进人才发展，加速学科建设的目标。

2.建立合理的绩效评价组织体系

成立人才绩效评价组织，由医院的学术权威组成，实事求是地对人才进行客观评价。可由单位人事部门牵头，由医务、科教、教学等相关部门组成组织考核机构，同时考核组成员可在医院的学术委员会中选取。

3.设计科学的绩效评价指标体系

绩效评价体系的指标设计要保证具体化，具有操作性和可衡量性。第一，要具体而明确，即考核指标直接与人才的工作内容挂钩，不同类型的人才评价指标不一样；第二，要操作性强，即每项指标均可采用数学方法进行量化评分；第三，要可以衡量，即各项指标是可以证明并观察到的，其信息具有可获得性。为此，在设置指标体系时，要对各类岗位认真进行分析和评估，对不同技术职务工作内容及要求进行认真分析，明确工作岗位的职责，使人才的工作内容与业绩考核一一对应，从而达到公平公正的目的。而且，考评方法力求多样化。以全方位的、动态的观点来设计考评制度，将定期考评与不定期考评、过程考评与结果考评结合起来，使考评结果与工作实际情况更加接近。通过考评，医院管理人员可根据环境的变化及人才的进步，适时调整目标体系，使人才积极地为实现目标而努力工作。

（四）医务人才的激励机制需动态长效

人才的激励机制要时刻体现人才在不同阶段和时代所能承担的工作量及创新能力，因此要有能够时刻鞭策人才的作用，而且评价体系中的各因素要紧密相关，这就要求人才的激励要有动态性的长效机制，要根据人才的数量与质量不断予以完善。

在实施人才的激励机制时，能够定期对其设计方案进行评价，并对其中不合理的项目进行修改，以适应不同时间对人才的不同要求的需要。同时，激励机制中的考评体系要有考评周期，在固定时间周期内完成对人才的评价。再者，根据不同的岗位层次，实施分类动态的薪酬管理。同时，要根据人才的不同类型，设立适合临床型、教学型不同人才类型的绩效考评标准。医院管理层依据不同的绩效考评标准，结合绩效考核结果动态兑现薪酬，实行全员动态绩效考核。将考评结果与职称聘用、职务升降、奖励惩处等挂钩，形成待遇能上能下的激励局面，真正达到“岗变薪变”“绩变薪变”的动态奖惩目标。同时，绩效考核的侧重点放在医院重点学科建设及发展上，要充分体现医院的发展战略。另外，为了稳定人才队伍，激励人才努力工作，对所有岗位的薪酬按一定的时间周期给予一个正常的增长，使得安心工作的人才都能得到一个薪酬不断增加的机会，形成全员努力工作，形成合力的局面，从而保证了人力资源的持续稳定增长。

（五）为人才提供高效的可持续的发展平台

医院的人才是典型的知识型员工，无论治病救人，传播知识还是科研创新，人才自身的专业必须不断成长与发展。因此，必须建立健全人才培训体系，为人才提供完善的可持续发展的平台，以不断满足人才对知识更新和职业成长的需要。

目前，我国许多医院对人才的在职提高环节普遍重视不足，这就在很大程度上影响了人才及学科的发展。鉴于这种情况，可以根据人才的不同需要，提供不同的培训方式，有效地利用资金，使其发挥最大的作用。加强新进人才的岗前培训教育，使人才通过培训，能够了解医院的现状及发展前景，培养他们的集体荣誉感。了解医院的规章制度及相关业务知识，帮助他们迅速融入医院环境中。对已有的人才，一方面要充分发挥“传、帮、带”作用，要求老专家将其所能传授给这些人才，将医院好的光荣传统传下去。同时鼓励人才继续学习，倡导“干中学”模式，使人才在实践中学习提高。充分利用学习培训机会，加深临床经验和学术交流，提高自身业务水平，将在本院所学的知识与外院学习成果相结合，取长补短，不断提高学术专业水平。另一方面要加强学术骨干的培养，以带动整个学科梯队建设。

同时，要充分利用绩效评价结果作为人才培养的依据。绩效评价结果可为人才培养提供大量的与人才专业成长相关的信息，利用这些信息可帮助管理者较客观的分析人才在思想、学术等方面所处的阶段，以制定相应的激励措施鞭策人才进步。对于绩效较差的人才，经过分析后，发现是由于其所具备的知识和技能水平低而导致工作完成不够理想，或者在能力提高过程中出现短暂的“高原现象”，就应对他们进行针对性培训，进一步提高其专业知识和技能水平：对于业绩优秀者进行激励性培养，准确分析其专业发展和研究阶段，借助合作项目或课题研究，选派其去发达国家做访问学者开展研究，进一步提升学术水平。在人才的培养中，还要充分挖掘本单位内在资源，努力创建院内培养条件，使人才培养更自主化、个性化。

六、医院人才激励机制的创新

（一）医院激励的基本原则

激励措施多种多样，医院基本激励的措施应遵循以下原则：

1.精神层面激励与物质激励相结合

物质激励，顾名思义便是薪酬、奖金、福利等方面的可以量化的激励措施，精神层面的激励措施如荣誉、鼓励、晋升等是不可量化的激励措施。两种激励措施是一种相辅相成的关系，缺一不可。物质激励是精神激励的基础，精神激励是保持医院持续健康发展的必要措施。两种激励措施应相互结合使用，不可偏废一方。如果只重视物质激励措施，那么就会使医务人员过分的看重物质，一切向钱看，当医院由于某种原因，物质给予无法满足医务人员的期望时，那么在医务人员中便会产生不安的情绪，不利于医院渡过难关。如果只重视精神层面的激励，医务人员基本的物质需求无法得到保障，失去了物质基础，医院也是不稳定的。所以物质激励和精神激励要结合使用，不偏向任何一方，才能保证激励机制的平衡。

2.正反向激励措施相互结合

正向激励措施达到的效果可以是使医务人员的工作积极性和创造性得到很大的提高，也可能造成医务人员的骄傲自满，影响其工作效率。反向激励措施到达的效果可以使医务人员自信心下降，只是为了生存和生机而苟且偷生，丧失了工作的积极性，但是对于有些医务人员可能更是一种鞭策，激发出前所未有的能量，可能会到达意想不到的效果。由于正向激励和反向激励都有可能产生推动力和破坏力，如何能够正确的使用两种激励措施，使医院能够朝着正确的方向发展，就是对两种激励措施要有一个合理度的把握和应用情况的正确判读。正向的激励措施是医院经常使用的，但是并不是所有的医务人员都能够很好地完成任务，这个时候便需要反向的激励措施，但是反向激励措施不可过重。能够使医务人员痛定思痛，并仍然充满信心的继续努力，为了医院的共同目标更加奋发向前，这样的效果才是管理者想要的。所以在医院中，正向激励措施和反向激励措施必须合理正确使用，相互结合才能达到更好的效果。

3.静态激励措施和动态激励措施相互结合

如果一个医院的激励措施都是静态措施，那么整体医院的激励机制一直都是一成不变的，缺乏创新和活力。而如果一个医院的激励措施都是动态的，则医务人员缺乏安全感，没有明确的目标，是医院一个很大的不安定因素。所以静态的激励机制需要有动态的激励措施作为补充，来提高医院活力，动态的激励措施需要由静态激励机制作为基础，提供一个稳定健康的环境。只有静态激励措施与动态激励措施的有机合理的结合，才能实现医院的不断发展。

4.短期激励机制与长期激励措施的结合

长期的激励措施能够使医务人员长时间内保持较好的工作态度，对医院的长期发展是非常有利的。短期激励措施则能够使医务人员感受到医院的人性化管理，提高医院凝聚力使医务人员工作兴趣突增。因此如果只是一味的重视长期激励措施，很容易使医务人员在漫长的奋斗时间中产生疲惫感，如果只重视短期激励措施，则会因没有长期的目标而心生去意，难以留住医院的核心人才。而且两种激励措施对于处于创建初期、成长期、成熟期等不同发展阶段的医院有不同的侧重。所以医院管理者应在实际工作中，根据自身所处的发展阶段，合理的结合应用短期激励机制和长期激励机制，使医院能够较快地发展。

（二）建立全面的薪酬体系

随着医院管理的不断变化，复合的薪酬模式将取代单一的薪酬模式。经济性与非经济性的薪酬有机结合构成了全面薪酬管理体系，它发挥了薪酬的整体作用，能够提高医务人员的满意度，同时增强医院的整体竞争力。

建立全面的薪酬体系，最大的好处就是保持了薪酬制度的活力，而且要与医院整体的发展战略相互适应，全面的薪酬体系包含以下几个方面：

1.固定薪酬

固定薪酬，顾名思义是指员工完成工作得到的周期性发放的经济性报酬，它具有保障性的特点，同时也应符合国家或当地政府现行的最低工资标准。

2.可变薪酬

可变薪酬，指员工因达到某一既定的工作目标而得到的奖励，极其具有不稳定性。面向广大医务人员实行可变薪酬计划，能够对医务人员和医院所面临的动态环境做出灵活的反应，不仅对医务人员所达成的绩效提供了奖励，而且能有效控制医院的成本开支。多种可变薪酬形式的灵活运用及由此产生的激励性，是全面薪酬战略的一个重要特征。这些可变薪酬主要包括奖金分成、慰问金和补助等等。

3.间接薪酬

间接薪酬，是固定薪酬和可变薪酬的一种补充，而不是替代者，主要措施就是实行合理的福利成本分摊。这些福利包括：第一，法定福利，用以保障或改善医务人员的安全和健康、维持家庭收入和帮助家庭渡过难关；第二，弹性福利，包括补充退休金，健康保障，为医务人员提供带薪假期，培训费报销、支付交通费用，提供班车、住房福利、饮食福利和弹性工作制等。

4.非货币性经济薪酬

非货币性经济薪酬，包括安全舒适的工作环境、良好的工作氛围和工作关系、引人注目的头衔、上级的赞美和肯定等。

5.非经济薪酬

非经济薪酬，实际上就是员工从工作本身所获得的心理收入，即对工作的责任感、成就感、胜任感、富有价值的贡献和社会影响力等。医院可以通过工作设计、宽带薪酬制度及组织扁平化来让医务人员从工作本身得到最大的满足。

（三）改革职称晋升机制

1.狠抓员工业务培训

一般对新员工进行培训，因为对于医生来说，基本功是最重要的因素，狠抓基础，培养医务人员主动为患者服务的意识。

2.制定晋升基础要求

根据各科室的工作特点来制定职称晋升的要求，不能千篇一律。提高整体技术实力，加强医院竞争力。

3.加强学科间学习交流

医院讲究的是一个整体，所以要加强各学科、各科室的交流合作，为开展医院各项活动的顺利进行打下良好的基础。

4.创造条件促进学习

针对不同人群职称晋升面临的压力，人事部门可以根据不同人群评职称的需求，提前提供计算机、专业培训等相关信息，为晋升人员提供科研的机会。

5.专家把关监督

充分发挥专家的带头作用，把符合晋升人员的各项综合指标交给专家评审讨论，严格把关，提高职称的含金量。为了做到公开公平公正，评议结果接受全院人员的监督。

6.奖励先进，破格晋升

对于业绩突出、在专业领域有突出贡献的人员，政策适当倾斜，提供破格晋升的机会。

7.评聘分开，能上能下

打破职称的终身制，对于达标、病人满意度高的要提拔奖励，对于那些不达标的，可以适当进行惩罚，必要的情况下可以低聘考察。

（四）重视对医务人员的情感激励

医务人员的道德责任感和事业成就感胜过其他任何一种职业的从业人员，所以很大程度上医务人员的执著更多来自于道德的激励。一般来说，医务人员所承受的工作压力是最大的，很多员工都有了心身耗竭综合症、职业倦怠、失眠、忧郁症等病症。因此，医院在员工激励方面要加强人文关怀，多为职工想想。

1.进行心理减压

由党小组、工会、团委等组织座谈等活动，开展多种形式的减压活动，使压力得到释放。

2.照顾职工需求

了解各层次职工的需求，特别对“三期”的女职工给予照顾，对年龄偏大的员工适当减轻其门诊工作量，对科研量繁重的职工适当给予调休，对新同志给予生活上的便利等。通过这些情感交流，能够减少员工的顾虑，激励员工更好地投入工作当中。

3.表彰先进职工

营造“学先进、树标兵”的氛围，表彰先进个人，用先进的事迹感染员工，发挥模范标兵作用，激励员工立足本职工作，在平凡的岗位上做出不平凡的业绩。

第四节　医院的薪酬管理

一、公立医院薪酬管理的组织原则

（一）完善绩效考核体系

1.强培训、转观念

由于医院推行绩效考核的时间较短，而且面临着不断变化的形势，因此人力资源管理者必须不断更新知识，及时掌握先进的绩效考核信息，才能达到新时期医院绩效考核工作的要求。但是现实中，医院人力资源管理者的知识陈旧，缺乏先进的绩效考核专业知识，大多数人力管理者仅仅停留于人事管理层面，在绩效考核细节的处理方法上没有与人力资源管理进行良好的对接。还有些医院人力管理者是从医疗、护理人员中选调出来的，不具备人力资源管理的专业知识和基本技能，无法科学运用绩效考核进行管理。因此，必须加快对医院人力资源管理者的培训工作，对于绩效考核涉及的知识、人力资源管理的技巧、医院的人力资源管理其他方面知识等都必须进行系统的培训，只有人力资源管理人员的专业素质与综合素质提高了，才能促进医院职工绩效水平以及医院整体绩效考核水平的提升。

通过绩效考核发放的绩效工资和奖金，是职工医疗服务的质量和数量、患者满意度、医德医风、科研教学、成本核算、业务学习、工作态度等综合情况的反映。有一部分职工虽然工作数量多，但绩效工资不一定比综合情况好的职工多，因此还存在着不解甚至怨言。这些职工的观念还停留在奖金的多少是以工作量的多少、科室收入的高低来衡量的水平上。这种观念是多年形成的，有些观念根深蒂固，不可能在短期内通过举行几次培训、进行几次动员、开几场座谈而能改变的，改变过来需要大环境的形成。现在政府推进工资制度改革，为医院实行绩效考核提供了一个好的契机。医院领导班子要统一思想，共同参与，扎扎实实地做好职工的思想工作，进行耐心细致的解释说服和教育工作，以帮助职工转变思想观念，引导职工正确对待并积极支持绩效考核。

2.建体系、重管理

一套科学、容易操作的绩效评价体系直接关系到绩效考核结果的优劣。若指标设置模糊，评价起来弹性就大，很容易引发人为偏差或人情考核。在制定绩效评价体系的过程中，要选派一定数量的被考核对象参与进去，充分听取各方面的意见和建议，把医院的战略管理目标与职工个人目标相结合。要从医院的实际出发，注重个性，分清重点，把握好度，准确设置关键业绩指标数量，使考核结果既体现科学性又具有可操作性。同时，还要注重部门之间指标的均衡，避免不同部门之间或岗位之间的指标值考核出现“责任大的部门考核结果差，责任小的部门考核结果好”等不公平现象，造成员工失去信心并产生抵触情绪。

今后医院将承担更多的社会责任，体现更多的社会效益并更多地体现“以技养医”。因此，医院的绩效考核评价体系应该与时俱进，注重在实施过程中调整、修正考核指标存在的问题，并按照新时期医院管理的标准做出顺应时代的改变，这其中包括指标的设置、权重及操作方式等等。有些指标经过几年的运行，通过加强管理，职工都能很好完成的就可以减掉或权重减轻，而对一些不断出现的新问题的指标就要增加或加大权重。

3.助考核、显作用

医院绩效考核指标的直接执行者是一线的广大职工，一线职工执行能力的大小、执行效果如何将决定医院的整体业绩。从主观上说，医院职工都想尽自己的努力做好本职工作，取得好的绩效成绩，拿到好的绩效工资和奖金，但是受主客观因素的影响和制约，有些职工在执行过程中可能会有困难，不能很好地按照绩效指标体系的标准和要求做好工作。因此医院人力资源部门，特别是科室主任、班组长就要做具体工作的指导者，为职工清除工作中的障碍提供帮助、支持和指导，并激发职工的主观能动性，与职工一起共同完成绩效目标，从而实现医院的远景规划和战略目标。可以说，医院绩效考核工作是考评者和被考评者良性互动的系统工程。

在医院领导、中层干部和职工三个层次中，被考核的主体部分是职工，职工的直接领导（科主任、班组长等）是最了解各科室、部门或每个岗位职工的工作绩效和完成任务的执行能力的人。因此，医院不同层级职工的直接领导者应该承担绩效考核的主要责任，这样能最大限度地减少考核的偏差。医院每个科室主任都是一个独立科室绩效考核的组织者，既要负责下属员工的绩效考核，同时还要承担对直接下属绩效指标的设计、沟通、考核、反馈、奖罚等工作。医院人力资源部门的工作主要是制定绩效管理政策、方案和制度，做好辅导，监督绩效考核流程正常运行与成绩汇总等工作。因此，医院绩效考核中科室主任的地位十分重要，要充分发挥科室主任在绩效考核中的作用。

4.重平常、求公正

医院绩效考核工作涉及的内容多、持续时间长、要求细致，相关管理人员尤其是科室主任应该坚持做好考核相关的日常记录工作。实质而言，绩效考核中的目的与医院日常管理的核心具有一致性，考核指标设置与医院管理细则也存在相关性。因此，在具体操作时，应该把绩效考核同日常管理进行结合，用考核记录来帮助日常管理，而不是将绩效考核当作工作负担，除非到了需要考核的时候才来补记录，敷衍了事，为考核而考核。这样不但导致对于职工绩效的考核缺乏科学性，同时也造成在绩效沟通与反馈时缺乏足够的证据对职工进行说服。

医院绩效考核的结果一般是以量化的百分制分数的形式来表现的，分数的高低直接决定着职工的绩效工资以及奖金等。如何获得一个相对准确客观的分数结果，使打分尽可能准确地反映出职工的实际工作绩效就显得十分必要。

要准确客观地进行打分，就需要严格依据考核指标，对考核进行中的相关记录进行认真分析并加以参照，准确计算各个指标对应的得分并进行累计，对所有的步骤都应该认认真真的执行，尽可能地减少考核打分过程出现的伸缩性与主观性。要用制度约束考核者的行为，使其真正对事不对人，成为绩效考核评价环节中无可挑剔的一环。

（二）绩效管理工具的选择

1.目标管理法（MBO）

目标管理法是指按照组织预定的管理目标，检查、考核以及评估企业领导人以及员工绩效的一种方法。该方法与KPI相结合，是现阶段应用较广泛的一种绩效考评方式。其基本程序包括：第一，监督者与员工一起确立考评应实现的工作目标；第二，在考评时，监督者与员工应该按照业务以及环境变化对目标进行修改与调整；第三，监督者与员工一起确定目标实现与否，然后就失败或成功的原因进行讨论；第四，监督者与员工一起对下一考评期内要实现工作目标与绩效目标进行制定。

目标管理法中，绩效考核人的身份从法官转变为顾问与教练，而员工由消极的旁观者变成积极的参与者。因而员工能够获得一定的满足感，工作的能动性与和创造性都得以提高，进而使得工作目标与绩效目标能够顺利实现。

在运用此种方法的过程中，不要单纯注重目标实现的结果，而是要侧重绩效目标达成的过程，只有这样才能够使员工把精力更多地用于长期目标的实现上，才能有助于企业的可持续发展，而不是过多的追求短期效应。

2.360度考核

所谓的“360度考核”，是指对于员工工作行为的考核主体不单是其上级，而且还包括其周围的所有的人，即除了上级，还有下级、同事、客户以及员工本人。这种全方位的绩效考核能够使其更加公平、公正以及公开。

360度考评系统通常是由几个栏目构成的，经过上述相关考核主体进行被考核人的调查问卷填写，然后通过计算机进行所有的反馈信息的统计汇总以及分析，最后计算出考评结果。

在运用360度考核时，由于所收集的信息量庞大，要是企业人数较多，那么就必须通过一个良好考评系统来进行支撑与运作。所以，这种考核方式花费的时间较多，所需的费用也大。另外，在对考核主体进行选择时，必须注意科学选择，使真正与被考核人有关的人员入选，而且应该加强对他们的培训，增强考核的科学性与客观性。

3.关键绩效指标法（KPI）

关键绩效指标（KPI-Key Performance Indicators）是把企业的战略目标进行分解的工具，是企业绩效管理系统的基础。它通过对企业的战略目标进行分析，可用鱼骨分析法将战略分解成几个关键领域，并设定关键领域的绩效指标。KPI可以使部门主管明确部门的主要责任，并以此为基础，明确部门人员的业绩衡量指标。建立明确的、切实可行的KP1体系是做好绩效管理的关键。确定关键绩效指标时，应把握以下几点：

（1）把个人和部门的目标同公司的整体战略联系起来，以全局的观点思考问题。

（2）指标一般应比较稳定，如果业务流程基本不变，则关键绩效指标也不应有较大的变动。

（3）关键指标应当简单明了，容易被执行者理解和接受。

（4）应符合“SMART“原则，即

“S”（Specific）指目标要具体；

“M”（Measurable）指目标要量化，这样才能够衡量；

“A”（Attainable）指制定的目标通过努力能够实现；

“R”（Relevant）指目标要与员工岗位业务相关；

“T”（Time-bound）指完成目标要有具体的时间限制。

KPI通过与MBO、BSC等绩效管理方法结合，可以组成不同的绩效管理体系，目前在很多企业内得到了很好的运用。

管理工具的使用最基本的是要根据组织架构、面临的问题以及人员构成等具体情况进行有效选择，而且要特别重视不能脱离组织战略和目标，使用工具的目的是要进行有效的绩效管理，如果使用了绩效管理工具反而没有提升绩效，就得审视和总结。这些应用工具经过实践的检验具有很好的效率，前提也是要接地气，做相应的变通，使之适应组织环境。

（三）确定考核指标体系

1.突出考核主导因素

以前那种把科室成本核算作为主要考核指标的绩效考核模式，侧重经济指标的考核，无法准确地考察临床科室在工作强度、风险程度以及技术含量、服务质量等方面的差异，而且也与国家规范管理的要求相背。因此，构建以成本核算考核为基础，以工作量以及工作效率为考核主体，以质量考核为核心的科室综合绩效考核体系，不但改变了原来那种奖金仅仅与科室成本核算挂钩的分配模式，而是采用多指标的绩效考核，同时各个指标体系间互相补充，增加了绩效分配的公平性与合理性。

主要的工作量考核指标包括，手术例数、占用床日、门诊诊疗人次、出院人数等，将其作为临床科室的重要工作量指标，可以有效体现临床科室的风险程度与劳动强度。有关工作效率关键性包括，床位利用率、平均住院日等，这两个指标反映的是医院以及科室劳动效率，增加床位利用率、减少平均住院日对于提高医院与科室的绩效管理水平具有重要作用。

将工作量以及工作效率指标纳入绩效考核评估中，可以降低科室对于经济效益的过分追求，充分反映出多劳多得、优劳优得的原则。有效激发科室管理的积极性，增加对医疗卫生资源的利用的有效性和合理性，同时缓解公众看病贵看病难的问题。

2.以质量考核为核心

综合质量考核就是指医疗质量、医疗服务态度以及其他各方面管理工作所需达到的标准以及要求。可以采用千分制绩效考核体系，考核内容涉及医德医风、医疗服务质量、护理服务质量、医保管理质量、病历质量、物价收费质量、院内感染质量、教学科研质量等。

科室必须权衡成本控制与服务质量之间的关系，不能仅仅为了减少成本就将服务质量与服务标准降低，也不能仅仅为了创收就无视物价政策乱收费多收费。质量考核的具体考核应该由有关职能部门定期开展，一般一月一次较为适宜，以便及时发现问题及时监督，每月的质量考核应该形成常态，同时考核结果直接影响科室当月的绩效，且当月兑现。

3.辅以社会效益、科研等考核

随着医院的不断发展，医院的经营管理能力不断增强，相应的专业科研能力、医学科研转化能力也在增强，因而医院在职责中需体现科研任务，把科研能力作为大型医院绩效考核的辅助指标，是大势所趋。

如何更好地体现社会效益，是医院管理者必须思考的一个问题，作为人民的医院，她必然承担着公益性的相关职责。把社会效益的体现与每个医务人员的工作结合起来，就必须将该种因素纳入医院的绩效考核体系，这样就能从制度入手，去激励广大医务人员和行政后勤工作人员的工作积极性和创造性。

（四）引入外部参照系

外部质量指标通常包括顾客感知到的质量和患者满意度。这两个因素往往放在一起通过理想的质量标准和患者实际体验到的质量加以比较研究。在外部质量指标中，主观判断是最主要的研究和表述方法，在医疗卫生行业，所谓顾客感知到的质量主要用信赖、反应性、声誉等比较抽象的指标来表述；对于患者的满意度，往往用服务的数量、技术水平、可及性和医生态度等比较具体的指标来表述。

患者感知到的质量和患者的满意度两者之间相互影响，患者购买服务的动机同时受到两者的影响，很难将两者区分开来。医院管理者要提高医疗机构对患者的竞争力首先要保证医疗服务的质量，但更重要的且容易被忽视的问题是。质量不同的服务能够被患者有效的区别和感知。因此。有必要建立有效的质量信号传递系统。为此，应着重考虑三个方面：一是如何解决无形服务不能被有效感知的问题；二是如何保证服务质量的稳定性；三是如何把这种信号传递系统同患者原有的择医习惯和我国医疗行业的特点结合起来。与实物商品不同，医疗服务在提供之前是非独立存在的，是看不见，摸不着和无形的，患者无法像购买实物商品一样观察、比较、试用，因而医疗服务容易被患者认为不确定性大，风险性高。因此，患者需要寻找能代表服务质量水平的证据或标志来进行判断和选择。比如，他们可能根据医院规模和就医人数来认定医院技术水平的高低，依据医生护士的服务态度来判断服务质量的高低，依据常见病症的治疗费用来判断医院收费的高低等等。因此，医疗营销的任务就是寻找这些信号标准，并通过患者能够接触到的地点、人员、设备、价格或者象征物等把自己的定位表达出来，化无形的服务为有形的证据。

在关于顾客满意度方面的研究中提及频率最高的衡量指标是服务策略和技术水平，其他还包括医疗费用、医院环境、是否方便和治疗效果。在从医生角度提出影响患者满意度的指标中，态度、信息、技术能力、就医程序、医院硬件设备以及对就诊过程中非医疗问题的处理是患者满意度的主要影响因素。衡量患者对护理服务的满意度可参考服务策略、技术水平、就医环境、就医方便程度、服务的连续性和服务的效果等因素。衡量的指标包括医技人员之间的关系、人际间的相互教育和相互信任度。其中，护理服务对患者满意度的影响不可忽略。

二、医院管理人员薪酬管理体系的构建

（一）设计多种的福利品种

可以说，福利是除工资以外，员工们最关心的一个问题。随着时代的不断进步，人们对福利的要求也越来越多，那么就此我们就可以在福利的种类上尽量多样化，让员工有更多的选择权，同时这也能体现医院经营的可观性。现在很多的企业、单位的福利待遇品种越来越多，比如汽车公司实行员工内部购车减免一定的金额；还有的企业就是提供一些免费的咖啡、奶茶等饮品，供员工在休息期间饮用等。对于医院福利，我们可以对员工在购药、看病、手术时，按职位等级适当地减免费用。

（二）制定不同的行政职位绩效考核

可以按照行政人员的业务水平、工作繁简度、责任的大小、职务的高低来制定出一条绩效管理制度，以此来衡量、反馈、评价并且影响员工的工作行为、工作特性和工作结果。而且还有同时确定一个标准系数，比如合格的标准系数是10.0，那么优秀的标准系数则是11.0，完成重要的项目任务标准系数是13.0，基本合格的标准系数是8.0。系数体系的设计是重在激起行政管理人员的开创性思维能力，鼓励员工在工作上开拓进取。

（三）对中层行政干部实施非货币性的奖励制度

奖金制度对全院的全体员工都有着很大的触动，很好地调动了员工工作的积极性，同时也激发了医院的活力。但是由于奖金制度具有普遍性，只是对特定的人群有激励作用，其力度还不是很大。所以对中层的行政管理干部的薪酬制度要有所改变，重在精神奖励。例如，组织中层行政干部去外省发达地区的大型医院参观考察，或是对在工作中表现比较出众的行政人员，可以优先晋升、破格晋升。这样的精神奖励让管理人员有了很大的自豪感，同时也培养了他们的使命感，使中层管理人员能以自信、积极、乐观的工作态度，全身心地投入在工作当中去。

（四）加强非货币经济报酬的建立

医院为行政管理人员多提供学习和培训的机会，譬如建立完善的医院电教室、图书馆给员工使用。选派有能力、有潜力的管理人员去大医院进修学习，还可以和一些其他同级医院联合举办行政管理交流会，以此来优化医院内部的管理。

（五）年终奖金和年薪相结合

年薪制就是以年度来作为单位，根据医院的经营业绩，来确定并且支付给经营者年薪的方式。年薪制是顺应资本主义分配制度变革产生的，而年薪制在我国早已不是新鲜事，现在也有很多的大学对教授实行年薪制。近些年也有一些企业以年薪招聘的旗号来招聘管理者。因为我国医院人事制度以及工资制度的限定，基本上二级公立医

院还没有条件来实行年薪制度，有远见的医院管理者对年薪制度的探索却一刻都没停止过。现在逐渐有些医院开始尝试年薪制和年终奖相结合的发放模式，这对医院来说是发展创新的一个举动。

（六）建立有效的鼓励机制

现在的薪酬管理都是三种机制并行运用：一是物质机制。它是通过按劳付酬，以此来刺激员工提高工作效率，从而获取更多的报酬和更高的岗位。二是精神机制。通过个人的工作贡献，来肯定员工的工作成果，使员工能明白爱岗敬业才是实现个人价值的一个前提。三是团队机制。让员工个人的业绩和团队目标相结合，以此来分享利润，这就使员工具有合作意识。在建立行政人员薪酬制度体系时，要把薪酬管理作为一种动力机制，这也就强化了人力资源管理。

第七章　医院人力资源的管理实践

第一节　医院人力资源的柔性管理模式

一、柔性管理的定义与内涵

（一）柔性管理的定义

柔性与柔性管理是相互联系但完全不同的两个概念。柔性是事物或组织本身固有的一种属性，只要事物存在，这种性质就如影随形，不会消失，与管理相联系是因其对组织的生存与发展的重要性。对于柔性管理的认识，目前存在着两个不同的看法，一是以柔性生产和制造为前提而提出的柔性管理。它首创于日本丰田汽车公司，主要目的是提高生产系统的应变能力。它的特点是利用电脑等先进技术，设计灵活的生产线，实行小批量多品种生产，从而对顾客需求迅速作出反映，同时提高劳动效率、降低成本。柔性在技术上代表弹性、可适应性、可扩展性和可兼容性。二是以研究人们心理和行为规律为前提而提出的柔性管理。它是在人力资源管理方面，采用各种非强制性的方式对员工进行教育和鼓励，从而把组织意志转变为人们的自觉行动，也就是人性化管理。主要强调人处在管理的中心和主导地位，要注重组织独特的文化精神、价值观和员工凝聚力。在此，对柔性管理的定义必须考虑以下几个原则。

（1）其功能是增强组织对变化的应变能力，有益于组织的目标实现，脱离这个目的性原则谈柔性管理就失去了柔性管理的价值和意义。

（2）其客体（对象）既可以是人，也可以是物，包括知识、技术、信息等。

（3）其本质是一种服务于组织目标的分类管理方式。

（4）这种管理方式过去有，现在有，将来也还会有。

（5）其与刚性管理是平等的、平行的，其优劣应以是否有利于组织目标的实现和是否有利于人的全面发展来评判。

(6) 其存在体现在组织构成的各要素中，包括组织结构（组织设计、机构设置）、人力资源（知识、技能、素质、年龄、性别、个性、文化等）、人位配置机制（人力资源与岗位的职责、权利等结合）、运作系统（各种规章制度、操作程序等）、对物质、技术与信息等资源的管理以及组织性质与目标、战略等各个方面。因此，对柔性管理，我们最终定义为：利用一定的技术、手段、方式和方法，增强组织等主体对变化的应变能力的一种管理行为。管理的对象既可以是人，也可以是物，还可以是具体的意识形态。其实柔性管理作为一种全方位的新型管理模式，是一个系统工程，它既包括生产管理，又包括人力资源管理，既包括对物质管理，又包括对人的管理，因而是高度灵活的生产、营销管理和人力资源管理的统一。

（二）柔性管理的内涵

“柔性管理”是相对于刚性管理而言的，柔性管理模式冲破了刚性管理模式的有形界限，它不再把人、资本、原材料作为组织的资源加以严格控制作为唯一谋求资源的最佳利用效率的路径。柔性管理更多的是采用一种软性控制和心理控制的方式达成目标，是能够使管理的艺术性得以充分发挥的一种4方式。因为艺术家的个性发展、崇高的思想境界和运用之妙、存乎一心的创作方法，都具有柔性的特点，从而也与现代经营管理艺术有其相通之处。

具体地说，柔性管理强调的管理思路是：在尊重人，重视人，理解人的基础上管好人，用好人。从本质上来说是一种“以人为中心”的管理，也可称之为“人性化的管理”。它是在尊重人的人格独立与个人尊严的前提下，依靠人的心理过程，在提高广大员工对企业的向心力、凝聚力与归属感的基础上，所实行的分权化的管理。柔性管理的最大特点在于它主要不是依靠外力（如上级的发号施令），而是依靠人性解放、权力平等、每个人当家作主的主人翁责任感，从内心深处来激发每个员工的内在潜力、主动性和创造精神，因此具有明显的内在驱动性。只有当组织规范化为员工的自觉认识，组织目标转变为员工的自发行动，这种内在驱动力，自我约束力才会产生。

在现代市场经济中，组织要使顾客满意，首先要以员工满意作为基础和条件。试想：假如员工内心不满意，缺乏敬业、乐业精神，指望他们创造优良业绩使顾客满意，无异缘木求鱼。一般来说，柔性管理主要是满足员工的较高层次的需求。由于人的个体差异，组织的历史文化传统及其周围的环境等多种因素的影响，组织目标与个人目标之间往往存在着一定的差异，要把外在的规定性转变为内在的承诺，并最终转变为自觉的行动，这一过程需要一定的时间。然而一旦取向相同，协调一致，便能对员工产生强大而持久的影响力。在传统的人力资源管理当中引入柔性管理是要消解以前单方面强调刚性管理所带来的弊端，强调人在管理中的中心地位，突出其“人性化”特点。这种管理既要具备柔性的内涵，同时又具有广泛的外延。这就要求在人力资源管理过程中要坚持“以人为本”的精神，体现出“和谐、融洽、协作、灵活、敏捷、韧性”等柔性特征，依靠人性解放、权利平等、民主管理，从内心深处来激发组织成员的主动性和创造精神，给他们创造一个宽松的工作环境，使他们心情舒畅、以主人翁精神和对工作高度负责的态度为组织效力。

二、柔性管理的主要内容及其特点

（一）柔性管理的主要内容

当前，管理界许多人士对柔性及柔性管理的认识值得商榷。目前的观点比较多，根据涉及的主要对象归纳起来有三种不同看法。第一种是以人为中心的人力资源管理领域的柔性管理，即人性化管理。柔性管理是在研究人们心理和行为规律的基础上，用非强制的方式，在人们心目中产生一种潜在的说服力，从而把组织意志变为人们的自觉行动。该定义揭示出了人本管理的本质，是很有见地和原创性的，但严格地说，作为柔性管理的定义还缺乏普遍性。而许多翻版在此基础上则具体化了，如把对与物质相对的意识形态范围的具体文化作为柔性管理；或把利用人的非理性因素——情感、精神等进行的管理活动归入柔性管理，或把主观层面的人格等因素纳入其中等。第二种是以柔性生产为中心的物质资源管理领域的柔性管理，即对物质的过程化柔性管理。它指的是提高生产系统的应变能力的管理模式，实现的方式是利用当代先进的科学技术，设计灵活的生产线，满足多样化的市场需求。这种观点虽然也包含了相应的对人力资源的管理，但其侧重点是物质生产方面，包括对柔性供应链的管理和引申到其他领域的过程管理，如柔性化的教学管理、科研管理、沟通的管理、参与管理等。第三种是全方位的各种资源、系统和领域的柔性管理，即全面化的柔性管理。一个典型定义是：指在市场机会不断变化、竞争环境难以预测的情况下，快速反应，不断重组人力和技术资源，获得竞争优势和利润的管理模式。

柔性管理应该涉及到经营管理的各个方面，是一种全方位的新型管理模式，是一个系统工程，既包括生产管理，又包括人力资源管理，既包括对物的管理，也包括对人的管理，是高度灵活的生产、营销管理和人力资源管理的统一。根据柔性的本质与内涵，第三种观点应该更接近柔性的本意，更能反映柔性是“对变化的反应能力”这一原则性内容。前二种看法是对某一具体领域或范围的管理柔性特征的概括，丰富了柔性管理的现实内容与应用外延，但由于过于深入考察具体领域，以至没有强调和突出柔性的本质属性，产生使人认为原来这就是柔性管理的认识误区。应该明确，柔性管理是而且仅仅是诸多管理中的一种手段、方式、方法或模式，对它的定义应该依据柔性的内涵与特征来确定，而不是将凡具有柔性特点的东西都冠之以柔性管理的帽子，它们至多只能称作柔性化或具有柔性倾向的管理。

（二）柔性管理的特点

基于柔性管理自身的“柔性”特色，柔性管理具有模糊性、非线性、感应性、塑造性和滞后性的鲜明特性。

1.在质的方面

柔性管理表现为模糊性，管理对象的内心感情和思维是一个模糊不定的值，表现于其外在的行为也同样是模糊不定的。因此，作为侧重于人的心理工作的柔性管理必须相应地作同样模糊化的处理。在管理中只能追求相对模糊的“满意解”，而不是明确的唯一的“最优解”。传统的管理模式用绝对和精确的方式表达事务，因此，其决策所需的信息只能在比较狭小的范围内才有意义。然而柔性管理的对象是人，人是一种带有自身意识和感情的微妙的客观存在，很难对人的复杂多变的思维有一个明确的定量的确切表述，因此，对人的约束也必然是不确定的，只能进行模糊化处理。

2.在量的方面

柔性管理表现为非线性，即不可加性。因为柔性管理在实际应用中本质上的模糊性，因此在管理中量的方面同样呈现出一个波形变化，而不是简单的直线相加，是在一个总体方向上分不同阶段、时期、不同管理对象的非线性管理。在具体工作场合，这种非线性主要体现在以下几个方面：第一，个人在工作中投入的精力与产生的绩效并非一种线性的关系；第二，个体功能的总和与总体的功能呈现非线性的关系。1+1＞2的现象层出不穷，人的总体功能决不单纯是人数堆积的结果。

3.在方法上

柔性管理强调感应性与内控性，作为“软”控制的柔性管理区别于“硬”规定的刚性管理，在实际管理过程中运用的手段和方法突出感应性，不注重用模式化、程序化、机械化的方法，靠的是双方微妙的心理互动感应。人是“社会人”，除了关心经济利益之外，还应注重诸如成功感、亲密感、归属感等。也就是从内心深处激发主动性、内在潜力和创造精神，因此具有明显的内在驱动性。

4.在职能上，柔性管理表现为可塑造性

柔性管理排斥强制行为，因为许多表面上的服从通常潜伏着危机，只有从心理上接受、从观念上转变才能真正形成对组织的忠诚度和归属感。人的思想，是一个活的东西，受到外在不断变化的世界的影响，随时处在调整当中。因此，柔性管理面对管理对象活动、变化的思想状况，要随时用先进的思想、理念对被管理者的思想加以塑造和引导，让被管理者从自身内心出发，从心理上解说，从观念上改变。

5.在效果上，柔性管理表现为滞后性

思想观念的改造不是一朝一夕就可以完成的，其表现为外在的行为也退于内心思想形成的时间。因此，在柔性管理中，管理效果的出现明显区别于通常的管理，因为其见之于内而达之于外的特点，有一个为人所了解和接受的过程，才能成为被管理者自觉的行为，从而才能看出管理效果。要完成这一“外在规定——内在接受一自觉行动”的转化过程是需要时间的，这明显的时间落差成为柔性管理的一个比较典型的特点。

三、刚性管理和柔性管理的比较

刚性管理是严格按照规章制度，并利用组织结构、责权分配来实现由支配到服从的管理。它以规章制度为中心，依靠严密的组织结构、严明的规章制度和赏罚分明的激励来进行以生产为导向的管理。这是传统农业经济、工业经济时代典型的管理模式，这种管理视生产资料为资本，视人力为成本，曾经极大地促进了生产效率的提高和经济的发展，但已不能适应新经济时代中以知识工作者为本的需要。柔性管理的诞生正是基于刚性管理的不足。柔性管理是基于员工对组织行为规范、规则制度的认识、理解与内化，所依靠的是组织的共同价值观和心理文化氛围，使员工处在组织文化的道德规范和行为准则的无形规范当中，产生自控意识，达内在的自我管理和自我约束的效果。这就更有可能进一步提高员工的工作热情和工作责任心，激发创新精神。在这里，管理者的主要作用在于启发、引导与支持。

刚性管理重“管”、重“权”，也就是重控制，从而达到管理的统一性。柔性管理重“理”、重“知”、重“交流”，也就是重协调，尊重人的个性和自主权利，有利于群策群力。在近百年来管理的发展与变革，刚性管理与柔性管理的此消彼长，渗透、融合与互补，在一定程度上体现了否定之否定规律。这一过程不是“河东河西式”的两极嬗变，而是以“层累式”地由低级到较高级，再到更高级以至无穷地递进。每一次递进，都以特定历史时期的政治、经济、科技、文化的变革为后盾，都与特定历史时期的市场、制度等因素密切结合。而且，每一次递进都是在更高的层次上的以往管理理论与实践的扬弃。

其实，刚性管理与柔性管理，犹如一个完整的生命体，对组织来说都十分重要，刚性管理是骨架，柔性管理为血肉。刚性管理与柔性管理，无高低优劣之分，只是在某些方面与适用的对象和实施的程度有关，他们互有长短，互为补充，犹如一个硬币的两面，潜显相随，无所不同在，无时不共存。

四、柔性管理的作用功能

从柔性管理的概念及其特点来看，其发挥的管理作用主要集中在教育、协调、激励、互补等几个方面。

（一）柔性管理具有教化的作用

这是由柔性管理的直接目标一把组织意志变成人们的自觉行动所规定的。对于组织的奋斗目标以及各种规章制度，人们是自动执行、维护还是被动的不得已而为之，其效果是大不一样的。如何由被动的强迫意志转变为主动的自愿意志，最为明显和有效果的措施，就是对管理对象施以教育与引导，使之从道理上理解问题的所以然。柔性管理在这种由被动变主动的过程中发挥着强大而有效的教育作用。另外，人的总体素质的提高需要柔性的管理方式。随着社会的进步，人的素质全面得到提升，组织的成员是由有知识，掌握信息，适应环境，并被授予权力的人员组成的。他们的人生追求已经超越了过去单纯的物质利益的追求，已经把个人的人生价值与组织融为一体。他们既需要考虑周密的经济激励，也需要更多的非经济激励。比如平等、尊重、权力以及实现自身价值的满足感等。而柔性管理恰好能够满足这些成员的要求。

（二）柔性管理发挥着独特的道德自律和协调作用

柔性管理是建立在尊重人的人格独立与个人尊严的前提下，它注重平等和尊重、创造和直觉、主动和企业精神、远见和价值控制，强调一种自觉自省的“心理契约”模式，用自律替代他律。而一般管理中的协调作用通常会采取指挥和控制的刚性手段，即通过诸如政策、制度等规范，对被管理者加以即时指挥，来达到协调的目的。但这在人们的思想、意志等方面的协调与沟通，靠指挥和规范是不易解决的，在这里，柔性管理就可以发挥其所长。

（三）柔性管理有着强大的激励作用

在人们的日常工作、生活、社会交往当中，柔性管理可以随时随地产生影响，如及时评价、赞许、鼓舞、恰到好处的批评与表扬、惩前忌后的处罚等，从各个方面牵动、感染人们的思想情绪，对其施加影响和控制。柔性的激励方式在实施过程中没有咄咄逼人的气势，没有畏惧无奈的应付，只有双方的潜默的心灵感应，一旦发生作用，完成外在规定——内在接受——自觉行动的转化过程，就会成为发自内心而见之外的行为，就会从“必然王国”跨入“自由王国”。

（四）柔性管理能为刚性管理的实施发挥补充作用

刚性管理在管理中是基础的、初始的和必要的。但是由于这种管理的形式化和外在化，在员工没有充分理解并自觉接受之前，它又是机械的、僵化的和呆板的。其负面效应会使得工作易于肤浅和简单化，因而会出现组织虽然有好的制度规范，但执行力却出现一再受挫的现象。柔性管理的诞生正是基于刚性管理的不足，柔性管理正好能够弥补刚性管理的这些不足，发挥强而有力的互补作用。另外，在知识经济时代，主要财富都来源于知识，知识根据其存在形式分为显性知识和隐性知识。前者主要是指以专利、科学发明和特殊技术等形式存在的知识。后者则指员工的创造性知识、思想的体现。显性知识人所共知，而隐性知识只存在于员工的头脑中，难以掌握和控制。要让员工自觉、自愿地将自己的知识、思想奉献给本单位或者本部门，实现知识共享，仅仅靠刚性管理是不行的，要想达到人尽其才的目标，只能通过柔性管理。

五、人力资源柔性管理必要性及模式定位

（一）人力资源管理柔性化的必要性

1.医院人力资源的特征是实现柔性化管理的基础

医院是一个科技含量高、知识型人才密集的地方，医院人力资源相对于其他组织

而言有其鲜明的特征，主要体现在以下几点：①医院员工大都受过系统的专业教育，其学历层次相对较高，高学历的人员所占比例较大。他们一般具备一定专业特长和较高的个人素质，掌握一定的专业知识和技能，视野开阔，求知欲强，学习能力强，知识层次面宽泛；②医院员工具有较高的需求层次。他们自我意识强烈，善于自我管理，热衷于具有挑战性、创造性的任务，努力实现自我价值。由于对自我价值的高度重视，他们同样格外注重他人、组织及社会的评价，并强烈希望得到社会的认可和尊重；③医院员工有强烈的表现自我的欲望，有明确的奋斗目标，更加有着发挥专业特长和成就自我的事业追求。在他们的激励结构中，成就激励和精神激励的比重远大于金钱等物质激励；④医院员工具有较强的自律能力和创新精神。人们对健康的关注以及医院特殊的氛围促使医务人员不断寻求突破，努力创新，提高医疗水平。他们依靠自身占有的专业知识，运用头脑进行创造性思维，并不断有新的知识成果。他们希望拥有宽松的、高度自主的工作环境和组织气氛，并注重强调工作中的自我引导和自我管理；⑤与一般的员工相比，医院员工有能力接受新工作、新任务的挑战，因而拥有更多选择机会和选择权。医务人员出于自己职业感觉和发展前景的强烈追求，人才流动也就成为一个人们普遍关注的社会现象。医院员工的这一系列特征反映了这个知识性高素质群体是实施柔性管理的可靠保证。

2.知识经济时代发展和现代化管理的需求

在知识经济时代，知识以及获取知识、运用知识和创造知识的能力，已经成为医院发展的关键。人力资源作为医院管理诸多要素中最活跃、最具创造力和最有价值的要素，其开发利用情况越来越受到重视。其中智慧型、主动型、创造型的人才已经成为医院发展争夺的焦点所在。

医院内外环境的变化，需要管理突破原有的思维模式和运作方式。不断进行管理创新，需要管理方式更加多元化、人性化、柔性化。因此，只有主动抛弃传统刻板的管理方式，运用柔性管理的理论和方法，采用灵活的管理技巧和手段，注重人力资源的开发和利用，激发人力资源的潜能，才能使之为医院的长远发展作贡献。

3.适应现代组织管理对象特征变化的必然选择

知识经济的发展不仅改变着经济结构、组织结构和生产方式，而且也改变人们的思维方式、价值观念乃至生活习惯。随着知识经济的发展，具备了医学知识的年轻一代在其成长过程中的就业心理逐步受到重视，他们思维习惯、情感理念和处世风格都较以前的人才相比发生了变化。对他们来说，只是对其物质需要的满足是远远不够的。诚恳的赞许、真情的关怀、工作内容丰富化，特别是能够提供富有挑战性的发展机会，体现一个人的价值，更有利于激发他们的潜能和工作热情。所以，医院管理者一定要充分理解管理目标，不仅仅要从内外环境出发，更要从人的自身需求、价值取向和心理意愿等方面出发来把握。实施柔性化是管理对象特征发生变化的必然选择。

（二）人力资源柔性管理的借鉴模式以及模式定位

1.企业的柔性管理模式的借鉴

随着世界经济一体化进程的深入和市场竞争的日渐激烈，越来越多的企业逐步重视并实施柔性管理。其原因主要在于；目前全球市场已由卖方市场转为买方市场，而且占据市场主体地位的消费者的需求也日趋多样化和个性化。因此，企业需要转变原先大规模、标准化式的生产和服务模式，转向能够灵活满足顾客需求的小批量、多品种的生产和服务模式。一方面，企业需要对消费者的需求做出快速反应，即建立快速灵活的信息系统；另一方面，要具备在同一时间生产多种产品的能力，即建立快速灵活的生产系统。这两个方面进一步要求企业建立起灵活的、敏捷的、能够迅速适应环境变化的组织结构和管理方式，即柔性组织结构和管理方式。一般而言，企业的柔性管理具有如下几个方面的特征。

（1）以企业内部组织的柔性化和企业间的动态联盟为组织特征

传统的金字塔型的组织结构转向少层次的网络型的扁平化组织结构。传统的管理组织结构是金字塔型的，组织层次过多，信息渠道过长，反应迟缓，各职能部门相互间隔，信息流动受阻，上下级之间的信息常常扭曲、失真。企业若要具备对消费者需求变化的快速反应能力，就必须对组织结构进行调整。一是对管理层级简单化，即采用管理层级较少的扁平化结构。精简组织中的某些环节，下放绝大多数竞争的决策权力，让每个员工或每个团体都获得独立处理职责范围内的权力。二是结构要网络化。组织结构扁平化后，使得纵向管理压缩，横向管理扩张，横向管理向全方位信息化沟通的进一步扩展，导致组织的网络化，工作团队便成了网络的结点。企业正是以这种扁平、网络化的组织结构使其整体有机化，自动且及时地对外界环境做出反应，从而使企业能够迅速对市场变化做出反应，赢得竞争先机。

对于变化和不确定的环境，“虚拟组织”是一种实用的组织工具。虚拟组织是“强强联合”，其最本质的特点是它必须以顾客需求为中心，市场机会为基础。同时，它还必须有一整套清晰的、建立在协议基础上的目标。虚拟组织的伙伴之间必须包含信任，开诚布公的交流以及和谐的管理模式。这一组织必须快速的作出决策，当机会消失时能够相对无痛苦地解散。

柔性组织结构具有一定的动态性，它能够通过自我调整来适应外界环境的不同要求，同时这种组织结构为组织内部成员提供了自我完善的发展空间和支持条件，人员的主动性和积极性将得到极大的提高，组织运行成本也会大大降低。

（2）建设柔性的企业文化，打造企业的共同愿景

柔性管理注重企业文化建设，通过共同的价值观、行为准则、道德规范，形成以尊重人的感情因素为基础的约束和激励机制，在企业内部产生巨大的向心力和凝聚力。现实中，大多数企业的企业文化是一种硬性的文化，这种文化具有高牢度、一致度和系统的完整性，但缺乏的是开放性和宽容度。这种企业文化会在不断的自行稳定

中逐步僵化，失去初始的活力。柔性的企业文化是一种与现有系统和谐统一的企业文化，它不仅保持了一定的开放度和宽容度，鼓励个体创新和组织学习，而且它还为随时而至的变革创造条件。因此，企业文化柔性的核心是企业价值观念及经营管理理念在动态环境下的不断创新，以期形成相应的有利于柔性管理的氛围。企业的共同愿景是企业所有员工发自内心的共同愿望和共享的景象一企业未来发展的目标、任务、使命或事业。共同愿景将产生一种强大的内在驱动力，这种驱动力能使企业的全体成员具有神圣的使命感和为企业愿意奉献的持久动力，并能够激发员工的无限创造力。

（3）人员柔性

人具有学习、感知及适应能力，因而成为所有有形资源中最具有柔性的资源。柔性人员的最大特点在于善于学习，很快学会原本不会的东西。在一些新型企业中，越来越多的工作，无论是技术型或是非技术型的工作，都基于相对比较专业的知识上，再加上现在知识更新速度十分迅速，原本掌握的知识可能已经过时等原因，所有员工的学习能力尤其重要。如果一个系统没有留有余地，以便在出现差错后提供后备力量的话，那么这个系统就不会存在。当企业的工作由于某种突发情况而出现瓶颈时，只要拥有掌握多重技能的员工，总有人能够胜任使得工作正常进行。这对于多变的竞争环境中的企业非常重要。

此外，员工的创新精神也是实现人员柔性的关键，人能在易变和不完全确定的系统中更好地发现机会，更知道如何去做。企业的员工，包括管理者，要经常保持积极进取的心态，不断打破旧的思维模式，勇于向极限挑战，唯有不断地创新才能适应变化。

（4）建立灵活多变的柔性激励机制

目前，越来越多的企业设计采用一种弹性的、可供选择的综合激励制度。对于比较侧重于物质利益的人，能够在考虑投入产出效率和企业实际能力的基础上给予满足；对于比较侧重于安全方面的人，则要考虑提供保险、年金、股票等保障方法；对于追求自我价值实现，寻求尊重认可的员工，可以施加精神激励，比如尊重、信任、关心及提供培训和提升的机会、吸纳员工参与管理、帮助员工进行职业规划等。如果企业的实际能力并不能满足某些需求，也可以考虑其他多种方法的综合运用，因为每一种需求对人力资本来说都有一定的权重系数，只要企业在其他方面能提供较多的满足，就可能弥补企业的不足之处，实现良好的激励效果。

2.知识型企业的柔性管理

知识经济时代引发了知识管理的产生。知识管理是以知识为中心，运用科学的手段、更加灵活的制度调动人的情感和积极性的艺术。鉴于医院人力资源的特点与知识型企业有很大的相似性，两者都是以从事创造性活动的高素质专业人才为主，工作过程不易量化等，因此这里从知识型企业的柔性管理模式的分析入手，以便下面探讨医院人力资源柔性管理模式定位。

（1）知识型企业的特点

何谓知识型企业，到目前为止没有一个明确的定义。简单说来，知识与企业的结合就可形成知识型企业。如果某个企业的产出中知识的贡献率达到一定比率，这个企业就可以被称为知识型企业。知识型企业不同于一般的企业，它最显著的特点就是知识：投入的是知识，生产的是知识，销售的是知识，管理的还是知识。知识型企业就是一个由各种各样的知识堆积而成的金字塔。知识型企业具有以下主要特点：

①知识是企业的第一生产要素。与传统的生产函数不同，知识是当代经济生活中最重要的一种资源，成为与劳动力、资本、土地三大传统要素并重的内生变量，是企业创造财富的最大推进器。

②知识型人才是企业生命力的源泉。知识型人才是指，一方面能充分利用现代科学技术提高工作的效率；另一方面知识型员工本身具备较强的学习知识和创新知识的能力。知识创新力是知识型员工最主要的特点。此外，知识型员工的工作主要是一种思维性活动，知识的更新和发展往往随环境条件的变化而有所适应，具有很大的灵活性。所以，知识型员工兼具知识性、创造性、灵活性等方面的特征。在知识型企业中占主导地位的不再是传统的管理者，而是掌握了知识、具有创新能力的知识型人才。他们脑中的知识不同于有形资产，不仅不会被消磨殆尽，反而会创造出更多的价值以及更多的知识，因此，知识型人才是企业永葆活力的源泉。

③知识创新及运用是企业的灵魂。知识型企业可能会由于其特有的某种知识而在一定时期内保持竞争优势，但由于知识是可学习的，在一段时间之后会不可避免地被竞争对手所仿制。因此，只有保持知识的不断创新以及对创新的运用，才能保证企业获得长期的竞争优势，并始终处于行业的领先水平。

（2）知识型企业的柔性管理模式

知识型企业的柔性管理模式具有以下几个方面的特点。

①组织结构柔性化。在组织结构方面，建立支持指导型的组织结构。许多成功的企业，都已摒弃了等级制的组织结构，采用了一种特别适合专业人才创造价值的结构。这种变革改变了传统观点，组织的核心部门不再充当发号施令的角色。组织结构的功能在于“分发”，即组织的角色是提供服务，而不是发号施令，它只是将后勤分析及行政支持“分发”给专家。原有的直线等级制变成了一个支持性的结构，只有在情况紧急时才进行干预。原有的线性管理人员的职能发生了变化，他们不再发号施令，而是清除障碍、开发资源、开展研究并提供咨询。从上述例子可以看出，知识性企业的组织结构在一般企业网络化、扁平型组织结构的基础上，有了更深一层的拓展。其根据自身的特点，建立起一种支持指导型的新型组织结构。在考虑到知识型企业的员工高度的专业化、自主性、创造性特点的基础上，把管理部门的职能由直线式的发号施令转为围绕式的提供支持和服务，为企业的员工解决繁杂的事务性问题，以使他们集中精力进行具体的专业工作。

②激励机制的柔性化。知识型企业的员工是从事创造性活动的高素质员工。而创造性的活动往往是一个探索过程，其间充满了不确定性和偶然性，且智力活动本身难以直接计量，所以创造性工作亦难以量化。倘若硬性地将其量化并以此作为奖酬依据，势必会挫伤员工的积极性、创造性，抑制了其潜能的发挥，因而知识型企业柔性管理的一个重要体现就是奖酬机制的柔性化。除了物质上的奖励更应注重精神上的嘉奖，还可以通过扩大和丰富工作内容，提高工作的意义和挑战性对员工进行激励。

③鼓励创新和宽容的企业文化。知识产品的特点决定了知识企业的研究与开发工作往往要超前于时代，致力于产品创新、管理创新、组织结构创新，不断向市场投放新产品，才能把握生存与发展的主动权，创新是知识企业的生命力所在，因此鼓励创新也就成为知识企业不可或缺的一大支柱。与之相伴的是宽松的企业环境和宽容的企业文化，要鼓励创新就必须允许失败，同时也必须允许差异的存在。每个人都具有自己的价值观和道德观，必须承认人与人之间存在的差异性，应热爱差异性，利用差异性。

（三）医院人力资源柔性管理模式的定位

医院人力资源管理模式究竟是选择以刚性为主还是以柔性为主，主要还是由医院的人力资源自身的特点决定。柔性管理与刚性管理本身没有优劣之分，我们应当辩证地看待它们。在管理实践中不可不按固定的模式和程序，运用权力和组织系统强行进行指挥、控制、命令，硬性管理来达到组织目标；也不可不采取灵活手段建立灵活的柔性组织系统和采用柔性化的管理手段。在管理实践中既要以柔克刚，又要刚柔并济。其实相对来说医院本身是一个刚性色彩比较浓厚的组织，本身有一套完整而严密的组织构架和运作流程以及奖惩制度，但是在医院人力资源管理领域，面对这样一个特殊的高素质群体，我们应该更多强调柔性方式解决问题，这是由于医院人力资源主要是由高等知识分子构成，高层次的精神需求占主导地位。医院员工一般都具有自身的专业特长，有强烈的自主意识，因而人员的流动性强，人力资源有很强的共享性。这些特点类似于知识型企业的员工。在此，人力资源的柔性管理并非对刚性管理的否定，而是对其的完善，是在刚性管理框架的基础上对管理方法和思想的升华。这并不是要否定刚性管理，相反，人力资源管理的柔性化应建立在严格的制度化管理基础之上，有一整套健全的规章制度，完善的工作绩效评价系统，还要使目标的达成情况与报酬有机的结合起来，使每一个员工都能切实完成岗位职责。另外，人力资源管理的柔性化还应与柔性组织结构、柔性的企业文化相配套。

总之，欲在医院中大力推行柔性管理，在管理过程中必须实行人力资源的柔性化，才能真正做到一切以人为出发点，充分发挥人的积极性、主动性和创造性，提高管理的综合效益。定位于柔性的人力资源管理是医院真正增强核心竞争力的法宝。

六、人力资源柔性管理的构建策略

（一）建立医院柔性的组织结构

柔性的人力资源管理必然导致柔性组织形式的产生，柔性组织结构翻过来又是柔性管理的依托。所谓柔性组织是相对于“刚性组织”而言的，是一种结构相对简单，管理层相对缩减的组织形式。由于“简单”，它能够根据外界环境的变化迅速做出调整，能适应环境并生存、发展。由于管理层的缩减，信息误传、曲解大大减少，信息流通也比较快，为高层管理人员与基层工作人员之间的交流创造了条件。在视信息为生命的科技中介组织中，网络式柔性组织结构适应了信息快速传递的需要，从而实现了组织的高效率。

人力资源的柔性管理模式其本质是“以人为中心”的人性化管理，是依据企业的共同价值观和文化、精神氛围进行的人格化管理。因此，首先要把员工满意放在第一位，在尊重人的人格独立和个人尊严的前提下，在提高广大员工对企业的向心力、凝聚力与归属感的基础上，实行分权化管理。人力资源的柔性管理，要求改变等级制的组织结构，建立一种特别适合专业人才创造价值的结构，使组织的核心部门不再充当发号施令的角色。在医院中，要精简机构，减少管理层次，采取较宽的管理幅度，实行扁平化管理。压缩层次的目的在于减少医护人员的领导者，这样能充分发挥人力资本的积极性和创造性。同时有利于上下级之间的信息沟通，特别是基层的意见能很快反映到医院的决策层。

传统的医院组织结构通常是金字塔型的，从最上面的决策层到最下面的操作层，中间隔着许多层次，这样的体制结构重叠，效率不高，容易产生官僚主义。扁平化组织结构通过减少管理的层次，可减少决策与行动之间的时间延滞与信息失真，加快医院对市场和竞争动态变化的反应，使组织的能力变得柔性化，反应更加灵敏。

（二）医院决策的柔性化

决策目标的选择应遵循最优化的原则，其追求的是在一定条件下唯一的最优解。而在现实当中，最优化的决策却很难做到，并有可能出现太过于理论化的决策，从而失去指导现实的实践意义。决策者在决策过程中可根据已掌握的信息做出满意的选择，而不必苛求唯一的最优解，因而使得决策具有更大的弹性。这种决策最优化准则向满意准则转变，实质上是实现了刚性准则向柔性准则的转变。同时，决策的柔性化还体现在决策的过程当中，“一言堂式的决策”具有刚性决策，其不可避免地存在着主观、片面、武断等缺陷，有时候会给组织带来无法估量的损失或产生严重的矛盾。“群言堂式的决策”是由相关人员独立思考、自由表达各种看法、意见和建议，在此基础上进行综合分析、择优采纳，相互补充，由此形成的决策可称之为柔性决策。其最大的好处在于可以尽量避免刚性决策可能造成的失误。具体来讲，完善医院决策柔性化、科学化有以下建议。

1.转变决策观念，明确决策者的自身定位

决策过程实质上是创造性思维过程，没有创新就没有真正意义上的决策。决策水平取决于医院领导者的决策素质、决策理念、战略和全局眼光。在涉及到医院人力资源管理的战略层面，医院领导者必须把精力用于制定决策上，通过对这一领域加以深入的对比研究，确定未来医院人力资源的战略规划、战略储备、人员结构配备等重大决策。要吸收多种知识营养，不拘泥于眼前利益，保持敏锐的分析和观察事物的能力，降低决策成本，提高决策效益，让人力资源管理有的放矢。

2.增强决策的民主性

由于决策往往涉及到重大的政策方向，所以保证决策的民主性是获得“满意”的保证。在传统的刚性组织中，决策层是领导层和指挥层，管理决策是自上而下推行，组织成员是决策的执行者，因此决策往往带有强烈的高层主观色彩。柔性决策中决策层包括专家层和协调层，管理决策是在信任和尊重组织成员的基础上，经过广泛讨论而形成的，与此同时，大量的管理权限下放到基层，许多管理问题都由基层组织自己解决。

3.决策目标选择的柔性化

刚性管理中决策目标的选择遵循最优化原则，寻求在一定条件下的最优方案。柔性管理认为，由于决策前提的不确定性，不可能按最优化准则进行决策，提出以满意准则代替最优化准则，让管理决策有更大的弹性。这种决策目标的转变正是体现了管理模式由“刚性”向“柔性”的转变。

（三）医院柔性的人员激励机制

人力资本管理和激励是密不可分的，人们各种行为的背后都具有一定的动机，而动机又产生于人们本身内在的、强烈要求满足的需要。如何满足需要、激发动机、鼓励行为、形成动力，促使成员的动机更强烈，将潜在的内驱力释放出来，为实现组织目标和个人目标而努力是激励的最终目的。美在“以人为本”理念的指导下，医院制定激励机制时，除了要考虑“外部激励”，主要指物质激励即薪水和福利待遇等以外，更侧重于“内部激励”，如情感激励、荣誉激励和事业激励等柔性激励，柔性激励是医院人力资源开发和利用的核心所在。因此，建立针对我国医院人力资源特点的柔性激励机制，是人力资本柔性管理得以成功的重要保障。

1.柔性激励机制

柔性激励机制就是要寻找管理中人性化和制度化的平衡点，达到管理绩效的最优境界。制度化的重点在于对人的归化和约束，用制度来强制组织成员的行为与企业的目标保持一致。人性化则强调人的自主性和创造性的发挥，在不伤及组织的根本利益和最终目标的前提下，尽可能减少对组织成员的束缚，给组织成员更大的自由发挥空间。柔性激励机制的基本要素包括：

（1）行为诱导因素

该因素用于调动人力资本积极性的各种激励资源，对行为诱导因素的提炼必须建立在对组织成员需要进行调查、分析和预测的基础上，然后；形式。

（2）行为导向因素

它是指组织对人力资本所期望的努力方向、行为方式和应遵循的价值观的组合。

（3）行为幅度规制要素

它是指由行为诱导因素所激发的行为强度的控制规则的组合。

（4）行为时空规制要素

它是指奖酬制度在时间和空间方面的规定，包括特定的外在奖酬和特定绩效相关联的时间限制、组织成员与一定的工作相结合的时间限制以及有效行为的空间范围。以上四个要素形成了柔性激励机制的基本架构。

2.医院人力资源的柔性激励机制实现模式

要使人力资源的柔性管理从根本上适应我国医院发展集团化、组织虚拟化、管理信息化的需要，就要对现行的激励机制进行彻底变革，将激励机制的原则从权力型、制度型转化为互动型，把激励模式从操纵型转为契约型，从而实现激励的动态调整和平衡。

（1）成本契约型激励模式

成本契约型激励模式是根据医护人员的需求特征，设计出各种能满足其个性化需求的激励方案供员工选择，并通过契约形式商定，激励主体在激励对象工作目标实现过程中给予的激励性的成本投入。其形式主要体现在：

①培训激励。培训不仅使员工提高自身的知识水平和技能，更能令员工有足够的资本面对将来的挑战，达到自我价值的不断增值。培训激励方案的优点在于它既是人力资本柔性管理的体现，又反过来强化人力资本的“柔性”。

②弹性福利激励。福利作为激励手段其形式很多，关键是要能体现医护人员的需求特征。在我国医院中可以采取弹性福利激励方案。弹性福利制度的最大优点是在满足员工福利需要的同时，更满足他们精神上的尊重需要。

③薪资激励。目前我国医院的薪资政策是薪酬和职务挂钩的“职务制”薪酬模式，而不是和能力挂钩的“职能制”薪酬模式。这仍然是制度化的人力资本管理模式。为了充分肯定员工在职务不变的情况下取得的进步，医院需要通过设计合理的奖酬政策与之配合，使员工技能的提高、知识的增长、管理能力的进步能够与薪酬挂钩，通过奖酬形式给予鼓励，能够加速医院人力资本的开发。

（2）心理契约性激励模式

成本契约性激励属于经济性范畴，而心理契约性激励则是精神方面的激励，它是契约双方在心理上形成的一种认同和接受。心理契约与经济性契约相比较，有三个特点：第一，心理契约无法用文字或有形的载体来表达，难以数字量化；第二，心理契约大多是隐含的，个体化的；第三，心理契约往往处于一种不断变更和修订的状态中，具有很大程度的不稳定性。

具有激励意义的心理契约的核心内容是医院与员工之间的心理认同问题，也就是管理与被管理者达成的共识问题。具有激励作用的心理契约有以下方面：一是信任方面的心理契约。这方面的心理契约首先体现在企业决策中信任方面的心理契约，是心理激励的最基本内容。二是情感方面的心理契约。医院的人力资本管理一方面要以制度和条令来约束人们的行为；另一方面这种约束又要符合情理。三是意识方面的心理契约。包括领导的人格魅力、领导风格、职业道德、宗教信仰、价值观念、企业精神、组织发展等内容，大多属于企业文化的范畴。

3.医院人力资源的柔性激励机制实现手段

（1）完善人才开发与培养机制

科学技术的发展要求人们不断进行知识更新，以适应知识经济的大潮。而更新就得学习和培训，培训就得提前规划，早做准备，并将之纳入医院发展的总体战略中。在强化教育培训的同时，要加大智能资本的投资。当前，通过学习“充电”来提高人力资源的质量、增强医院的竞争力，已成为医院管理者的共识。因此，医院要对员工进行持续不断的教育培训，将继续医学教育、对外交流、脱产学习、外出进修和平时的岗位培训、参加学术讲座结合起来，充分发挥员工的创造性思维能力，培育浓厚的学习氛围，真正建立起有机的、高度柔性的、扁平的、符合人性的、能持续发展的“学习型”医院，使所有的医护员工置身其中都能得到陶冶和提高。

（2）正确的利用薪酬的激励手段

在管理中正确运用薪酬的激励杠杆作用，以人力资源价值为目标，按照效率优先、突出业绩、注重贡献、兼顾公平的原则，建立以岗位评价为基础，绩效评估为手段，将决定医院核心竞争力的要素（技术、知识等）参与分配，以岗定薪、岗变薪变、工资随医院效益浮动，收入同个人能力与绩效挂钩的灵活的激励竞争的分配机制。突出人本理念，围绕人的因素所处的重要地位，利用人的智力，充分发挥其创造性的思维，实现人力资源管理中对人力的价值创造、价值评估和价值分配所构成的“人力资源价值链”的有效管理，实施以人为本的管理运作方式，体现知识的价值。

(3) 大力培养团队精神

一般来说，医务人员都有较高的文化素质，较强的创新精神。他们的需要不再停留于低层次的需要，他们加入团队主要是为了获得或实现地位、自尊、归属、权力及实现目标等较高的心理需求，渴望能够实现自我的人生价值。因此，在团队管理模式下，管理者必须遵循精神激励为主，物质激励为辅的方针，找到可激励团队成员的有效要素，这样才能有的放矢，起到较好的效果。

整合资源，尤其是整合人力资本是医院组织变革的重要内容之一。因此，人力资本跨组织、跨部门的岗位流动是人力资本柔性管理模式中“柔性”的重要体现和要求。人员和人才的流动，“对于一个组织来说，流动率太高肯定不是一件好事，但是，如果流动率太低或根本没有任何员工流动，那也不意味着是件好事，因此，很难为组织确定一个最优流动率”，而“真正重要的是流动的质量，而不是数量”。要疏通医院内部人力资源的流动渠道，通过内部流动优化人力资源配置。对于不同科室的医护人员，通过持续的培训开发其人力资本，使其可以胜任不同科室的医护工作。对于高级医疗人员，跨组织的“柔性流动”是其主要形式。需要注意的是，在医护人员的“柔性流动”模式下，对医护人员持续的培训是必须加以强调的，若在人员素质训练及工作安排上无法提出完善的配套措施，必然会面临服务品质低下的情形。因为高级医疗人员的知识技能并非可以“速成”，和护理人员一样将其进行跨科室的柔性流动不但是人力资本的极大浪费，也可能造成重大医疗事故。通过高级医疗人员在人力资本匮乏和人力资本充足的医院之间正式和非正式的柔性流动，不但可以突破国家医师执业规范的束缚，而且也是合理配置医院的人力资本，提高公共卫生保障能力的重要举措。

（四）医院人力资源的柔性信息管理

1.建立人力资源管理信息库

尽量实现内部联网管理，实现资源共享、数据共用，同时注意人事信息的保密工作。据了解，我国医院人力资源管理工作计算机化发展迅速，各种人力资源管理软件开始应用于医院人力资源的日常管理当中，形成了一定的规模并且初见成效，但是水平参差，良莠不齐。不但各个医院人力资源部门在和软件公司合作开发自己的应用软件，由于各种原因，上级主管部门也在向医院不断地推广各有特色的人力资源管理软件，这样反而给规范化的工作流程带来了不便，有的甚至几年时间换装了好几套软件，前后数据连贯性差，软件又没有继承性，往往需要推倒重来，给工作增加了不必要的麻烦。其实，医院要结合自己医院的实际情况，选择或开发实用、简单的医院人力资源管理软件，形成包括员工基本信息、工资、任免、奖惩、培训、考核等内容的通用信息库，做好保留与备份工作即可。同时要特别注意人事信息的采集，因为其准确性和规范性对于建立信息库是至关重要的，还有要注重人事信息的保密性'真实性、实时性和全面性。

既不能把人力资源管理系统开放地放在网上运行，又要确保相关职能部门能够及时调用、查阅相关的信息。不同层级的密码设置和实现内部网络是这一问题的主要解决方式。另外，要注意人为的破坏，特别是病毒的感染和黑客的入侵，除了及时更新防毒软件和查杀病毒外，还要对数据进行必要的备份，包括硬盘分区表的备份，加强信息防护工作。

2.了解政策与法规，掌握操作上的力度、广度和深度

利用国际互联网查阅国内外有关医院人力资源管理信息，充分了解上级部门有关医院人事方面的政策与法规，掌握人力资源管理政策在操作上的力度、广度和深度。

医院人力资源管理在新世纪应跟上信息社会发展的步伐。通过国际互联网查阅相

关信息，我们不但可以学习国内外医院人力资源管理经验，加强与有关医院的联系，及时掌握政策，把握医院人力资源管理政策操作上的力度、广度和深度，以避免失误与偏差。同时，通过内部设立BBS、BLOG等交流平台，加强领导与员工之间的双向交流，互相沟通。特别是在医疗体制改革和医院自身发展变革的各项改革措施出台之前，在干部任免、人员招聘等重要决定出台之前，可以更多地了解、倾听群众的呼声和反馈的信息，共谋良策、共求发展。另外，通过网络发布可以吸引和引进医院急需的人才，如学科带头人、特色专家等，合理开发和利用本院人力资源，做好对外宣传工作，介绍和展示医院的特色优势，提高所在医院的知名度和影响力，加强与其它医院的外部联系、合作与交流，互联网提供了一个很好的方式。

3.建设一系列的系统软件

医院人力资源管理部门除了人才基础信息库的建设外，还要负责开发一系列相关的配套软件，包括工资管理系统、社会保险管理系统、人才评测系统、教育培训系统、考核晋升系统等相关软件，以适应新世纪的需要。

为了充分利用计算机进行人力资源管理，提高办事效率，医院要想方设法为人力资源管理部门配备先进的电脑设备，配合外部软件公司开发相关配套软件。硬件是软件的载体，软件是硬件的延伸，只有“软硬兼施”，才能充分发挥计算机在人力资源管理方面的作用，加强人力资源管理自动化的程度。特别在员工的工资、保险、评测、培训、考核、选拔等方面要开发相应的软件，以示公平、公正、公开。使得人力资源竞争有序、流动有序、工作规范、效率提高、管理水平提升。

第二节　人力资源信息化管理模式及策略

一、医院实施人力资源信息化管理的目标分析

（一）医院实施人力资源信息化管理可以提高效率

医院人力资源信息化管理过程中需要通过多方面措施，对其实施有效的管理。从医院员工招聘、劳务收入、保险福利、员工档案管理等方面采取策略，提升人力资源的信息化管理水平，对人力资源科学化管理、规范化管理、效率化管理具有重要的意义。从传统医院人力资源管理的角度看，人工管理模式占用了大量的人力和物力，效率很难得到全面的提高。在信息技术的推动下，医院人力资源管理过程中建立完善的人力资源管理系统，从根本上实现人力资源的信息化管理，对共享数据信息、提高工作效率具有重要的影响。医院人力资源管理过程中需要对信息系统进行分析，全面提高工作效率，从而全面降低手工操作的错误率。

（二）信息化系统对规范人力资源业务流程的作用

人力资源管理是集事务、流程、信息一体化的管理，因此人力资源的业务流程规

范化管理对其进行全面管理具有重要的意义。医院人力资源管理的周期时间长，从医院员工进入医院开始到员工退休或离休都要进行全方位的管理，保证各项事务能够符合医院具体情况，提高工作质量，完成工作流程，提高制度管理水平。在信息化平台支撑下，各项事务整合在一个系统下进行管理，从多方面提高信息化水平。医院人力资源管理过程中需要通过信息系统对其进行模块化管理，保证人力资源管理中通过信息技术和互联网技术对业务流程进行规范，确保人力资源管理中各个流程符合规范化、系统化、集成化的要求，提高人力资源的信息化水平。

（三）信息化系统需要对医院员工提供增值服务

信息化系统在实施过程中需要对员工进行全方位管理，从而提供更好的增值服务，确保提高医院的各项管理工作水平。信息系统对更好地服务于人力资源管理部门具有重要的作用，可以协调好各个科室关系，对信息进行汇总和分析具有重要价值。医院人力资源管理过程中需要对人员信息进行优化，确保数据统计报表按时汇总，并产生管理效益。医院人力资源信息化管理需要从管理模式、管理手段、管理机制、管理策略方面采取有效措施，全面提升医院人力资源信息化管理水平。信息系统建设需要从数据信息处理角度，把医院各项业务流程整合在一起，更好地为医院提供增值服务，对医院各项管理水平提高具有重要的价值。

医院人力资源管理过程中需要一个懂得技术、善于管理的行政后勤人员，医院人力资源管理人员是整个医院各项事务的管理者，也是医院全面发展的重要后勤保障，承担着医院各项事业发展的主体责任，医院人力资源需要依靠保障系统，才能更好地管理好各项事务，推进各项事务向多元化方向发展。医院人力资源管理过程中需要对核心管理进行全面优化，人力资源管理过程中涉及到的管理方面较多，因此需要抓住主要管理方案，实施有效的信息管理，全面提升人力资源管理的信息化水平。信息化系统建设需要从人力资源管理的各项核心要素出发，比如绩效管理、薪酬管理、保险、工资、劳动保护、培训技能等方面进行核心管理，才能更好地提升人力资源管理水平，对人力资源效率提升和机制转变具有重要的意义。信息化系统在实施过程中需要对员工进行全方位管理，提供更好地增值服务，确保医院各项管理工作水平提高。信息系统对更好地服务于人力资源管理部门具有重要的作用，可以协调好各个科室关系，对信息进行汇总和分析具有重要价值。医院人力资源管理过程中需要对人员信息进行优化，确保数据统计报表能够按时汇总，同时能够产生管理效益，对医院全面发展具有重要的帮助。

二、人力资源信息化管理建设策略

人力资源信息化管理系统，有两种架构：B/S（Browser/server）和C/S（Client/server），它是浏览器服务器的缩写，是客户端服务器的缩写。应用B/S就是在医院人力资源部设置一台服务器，并在其上安装一套系统，医院用户可以通过访问的形式登录操作。应用C/S是在每一个用户的计算机上都安装此软件，不过这样，安装和维修费用都很高。医院可以根据自身经济状况进行预算，按需设计系统的综合功能。因此，本着设计原则，为充分发挥系统功能，结合医院实情，作者建议医院使用B/S架构，将服务器放在人力资源部，由医院网络中心负责维护，这样全院人员可以通过医院院内网进行访问。

人力资源管理信息系统的功能设计要符合医院的实际工作要求，系统解决方案包括的主要功能模块有组织管理、招聘管理、人事管理、培训管理、绩效管理、薪酬管理、领导查询、系统管理、人员自助服务，鉴于篇幅，以下主要介绍其中几种功能模块。

（一）组织管理

医院发展和人力资源规划紧密相连，要及时统计现有人力资源数据参考值，预测未来需求值。设计人力资源方案，需与医院战略性人力资源和现有人力资源需求相结合，生成包括人员调入率、外出上学人数、转业军人安置人数、退休人数的指标，制定新调入、分配人员的培训发展目标。组织管理，包括人力资源规划和工作分析。

在人力资源规划模块中，要以医院发展战略为指导，以全面核查现有人力资源、分析医院内外部条件为基础，以预测组织对人员的未来供需为切入点，内容包括晋升规划、补充规划、培训开发规划、人员调配规划、薪酬规划等，基本涵盖了人力资源的各项管理工作，人力资源规划还通过人事政策的制定对人力资源管理活动产生持续和重要的影响。人力资源规划的实施，是人力资源规划的实际操作过程，要注意协调好各部门、各环节之间的关系，在实施过程中需要注意以下几点：必须要有专人负责既定方案的实施，要赋予负责人拥有保证人力资源规划方案实现的权利；资源要确保不折不扣地按规划执行充分做好实施前的准备；实施时要全力以赴有关于实施进展状况的定期报告，以确保规划能够与环境、组织的目标保持一致。在工作分析模块中，通过系统全面的情报收集手段，提供相关工作的全面信息，以便组织进行改善管理效率。工作分析是人力资源管理工作的基础，其分析质量对其他人力资源管理模块具有举足轻重的影响。工作分析在人力资源管理中的位置，通过对工作输入、工作转换过程、工作输出、工作的关联特征、工作资源、工作环境背景等的分析，形成工作分析的结果一职务规范，也称作工作说明书。职务规范包括工作识别信息、工作概要、工作职责和责任以及任职资格的标准信息，为其他人力资源管理职能的使用提供方便。

（二）招聘选拔

医院招聘选拔是为了寻找最具有医疗技术，最具有劳动愿望，并能在医院稳定发展的人员，是医院人力资源管理工作的基础。医院招聘选拔工作一般要按照下面六个步骤来进行：第一步招聘前的准备。人力资源规划和工作分析。人力资源规划是运用科学的方法对医院人力资源需求和供应进行分析和预测，判断未来的医院内部各岗位的人力资源是否达到综合平衡，即在数量、结构、层次多方面平衡。工作分析，是分析医院中的这些职位的职责是什么，这些职位的工作内容有哪些以及什么样的人能够胜任这些职位，解决医院如何更好地进行团队建设。两者的结合会使得招聘工作的科学性、准确性大大地加强；第二步招聘策略的确定。招聘的策略包括对目标人才进行界定、对医院吸引人才的核心优势进行挖掘和推广宣传以及对招聘渠道和方法的选择等。只有正确的招聘策略才能保证我们的招聘工作有的放矢，百发百中；第三步招聘实施方案的设计。医院向外发布招聘信息，就需要设计出能够具有引起受众的注意和兴趣，激起求职者申请工作的愿望以及让人看了之后立刻采取行动等特点的招聘广告，即注意一兴趣一愿望一行动四原则。在撰写招聘广告时，还需要保证招聘广告的内容客观、真实，要符合国家和地方的法律法规和政策，要简洁明了，重点突出，明确招聘岗位名称、任职资格等内容以及联系方式。第四步面试体系的设计。理想的面试包括五个阶段：准备、引入、正题、收尾以及回顾。面试准备时，首先要审查求职者的申请表和简历，并注明能表明其优缺点和尚需进一步了解的地方。在引入阶段，应聘者刚开始进行面试时，问一些比较轻松的话题，以消除应聘者的紧张情绪。在正题阶段，面试者要按照事先准备或者根据面试的具体进程，对应聘者提出问题，同时对面试评价表的各项评价要素做出评价。在收尾阶段，主要问题提问完毕以后，面试就进入收尾阶段，这时可以让应聘者提出一些自己感兴趣的问题，由面试者解答。在回顾面试阶段，面试者检查面试记录，把面试记录表填写完整。第五步招聘测评体系设计。招聘测评又称为选拔过程，就是通过一系列科学的或直观经验的测试方法，挑选出符合组织和岗位要求的人员的过程。招聘测评的方法很多，心理测评、笔试、面试、评价中心技术、系统仿真等都可以作为测评手段。第六步人员录用与反馈。人员招聘、录用是医院人力资源管理行为中的重要环节，构建人员招聘法律风险防范体系极具现实意义。除此以外，还需建立备用人才系统，这样在关键时刻，医院可以根据需要选择最合适的人选。

（三）培训发展

人才培训是一项战略性工作，要把医院的培训工作搞好，让培训工作尽显成效，此模块关键是要做到以下几点：第一，要了解医院的战略目标，了解战略对人才的需要，分析现有人员主要的差距，然后设计针对性的培训方案。培训方案是培训活动的首要环节，要制定合理的培训计划，对培训方式、培训方法、培训课程进行设置和确定。第二，根据培训方案认真设置培训课程。医院可以提供多种类型的培训课件，包括业务基础知识、工作技能、操作、工作方法和态度、综合素质等，培训人员可以自己选择，也可以进行网络学习。培训课程设置将使培训目标具体化，培训课程设置的合理性对整个培训活动成功与否起着重要的作用。培训课程设置通常包括培训业务、时间、方式、方法。第三，合理确定培训对象，培训对象可分为机关管理人员、医生、护士，业务培训应以临床科室或医技科室为培训对象。第四，选择适当的培训方式。有外出进修、上学以及出国深造等。第五，及时评估培训效果。避免培训流于形式，使医院的培训成为一种最有价值的投资。通过培训，提升医院人员的专业知识，感受医院的文化氛围，提高人员的服务水平，增加医院的社会美誉度。

（四）系统管理

系统管理是指医院的信息技术系统，可以将其分发到使用的地方配置它使用，通过改善措施和服务更新维护它，设置问题处理流程以判断其是否满足目的。系统管理要有一套“系统监控、系统配置和系统操作管理”工具。在医院工作环境下，不同的用户可以设置不同的访问权限，一般工作人员只可以查询并修改自己的一部分信息，科主任及机关科长以上可以使用系统管理以外的模块，系统管理员可以对该系统管理模块进行数据库加密、自动备份和恢复跟踪，记录重要操作当使用人员职务或岗位变换时，其使用权限也会相应变化，但是不会影响其使用。该模块需要系统用户资料、系统权限两张数据表。

（五）人员自助

通过开放的管理体系，医院所有人员可以清楚了解人力资源管理的相关规章、通知、规定等，可以在院内网上查看关于个人该月或历史工资和奖金发放情况，可以实时了解个人考勤、人力资源需求信息、个人福利情况、个人绩效评估等情况，可以通过沟通平台和部门进行沟通，在医院论坛自由发表意见，形成民主开放的组织管理理念，推广先进、形成积极向上的组织文化，经常通过医院广播台播放先进感人事迹，在宣传栏张贴光荣榜，形成积极向上的良好文化风气。

医院除了这些基本模块外，还有一些特殊的模块，包括领导班子建设、纪律检查、离退休管理、职称评定和立功受奖及其他特殊模块。构建这些模块时，相关部门需要互相支持协调，建立对应的数据信息，以便数据共享和系统维护。

第三节　人力资源管理策略分析

一、医院人力资源战略管理的内涵

医院人力资源管理战略或人力资源战略，就是指为了实现医院的经济发展、经营目标，人力资源管理者从医院的全局上整体上和组织长远的、根本的利益出发，通过周密的科学论证，在员工管理、人员选拔任用和调整、绩效考核、工资福利、员工的培训与发展诸多方面所设计的具有方向性的、指导性的、可操作的实施人力资源管理与开发的谋划、方针、原则、行动计划与策略。从以上人力资源管理战略的定义不难看出，人力资源管理战略应具备以下五个特征。

（一）全局性

全局性是所有战略的最基本的特征，否则就不能称之为战略。人力资源管理战略的全局性包括两层意思：一是把全体员工当作一个整体而制定出的战略，属于人力资源的总体战略；二是作为组织总体战略的一个方面，必须要与组织的总体战略建立起有机的联系。也就是说，人力资源管理战略虽然研究的是人员筹划方面的问题，但却不能不顾及到其他与之相关联的各个方面。因此，必须以开阔的视野、系统的方法制订出与组织总体战略、与其他各个方面相协调的战略，这就是所谓的全局特征。

（二）长远性

长远性是从实现战略目标所需要的时间这一维度来考虑的。人力资源管理战略目标的实现，继而带动并达成组织总体战略目标的实现，绝非一朝一夕之功。必须经过一个长期的实施、调整、补充、完善才能逐步完成。因此，作为组织的人力资源管理战略不应只是权宜之计，而应具有长远性的特征。

（三）阶段性

一般说来，战略都是分阶段的，或者说战略在实施过程中是分步骤进行的。所谓分步骤，就是把战略所要达到的最终目标按时间的先后进行分解，形成几个阶梯，通常称之为战略步骤。人力资源管理战略也同样遵循这一普遍规律。任何一个人在组织中的“运行轨迹”正常情况下，也要分几个步骤：招聘、录用、培训、上岗、晋升……退休，这只是一个简单的个人的例子，如果涉及全体人员的“运行”，则不会是直线前进式地进行的，而是明显的呈现出阶段性。

（四）稳定性

人力资源管理战略和其他战略一样，要求具有稳定性，不能朝令夕改。这就要求医院在制订战略时，要深入细致地进行调查研究，客观地估量在今后发展过程中可能出现的利弊得失，做出科学的预测，使人力资源管理战略建立在既超前又稳妥可靠的基础上。

（五）变通性

稳定性并不排斥变通。由于医院所处的外部环境的变化，尤其是医院所处的条件变化具有某种程度的不可预知性，要求在制订人力资源管理战略时，要综合考虑各方面的因素，充分估量可能发生的各种变化，并针对这些可能的变化因素，做出相应的预期对策和应急措施，使人力资源管理战略在总体上具有稳定性，在某些方面、某些时点上又能具备灵活应变的特点，以适应变化多端的外部客观环境，为医院发展的总体战略提供一个良好的人力资源管理战略依据。

二、医院人力资源管理战略的层次

（一）在组织层次上

1.医院最高战略决策层

要使人力资源管理主管作为最高管理层的一员发挥其作用。战略决策层的活动包括：制定医院战略领导者和高级管理者接班人规划，以发现、培养、造就新一代管理人才；制定人力资源管理规划，为预测今后一定时期的人才数量、变量、类型、素质和人力资源的供需情况，并为做出正确的人力资源战略决策奠定基础；加强业绩管理，确定最适合本单位并能取得最佳效果的人员考评体系和业绩评价体系及其有效的考核机制，建立和实施完善的激励体系、激励机制和报酬系统；优化激励管理，确定未来时段内最有效的激励体系、激励机制，优选出与实现单位长期目标相关联的激励种类、方式、方位等。

2.医院职能管理层

重点是根据最高层的战略决策完善人力资源管理方针、方法、体系，制定人力资源管理规划或计划，并把人力资源管理计划细化为具体实施系统（如设计招聘选拔程序、奖励方案等）。

重点是把人力资源管理的各种政策、计划、制度、规章具体实施、落实。

（二）人力资源的结构层次

主要体现出人力资源管理与开发的层次。

（1）根据资源层次制定的战略包括：第一，人力资源管理战略一具体内容；第二，人才资源管理战略一重点内容。在此问题上，要注意纠正一种“泛化”战略的误区，即把本属于具体操作的活动也随意放大为战略问题；第三，智力资源管理战略——主要是智力资源开发问题。

（2）按照类型层次制定的战略包括：第一，关于20%的人才管理战略；第二，关于60%的基本员工管理战略；第三，关于20%的低价值员工管理战略。

三、人力资源战略与医院发展战略的关系

医院发展战略包括战略形成和战略执行两个过程，如果将人力资源管理局限在战略执行这一阶段，那么，战略规划往往不可能得到成功执行。唯有将人力资源战略贯穿于战略的整个过程，即动态地、多方面地、持续地参与战略的形成与执行和评价、控制过程，才能获得医院发展战略与人力资源战略的双赢。

（一）参与战略的形成过程

人力资源对于战略管理过程的影响应通过两个方面来实现，一是对战略选择的限制；二是迫使高层管理者在战略形成过程中考虑这样一个问题：即医院应当怎样以及以何种代价去获取或者开发能成功地实现某种战略所必需的人力资源。比如，通过对医院内部和外部的优势、劣势、机会、威胁的分析（SWOT分析，分析的过程也就是一个对比他人找出自身不足的学习过程）来考虑与人有关的经营问题，如现有人员的优势和劣势、潜在的劳动力短缺、竞争对手的工资率、政府法律和规章等。

（二）参与战略的执行过程

通过工作分析与工作设计、招募与甄选、培训与开发、绩效管理、薪资结构、资金与福利等各个方面，人力资源战略以各种实践活动参与战略执行的整个过程。如果没有人力资源战略的支撑，医院整体战略的执行是不可能实现的。

四、医院人力资源战略管理的内容

（一）医院人力资源战略的总体框架

1. 目标类战略

以未来几年的人力资源供需预测为基础，含医院未来3～10年需要的和可以提供的人力资源数量、质量、结构等。

2. 制度类战略

以医院总体发展战略为指导而制定的一系列人力资源管理制度，含人才招聘、培养、人才利用、人才激励等整套人才管理制度。

3. 过程类战略

按照人力资源管理过程所设计的一系列战略，如人力资源的引进、调配、流动机制等方面的战略。其中，重要的战略有：招聘战略、选拔战略、任用战略、培训战略、薪酬战略、绩效评估战略、留才战略等。过程类战略是建立人才管理基本体系与机制的主导思想，而其流动机制则是在人才社会化、全球化的环境下，以人才的知识资本、核心能力的流动意识为基础，形成的人才自主决定主动离开医院和选择、进入新医院的行为机制。

4. 开发类战略

以视员工是医院的最重要的战略资源为基本思想，应用各种先进的科学技术手段、方法，最大限度地开发员工的潜力，以实行医院最佳绩效目标。

（二）医院人力资源管理战略组成内容

人力资源战略是否具有竞争力将决定医院整体发展战略是否具备竞争力，也决定了医院的成功与否。一个成功的具备竞争力的医院人力资源战略主要应包括以下五个方面的内容：

1. 以人为本及人力资本的核心理念

人力资源战略管理理念视人力资源是一切资源中最宝贵的资源。医院要鼓励员工不断地提高自身能力以增强医院的核心竞争力。医院必须重视人本身，要把人力提升到资本的高度，加大人力资源培训投入，最大限度地开发利用医院人员的潜能，并不断实现增值，以此提升医院的核心竞争力。同时，人力作为资本要素应参与医院价值体系的分配。

2. 以变来应对变化的人力资源战略规划

人力资源战略管理规划一方面把传统意义上的聚焦于人员供给和需求的人力资源规划融入其中，同时更加强调人力资源规划和医院的发展战略相一致。在对医院当前所面临的政策、医疗市场以及内外环境理性分析的基础上，明确医院人力资源管理所面临的挑战以及现有人力资源管理体系的不足，清晰地勾勒出未来人力资源愿景目标以及与医院未来发展相匹配的人力资源管理机制，从增强医院与个人双重危机意识、提升员工素质层次、增强员工责任感上入手，在人力资源管理上应对变化及时调整战略，在人才招募、员工及核心人力资源培训、薪酬制度上都要及时做好规划，引入竞争机制、激励机制，使得才为我用、才尽其用，并形成良性的人员流动机制。并制定出能把目标转化为行动的可行措施以及对措施执行情况的评价和监控体系，从而形成一个完整的人力资源战略系统。

3.四大核心职能——打造战略所需的人力资源队伍

人力资源战略管理核心职能包括人力资源配置、人力资源开发、人力资源评价和人力资源激励四方面职能，从而构建科学有效的“招人、育人、用人和留人”的人力资源管理机制。

（1）人力资源配置的核心任务就是要基于医院的战略目标来配置所需的人力资源，引进满足战略目标要求的人力资源，对现有人员进行职位调整和职位优化，建立有效的人员流动机制，通过人力资源配置实现人力资源的合理流动。

（2）人力资源开发与培训的核心任务是对医院现有人力资源进行系统的开发和培养，从素质和质量上保证满足医院战略的需要。根据医院战略需要组织相应的培训，并通过制定员工职业发展规划来保证员工和医院保持同步成长。

（3）人力资源绩效评价的核心任务是对医院员工的素质、能力和绩效表现进行客观的评价，一方面保证医院的战略目标与员工个人绩效得到有效结合；另一方面为医院对员工激励和发展提供可靠的决策依据。

（4）人力资源激励的核心任务是依据医院战略需要和员工的绩效表现对员工进行激励，通过制定科学的薪酬福利制度和长期激励措施来激发员工充分发挥潜能，在为医院创造价值的基础上实现自己的价值。

4.四个基本要素

（1）人力资源队伍。人力资源战略管理要明确界定人力资源管理部门的职责和职权，明确对人力资源管理人员的能力和素质要求，从各个方面保证人力资源管理队伍成为构建人力资源战略管理的人力基础。

（2）合理的组织环境。要求从医院战略出发，设计出一套适合医院战略目标需要的科学合理的组织结构，并细化每个职位的设置，并根据医院外部环境进行优化。

（3）人力资源岗位管理。人力资源岗位管理内容包括：组织系统的岗位分析以明确每个岗位的工作职责、工作职权、工作条件和任职资格；根据医院服务和职位特征设定相应的定员标准、组织系统的岗位评价，作为制定薪酬和绩效评估的重要依据。

（4）人力资源基础建设。通过建立人力资源管理信息系统高效地为各项人力资源管理活动提供客观的信息，开展日常的事务性工作，保证人力资源管理体系的有效运行。

五、医院人力资源战略的价值

（一）有利于创建医院的品牌

学科建设是医院人才队伍建设的龙头，而人才建设又是学科建设的基石。对于医院而言，学科即是品牌，也是医院核心竞争力的核心，只要学科一旦成为品牌，就能产生巨大的扩散效应，从而创造巨大的效益。学科建设取决于人才培养，通过树立“吸引、留住、发展”的积极人才观念，用战略眼光来加强人力资源管理，更早、尽快地建设医院更多的品牌学科。

（二）能够积极应对人才流动

人力资源战略管理能够通过建立合理的人才梯队、富有激励的薪酬设计和个性化的培训规划，为学科带头人提供良好的发展平台，用事业、感情、待遇、服务留住更多的高层次人才，以减少人才的流失，减缓对医院人才需求的冲击。

（三）更好地调动人的主观能动性

良好的人力资源战略管理可以根据员工的不同需求、不同岗位进行能力开发，制订不同的绩效考核办法，建立合理的薪酬结构来正确引导员工主动接受培训，提高自身业务素质，增强适应工作的能力，而且更好地挖掘人的潜能，真正做到人尽其才，才尽其用。

（四）加快培育医院的核心竞争力

医院的核心竞争力其实质就是特色专科或重点学科建设，通过硬件投入、加强合作、技术引进来加快医院品牌科室的建设，这都离不开人这第一要素。人力资源战略管理能够形成合理的人才梯队，建立有效的激励机制，培育医院的核心竞争力，把医院之间的竞争带入良性轨道，是医院管理者对人力资源运用和管理的重要手段。

六、人力资源战略管理制定的方法

（一）目标分解法

目标分解法是根据医院发展战略对人力资源管理的要求，提出人力资源战略管理的总目标，然后将此目标层层分解到部门与个人，形成各部门与个人的目标与任务。事实上，人力资源战略管理的制定流程用的就是该法。其优点是，战略的系统性强，对重大事件与目标把握较为准确、全面，对未来的预测性较好，但缺点是战略易与实际相脱离，易忽视员工的期望且过程非常烦琐，不易被一般管理人员所掌握。

（二）目标汇总法

目标汇总是目标分解法的逆向过程。首先由部门领导与每个员工讨论、制定个人工作目标。在目标制定时充分考虑员工的期望与医院对员工的素质、技能、绩效要求，提出工作改进方案与方法，规定目标实施的方案与步骤，然后医院再由此形成部门的目标，由部门目标形成医院的人力资源战略目标。部门与个人目标的确定往往采用经验估计、趋势估计的方法。显然，这样的估计带有较多的主观臆断，缺少对未来的准确预测，但由于这样的估计非常简单，因而在现实中经常被使用。该法的优点是目标与行动方案非常具体，可操作性强，并充分考虑员工的个人期望，但这种方法全局性较差，对重大事件与目标，对未来预见能力较弱。

（三）制订本单位的人力资源规划，使之与单位战略目标保持一致

医院可根据自己的医院定位、发展目标和现有的人力资源现状来确定未来的人力资源规划。规划的制订一定要符合医院实际，切实可行，可以按照不同的发展阶段有步骤、有层次地制订。制订规划可以自上而下，也可以自下而上，它包括人员的配置、如何获取高层次人才、员工培训、能力开发与评价、工作绩效考核、薪酬设计及人力资源职能部门管理等。

（四）让员工的期望与战略保持一致

不同的员工有着不同的期望，有着不同的需求，只有让员工的期望与战略保持一致时，才能形成合力，使战略得以顺利实施。医院管理者首先要塑造员工的期望，让医院员工自主地形成变革的渴望，让员工知道为什么要改变、计划是什么、它对员工会产生什么影响、要求员工做什么、战略改变将如何进行等，在指明战略方向的同时，将方向转变为具体的目标。无论医院还是员工都必须向传统挑战，用战略的眼光来制订战略，来塑造员工的期望，并保持与战略一致。

（五）确定人员配置需求，通过建立良好的医院管理结构来应对人才流动

一支高素质的专业技术队伍是医院持续发展的根本，合理的人才梯队是医院创建品牌的保证。医院的人力资源管理要对一些重点科室适当倾斜，保持良好的人才结构。岗位设置要坚持按需设岗、精简高效的原则，充分考虑社会需求、单位发展、人才结构和人才培养等多种因素，根据学科发展和社会对医疗服务的需求来确定一部分关键岗位。

（六）加强人力资源职能部门管理，提高部门管理能力和水平

医院人事管理部门，其传统的管理职责多局限于工资调整、员工培训、年度考核、职称晋升及其它日常事务性工作，这与当前瞬息万变的医疗市场对人力资源管理的要求相比差距较大。作为一名医院管理者，一定要用战略眼光来认识人力资源管

理，首先要加强人事管理部门力量，确保足够人员，有计划地参加培训，通过提高职能部门管理者的自身素质来提高整个医院人力资源管理水平；其次，要加强对部门的考核，尤其是检查人力资源战略制定和计划实施，使得管理者较好地胜任新的人力资源管理工作。

七、人力资源部门建设具体策略

（一）提升医院人事管理效率

1.转变人事管理理念

医院要从根本上提升人事管理效率和水平，就要转变人事管理理念，使人事管理工作真正起到提高工作人员工作效率的作用。首先，医院要自上而下转变人事管理理念，摒弃传统的人事管理观念。领导要以身作则，为人事管理部门灌输现代人事管理理念，将传统的管理式人事管理转变为服务式人事管理，应当关注医院每一位工作人员的需求，重视人力资源的开发；其次，人事管理工作要明确医护人员的职责，使每一级医护工作者都能各司其职，而且要保障基层医务工作者的权利，不能将繁琐的工作任务分摊给基层人员。只有这样才能从根本上调动医护人员的积极性，为医院的良好运行提供基础保障，提高医院的整体运行效率。

2.提高档案管理的专业化程度

人事档案管理是人事管理工作顺利开展的重要依据，要重视人事档案管理工作，应当做到及时准确地收集每一位医护工作人员的人事信息。首先，要提升档案管理人员的专业水平，培养档案管理人员的责任心，增强档案管理人员的责任感，及时准确地做好人事档案信息的录入工作。医院要建立监督审查机制，定期检查人事档案的录入情况，并督促人事档案管理人员的工作；其次，人事档案与其他档案一样需遵循国家的档案管理标准，对涉及医院有关人事任免、奖惩等的重要决策人事信息要按照相关规定进行规范处理，并按照规定流程操作、存档，做到既方便相关部门查询，又要做好人事信息的保密工作。做好人事档案管理工作，能够提高医院人事调整的准确性，有效提升医院人事管理的效率，从而保证医院高效率运转。

3.加强人事部门与其他部门之间的协调配合

人事部门是联系各科室、各部门的重要部门，要使医院的人事管理信息能够及时准确的传递到各个部门，就得通过构建人事信息交流平台，加强部门之间的沟通与协调。通过构建人事信息交流平台，建立部门间沟通、协调机制，一方面熟悉各部门业务，了解各部门工作开展情况，积极开展调查研究工作，及时解决人事工作中存在的问题；另一方面，人事政策信息传递应当简单明了，要做到及时准确的传递，及时进行沟通、交流，及时进行反馈、协调。人事部门与各部门之间的协调与配合，提升人事工作效率，提升医院的管理水平。

4.培养优秀的人事管理人才

要想提升医院人事管理效率，关键在于人事管理人才。现代人事管理是一门科学，医院人事管理人员应当及时进行充电，学习和掌握现代人事管理知识、方法和手段，提高自身人事管理能力，提升人事管理效率。医院的人事管理人员要学习和掌握现代人事管理技术，转变传统的人事管理方式，提高人事信息数据统计分析能力，提升人事管理的工作效率。

（二）提升人力资源部门的信息化工作

1.构建完善的管理系统

现代社会是知识性经济发展的社会，信息已经成为重要的发展要素，在各行各业中发挥着重要的作用。所以未来医院的人事管理信息化工作应该认识到这一点，应当积极构建完善的人事信息管理系统，提升人事管理水平。目前的人事管理无论其信息技术水平还是数据统计管理都存在着一些缺陷，数据更新和管理工作都需要耗费大量的人力资源。因此，人事信息管理化建设可以从这一方面进行着手。医院的医疗队伍建设目标是通过优化结构建设高素质的医疗队伍，其途径是以人事信息管理系统为支撑，通过考核评价机制予以推进。因此，构建人事信息管理系统、完善人事信息、提升人事信息管理水平是科学考核评价、有效推进结构优化的人事技术基础。

2.人事档案的立体化建设

“互联网+”的背景下，医院日常管理工作的节奏也不断加快。基于医院本身的性质特殊，需要面对的病患数量众多，如何对各项数据进行采集和整理就显得至关重要。同理，在人事档案方面，也应该通过立体化建设的方式来保障数据的准确性。医院的人事管理工作实际上也是一个从平面到立体的改革。传统的人事档案管理更多是依靠人力资源来进行管理，而新时期下的人事档案管理工作是依靠信息技术的智能化优势来对医院整体队伍建设进行管控的。医院的发展规划应该结合人才队伍的建设要求，寻找现阶段医务人员的业务缺陷，以此为基础来展开相关的培训工作，通过数据库的支持和辅助来提升医务人员的业务水平。值得一提的是，档案数据分析的准确性还会直接影响到医院人事决策工作的水平。

3.提升数据安全

人事档案信息安全的重要性对于医院的发展是显而易见的，而通过有效的保障措施来实现信息的安全性和可利用性，是医院人事管理的核心内容。人事档案信息需具备安全性和实效性，在确保数据安全的基础上，应当及时准确地更新维护人事档案信息，持续保持其有效功能，为人事决策提供服务，因此应加强人事档案管理人员的信息技术培训，使其既能利用技术手段整合信息资源，实现集中统一管理，又能维护信息及网络数据安全，为人事信息化管理提供安全保障。

（三）尝试走动式管理

1.建立科室定期走访制度

在医院的实际管理过程中，如果要应用走动式的人事管理方式的话，首先就应建立定期的走访制度，保证医院各个科室之间的及时有效沟通。协助各科室制订综合素质高、业务能力强、符合部门实际的队伍建设规划和计划。同时还应协助各部门制订人才培养、引进计划，并在走访交流中及时解决工作中存在的问题，解部门后顾之忧，为加快推进部门队伍结构优化提供人事支撑。

2.实施动态的编制管理

根据各科室的工作任务变动情况设岗定编。首先，根据各科室的基本工作任务核定各科室的基本编制，在此基础上依据科室的床位周转率、门诊数及医疗任务轻重情况，设定机动编制，即任务变重时附加编制，任务变轻时缩减编制。其次，根据医院及各科室学科建设及人才引进计划，设定机动编制，即依据学科建设及引进人才情况，附加学科建设或引进人才编制。

以此规范编制管理行为，实现人力资源的科学管理、优化配置。

3.引进先进的网络技术促进管理工作

为了让医院的服务更能满足患者，医院的人事管理部门可以通过引进先进的网络技术，将人事信息管理系统与医院的信息管理系统连接起来，以网络为平台支撑医院的各项工作。规范各科室及员工登入访问权限，科学编排工号，缩短进站时间，方便各科室及员工上网，开展业务工作，提供信息技术服务，提高人事工作效率。另外，运用走动式的管理方式，还可以通过划分小组的方式来开展工作，这样一来既可以强化医院人员的团队精神，有可以让成员之间的交流更加密切，在此基础上，利用各种各样的形式来公布医院大小决策和信息，以先进的网络技术为载体，更好的促进各个部门之间的人事联络。

（四）实行流程再造和优化的探索

1.流程和流程再造

流程也称过程与程序，是完成一项或多项工作任务的一系列逻辑有序的活动。医院服务流程是医院实现其基本功能的过程，可分为行政管理流程、医疗服务流程和后勤保障流程。人事管理流程属于行政管理流程的范畴，它把人事管理中的各项事务性工作通过一个个环节予以理顺、规范，保障人事日常管理工作顺利开展，保障人事政策法规顺利贯彻实施，有效地服务于临床医疗工作。流程再造强调以业务流程为改造对象和中心，对现有的业务流程进行根本性的再思考和彻底的再设计，使企业能适应信息社会的高效率和快节奏，适合企业员工参与企业管理，实现企业内部上下左右的有效沟通，具有较强的应变能力和较大的灵活性。BPR理念对实现医院人事管理规范、科学、高效运行具有很强的借鉴意义。

2.原有流程存在的不足

（1）流程格式不规范，以用文件、规章制度代替流程为主；流程环节描述简单，不具体，实际操作时许多细节容易遗漏或疏忽。

（2）流程涉及面窄、没有形成体系。

（3）流程使用受分工局限，工作人员知晓率、使用率不高。人事科每个工作人员均有具体分工，相互间虽有协作和关联，但对彼此工作的具体要求和做法并不清晰，一旦某个员工不在岗或离岗，其他员工无法有效接替，工作不能顺利衔接。

（4）流程运用缺乏监管和优化。人事部门负责人因主要精力用于思考本科室发展规划和完成本单位的参谋工作，对工作结果跟踪不给力，流程实施缺乏监管；负责人没有一线的实操，通常不能深切体会一线工作完成过程中存在的问题，对流程的优化也无人主持并予以落实。

（5）流程交接被忽视。人事科是医院重点部门，部门负责人须定期轮岗；人事科是医院培养干部的摇篮，工作人员会调任其他重要岗位。因交接时间有限，不可能手把手地带教新人一段时间进行工作交接，往往是凭口口相传，遇到问题再临时去询问，流程交接会被忽视或被遗漏，接任者不清楚具体做法、细节和注意事项，造成各类数据、信息资料的动态更新被中断，数据信息不准，档案资料凌乱不全等问题。

3.再造和优化的方法

全科统一思想，明确做好人事工作的基本要求和规范；基本做法是全员参与，边工作边实施，建流程，立规矩，提高工作效率。具体做法如下：

（1）流程再造和优化。流程是文件政策的具体化，文件政策是流程的依据和支撑。科室人人动手，结合文件规定和实际操作，再造和优化各自经办工作的流程，注重细节描述。期间多次借鉴PDCA循环管理的理念，进行实践—拟定—实践—讨论修改—实践—复习强化—实践，多次循环，不断改进、优化。

（2）规范和完善各种表格和文本模版。人事工作需要大量使用各种表格、文书文本。规范的表格、文本是流程的另一种形式和补充。对分散保存在各个电脑中的表格、文本逐一进行修改。同样再次借鉴PDCA循环管理理念，对文书进行完善。例如规范辞职证明的格式，增加了辞职员工签收栏；在法律顾问的指导下，制定“新员工告知书”，细化告知内容，便于留下培训新员工的书面记录。

（3）所有流程、表格、文本模版的电子版本由科室负责人集中管理，统一了标准和格式；根据工作类别将流程、表格和文本汇编成册，初步形成人事工作流程管理体系。

（4）强化训练，熟悉流程，统一使用。一是科务会时反复强调流程再造和优化的重要性；二是通过QQ群有针对性的、不定期的复习，不断提醒和强化工作人员熟悉工作流程；三是科室负责人不定期抽查流程执行情况；四是科内实行轮岗制。

4.效果再造

优化了多个方面的工作流程、常用表格和文本，包括招聘及人才引进、入职管理、合同管理、辞离职管理、员工日常管理、进修培训、工资社保福利、档案管理、职称评聘、退休返聘等。

具体成效如下：

（1）汇编成册的流程、表格、文本模版，方便查找，成为像词典一样的“工具书”，即使某工作人员不在，其他人也可有效接替，提高了工作效率，提高了员工对人事科工作的满意度。

（2）流程、表格和文本模版相互提示，降低了出错率，大大减少了传、帮、教的工作量，新人能借此迅速进入工作状态。

（3）工作人员逐渐养成按流程办事、没有流程建流程、发现问题讨论优化流程的习惯，工作规范程度明显提高。人人都能参与科室内部管理，人人都有责任和权利，主人翁意识、管理水平得到提升。

（4）工作人员开始关注PDCA循环管理工具，逐渐养成了持续改进工作的良好习惯。

参考文献

[1] 夏天.人力资源管理案例分析［M］.北京：冶金工业出版社，2022.04.

[2] 刘俊宏，刘慧玲，叶梁俊.人力资源管理［M］.成都：西南财经大学出版社，2022.10.

[3] 陈璐，蒋翠珍.人力资源管理案例解析［M］.北京：经济管理出版社，2022.11.

[4] 徐大丰，范文锋，牛海燕.人力资源管理信息系统［M］.北京：首都经济贸易大学出版社，2022.10.

[5] 潘美恩，廖思兰，黄洁梅.医院档案管理与实务［M］.长春：吉林科学技术出版社有限责任公司，2022.04.

[6] 任康磊.用数据提升人力资源管理效能实战案例版第2版［M］.北京：人民邮电出版社，2022.10.

[7] 郝云峰.企业人力资源管理与法律顾问实务指引丛书HR劳动争议案例精选与实务操作指引第2版［M］.北京：中国法制出版社，2022.05.

[8] 谷力群，黄兴原.企业员工培训管理实务操作与案例精解［M］.北京：清华大学出版社，2022.06.

[9] 吴锦华，钟力炜，刘军.现代医院采购管理实践［M］.上海：上海科学技术出版社，2021.03.

[10] 张蔚.现代医院文档管理［M］.西安：世界图书出版西安有限公司，2021.12.

[11] 张伟，袁震飞.急诊患者安全管理及案例分析［M］.成都：四川科学技术出版社，2021.07.

[12] 杨群.人力资源管理实务与量化分析实战案例版［M］.北京：中国铁道出版社，2021.08.

[13] 任现增，杨保军，杨燕.人力资源管理本土案例［M］.北京：经济管理出

版社，2021.07.

［14］张英，余健儿，朱胤.医院人力资源管理方案与案例集［M］.北京：清华大学出版社，2021.

［15］李青山，张洪生.企事业单位干部人事档案数字化管理实务［M］.北京：中国水利水电出版社，2021.06.

［16］侯其锋，乔继玉.人力资源和社会保障政策法规解读及案例讲解［M］.北京：中国民主法制出版社，2021.11.

［17］余群建，郑休宁.管理与沟通智慧管理者的案头宝典［M］.北京：中国财富出版社，2021.08.

［18］尹秀美.人力资源管理新模式［M］.北京：中国铁道出版社，2020.05.

［19］李雪婷.人事档案信息化建设与创新管理研究［M］.长春：吉林文史出版社有限责任公司，2020.04.

［20］任康磊.用数据提升人力资源管理效能实战案例版［M］.北京：人民邮电出版社，2020.08.

［21］常大伟.国家治理现代化视阈下我国档案治理能力建设研究［M］.武汉：武汉大学出版社，2020.06.

［22］张晓成.管理者之道［M］.北京：企业管理出版社，2020.05.

［23］王德胜，刘佳，吴迪.媒介经营与管理案例集［M］.济南：山东大学出版社，2020.12.

［24］徐伟.人力资源管理工具箱第3版［M］.北京：中国铁道出版社，2019.03.

［25］张鹏彪.人力资源管理实操从新手到高手畅销升级版［M］.北京：中国铁道出版社，2019.09.

［26］金虹.干部人事档案管理实务［M］.杭州：浙江工商大学出版社，2019.08.

［27］李晓婷.人事档案管理实务第2版［M］.上海：复旦大学出版社，2019.08.

［28］周均旭.公共部门人力资源管理案例［M］.北京：中国人民大学出版社，2019.02.

［29］徐建江.新编医院药事管理制度［M］.长春：吉林科学技术出版社，2019.03.

［30］钟鑫，崔满城，狄悦.人力资源与档案管理［M］.长春：吉林文史出版社，2019.01.

［31］滕宝红.人力资源管理实操从入门到精通［M］.北京：人民邮电出版社，2019.04.

［32］刘清泉，周嫘.现代医院人力资源管理部门职能与关键流程操作指引［M］.北京：经济管理出版社，2019.08.